中華文化思想叢書

中古政治制度

下冊

侯建新等　著

目次

第七章　西歐中古賦稅制度 ……………………… 237

第八章
西歐王權與軍隊

　　中古的西歐社會是一個多元社會力量共存並交織在一起的社會，儘管對其定義不盡一致，但學者們大多還是認為中古西歐社會包含以下基本內容：領主與封臣之間存在著某種形式的契約關係，它以原始的權利與義務關係為紐帶；在此基礎上形成了封土制度；中央政府和國王權力的分割化與衰落以及與此相適應的領主在自己領地範圍內擁有政治、法律、司法與其它形式的統治權力。還有一個不可迴避的重要問題，就是最高政治統治者與軍隊的關係。

　　伴隨著領主制度的是封土制的推行，封土制度是一種有條件的土地佔有制度。領主向封臣授予土地，領受土地的封臣必須向領主提供兵役與其它的義務。十至十一世紀，西歐領主土地所有制從以服兵役為條件的終生享用的采邑轉變為可以世襲的封土。領主土地所有制是由於統治階層各個等級層層佔有而形成的中古等級制度，國王在理論上是全國的最高領主，國王把土地分封給公爵、男爵、主教與大修道院的院長，這些封臣稱為主要的封臣；然後主要封臣又把自己的部分土地再分封。西歐的這種分封制度形成了兩種相互聯繫又互不干涉的格局：一是在國王、公爵、伯爵、男爵與子爵等之間形成了相互隸屬的等級制度，形成了「封臣的封臣」與「封土的封土」的層層分封；另一方面則是因為分封而造成的政治權力的分散並由此形成間接的統治。國王理論上是全國最大的領主，在許多情況下，實際上不過是最大領主中的一員。他的權力與統治範圍有限，國王在許多情況下不能夠直接行使對所有臣民的統治權力。同時由於封土制度，地方社會中

的大貴族和主教分割了國王的一些權力；公爵、伯爵這些大領主名義上是國王的封臣，但是在實際政治生活中，他們有著自己獨立的地位，在所領有的地區是行使各種權力的主體。在許多情況下，國王不得不承認貴族與教會領主在其領地內行政、司法、經濟與軍事的權力，領主的領地儼然是一個獨立的王國。中古西歐的政治制度以潛在的權利與義務關係和有限的王權為基礎，孕育了西歐各國地方自治主義的萌芽。它在行政管理層次上涉及國家行政官僚機構的發展、賦稅制度、司法審判制度等等各個方面，這裏的研究視角是王權與軍隊的關係，這是一個長期被忽視而實際上卻是一個極為關鍵的問題。假如國王掌握著強大的軍隊，能夠隨心所欲地調動國家的武裝力量行使權威，那麼勢必會使得國王在與地方勢力的較量與博弈中佔有明顯優勢，勢必會削弱地方社會的自治主義傾向，抑制地方社會分割王權統治權威的意圖。從這層意義上來看，王權在多大程度上控制著軍隊對於我們理解中古時期西歐王權、王權的基礎以及整個政治制度至關重要。

第一節　西歐國王軍隊的來源與構成

中古時期，西歐各國國王召集軍隊的方式經歷了這樣一個演變過程：從中古全盛時期主要由封臣提供的騎士軍役到絕對主義國家時期開始建立的常備軍。國家軍隊的組成發生了重大的變化，國王控制軍隊的程度也得到了較大的加強，但是這種控制程度是無法與東方專制國家的情況相比擬的，它受到各種各樣因素的影響與制約，國家軍隊並沒有成為國王的私人武裝，它也沒有完全吞噬掉西歐各國的地方自治主義傳統。

從軍隊的來源與構成來看，西歐國王召集軍隊有三個途徑：騎士性質的軍隊、雇傭軍和民團。三種不同性質的軍事力量在西歐各國國

王軍隊中所處的地位和所發揮的作用各不相同，從總體來看，騎士性質的軍隊是中古西歐各國國王所憑藉的主要軍事力量。

一　貴族及其率領的騎士

　　法國是歐洲大陸軍事制度形成與發展的典型國家。通過土地的層層分封，法國形成了國王、公爵、伯爵、男爵、子爵與騎士各個等級的領主階層；在法國的分封制度下，領主對其封臣的封臣沒有直接的管轄權，即所謂「我的封臣的封臣不是我的封臣」。分封制度的推行使得中央權力的分割成為可能，國王與世俗和教會領主共同承擔起抵禦外來侵略的責任。國王在名義上享有世俗社會的最高統治權力──自然也包括行使軍事統治的權力。在軍事行動中，國王是當然的最高統帥，但是他所召集的軍隊是由各個貴族領主所帶領的騎士組成的。軍事性是中古社會歐洲世俗領主最主要的社會屬性，相應的，貴族就是以戰爭為職業的土地所有者階層。由於權力分割的性質，法國各個貴族領主在各自領地內有很大的許可權，他們可以組織自己的軍隊，法國國王在面對外族入侵時，動員軍隊組織抵抗得仰賴於這些大小貴族的協助。

　　八八五年諾曼人進攻巴黎，首先組織抵抗的是巴黎伯爵厄德和巴黎主教戈林。這兩位領主在塞納河的支流修建了堅固的橋頭堡，率領巴黎的軍隊抵禦四萬名諾曼人長達十一個月之久的圍攻。而後來趕到增援的國王胖子查理的軍隊則不堪一擊，先遣部隊與諾曼人剛一接觸即遭大敗，可見此時法國國王自己的軍隊在很大程度上還比不了地方領主的軍隊。加佩王朝（987-1328年）初年，法國國王擁有的權力仍然很有限，相比之下世俗與教會領主的實力卻很強。法蘭西分為許多獨立的公國與伯國，南部的阿奎丹公國是當時法蘭西勢力最大的公

國，同處南部的圖盧茲伯國則是法蘭西經濟文化發達的區域，它也長
期保持著獨立的地位。而此時法蘭西國王的領地只相當於一個公國或
伯國的勢力範圍，即只包括塞納河和盧瓦爾河中游的一些分散的領
地，自然這時國王的軍事力量也極為有限。

十一至十三世紀是西歐莊園制度發展的全盛時期，隨著生產力的
發展，法國各地的政治與經濟聯繫逐步加強，客觀上為法國的統一與
國王權力的加強提供了有利的條件。法國國王在加強中央政府機構建
設的同時，也採取了許多措施，力圖加強對軍隊的控制。

從路易九世（1226-1270年）起，法國國王開始招募士兵，並且
對軍隊進行正規的組織與訓練，國王所控制的軍事力量有所擴大。不
過這時候國王擁有軍隊的數目仍然很小，佔據主導地位的仍然是由貴
族領主們所率領的騎士性質軍隊。

在一三三七年，由於法國王位的繼承問題，英法之間爆發了歷時
百年的戰爭，戰爭一直持續到一四五三年，史稱「百年戰爭」。在百
年戰爭的初期，法國軍隊的組成仍然主要是貴族所率領的騎士軍隊。
麥尼爾指出：「當百年戰爭（Hundred Years War，1337-1453年）開始
時，法國國王仍然主要依靠王國的封建騎士團來迎戰和擊退英國侵略
軍，雖然到了克雷西戰役（Battle of Crécy，1346年）時，他已經採取
了謹慎的措施，以從熱那亞雇來的弩弓手作為騎士團的補充，希望以
此來和英國軍隊中雇傭的大弓手相抗衡。」[1]在克雷西戰役中，法國
的騎士隊伍大敗，法軍有一千五百名騎士陣亡。又如一三五六年的普
瓦提埃戰役，法國軍隊的主力亦是由法國國王約翰二世率領的貴族與
騎士軍隊。

---

1 威廉‧H. 麥克尼爾著，倪大昕、楊潤殷譯：《競逐富強：西方軍事的現代化歷程》
（學林出版社，1996年），頁89。

　　由於戰爭的持續以及法國軍隊的不斷失利，從查理五世（1364-
1380年）起，法國國王注重軍事改革。與此同時，在世界軍事領域也
發生著巨大的變革。軍事裝備方面，由於軍事技術的進步，熱兵器開
始取代冷兵器。一三二六年佛羅倫斯製造出用火藥作為原料的火炮，
不久火炮經過改造已具有很大的威力。另一方面，由於陣法的改進，
騎士的作用開始減弱。西歐中古全盛時期，重騎兵裝備比較昂貴，只
有少數富裕之人才能夠裝備得起，其它人只是重裝騎兵的輔助力量。
後來隨著形勢的發展，輕騎兵由於具有戰鬥的靈活性，開始取代以前
的重騎兵。再往後，由於陣法的改進以及訓練的方便，步兵在軍隊中
的比重逐漸加強。針對軍事領域出現的新變化，查理五世開始建立步
兵部隊，組織炮兵，改組海軍，並且修建針對英國騎士軍隊的防禦工
事，但是應該看到這些軍事改革並沒有使得法國國王擁有了強大的私
人武裝，也沒有改變國王依靠貴族軍事力量的狀況；更確切地說，就
王權以軍事力量為基礎控制王國而言，沒有多少改變。

　　查理七世（1422-1461年）統治時期，在重新收復法國北方諸省
後，國王促成了地區三級會議的召開，地方行政機關獲得了財政與司
法大權，貴族繼續分享著統治國家的權力，而此時法國國王掌握的軍
事力量仍然較弱。佩里・安德森指出：「中央國家的暴力機器、財政
機構的規模依然很小。查理七世的正規軍從未超過一點二萬人——這
樣一支武裝力量根本不足以轄制一千五百萬國民，因此，貴族憑藉自
己的佩劍保留了地方自治權，整個社會結構的穩定有賴於此。」[2]法
國貴族的地方自治傳統一直沿襲到路易十一時代（1461-1483年），當
時法國被分為十二個郡，貴族掌握著各郡行政與司法權力，地方上出

2　佩里・安德森著，劉北城譯：《絕對主義國家的系譜》（上海人民出版社，2001年），
　　頁84。

現了許多高等法院，他們在本地區擁有最高的司法權。正如安德森所認為的：「實際上，由路易十一開創的『新君主政體』並非一個中央集權化的統一國家」[3]，「集權國家之所以遇到這些意義深遠的制約，其原因仍在於全國範圍內建立有效的王權統治框架的工作遇到了不可逾越的障礙，因為在當時的經濟結構中，既不存在統一市場，又沒有現代化交通設施，而且在經濟秩序中，鄉村中最基本的封建關係並未完全消失。儘管王權取得了顯赫的成就，實行垂直的集權化政治的社會基礎尚不具備」[4]。

由於特殊的地理環境與社會歷史發展過程，英國國王與軍隊的關係具有自己的特點，然而英格蘭同樣沒有形成常備軍體制，國王掌控的軍事力量很弱小。

諾曼征服之前，國王可以利用的軍事力量主要是由各地貴族提供的武裝力量。「英格蘭社會就從一開始存在著軍事貴族，他們很可能具有某種領地。但在最初的幾個世紀裏，國王的扈從及『塞恩』與國王的聯繫比他們與土地的聯繫還要緊密些。他們要伴隨在國王的左右，作為國王的軍事活動的見證，在國王的王宮裏生活。如果有必要，為國王戰鬥，萬死不辭。貴族的生涯有著強烈的公社色彩：國王的大殿成了滿足酒足飯飽的樂土，這是一個充滿危險的世界裏的人間天堂，這種景色充溢在盎格魯—撒克遜人的作品之中。」[5]當面臨外族入侵時，國王召集由各地貴族組成的貴族會議，討論抵抗敵人的問題，在會上分擔各自的防守職責。

---

3 佩里・安德森著，劉北城譯：《絕對主義國家的系譜》（上海人民出版社，2001年），頁85。

4 佩里・安德森著，劉北城譯：《絕對主義國家的系譜》（上海人民出版社，2001年），頁86。

5 甘迺迪・O・摩根著，王覺非等譯：《牛津英國通史》（商務印書館，1993年），頁71-72。

　　諾曼征服後，威廉一世通過一系列的征戰，沒收了戈德溫家族和支持哈樂德反抗的英吉利人的土地，僥倖保留土地的個別貴族則必須向新君主威廉宣誓效忠，並且奉威廉為最高領主，自己的土地名義上是受威廉封賜而來的；與此同時，威廉沒收了全國約一半的土地，除了將其中的六分之一的土地和大部分的森林留作王室領地外，在全國範圍內對其直接封臣進行分封。在英格蘭，領受國王封地的直接封臣共有一千四百人，其中一百八十人為高級封臣，在高級封臣中可分為兩大類，世俗貴族有一百五十名，教會貴族有三十人，而在世俗高級貴族中又分為兩類，十二人獲得封地最多，地位顯赫，稱為伯爵，其餘的一百三十八人稱為男爵。高級封臣大多是威廉一世的親戚，或是原來諾曼第的寵臣與軍事骨幹成員，他們的封地占到全國耕地的很大一部分，這些直屬封臣也傚仿國王的做法，留下自己的自營地，然後把其餘的土地再分封，在一百八十名高級封臣之下是約一千二百名高級騎士。

　　伴隨著土地分封的是封臣根據所分封土地的大小向封君提供相應的騎士軍役。國王雖然是國家名義上的最高統治者，但是他無力承擔全王國範圍內的防禦任務，國家行政機構發展的落後也使得國王沒有能力實行對全王國範圍內居民的直接統治，因此只得依賴大小領主向國王提供軍役。

　　在威廉一世時，每名伯爵應提供四十至六十名騎士，而一般的男爵需提供十至四十名騎士，其餘的一千二百名高級騎士則各自領有一塊騎士采邑，承擔作為一名騎士的義務。此外高級教士雖然屬於教會人士，但是也是國王的直接封臣，也應該提供相應的騎士軍役。如坎特伯雷大主教、溫徹斯特主教、林肯主教等，他們受到分封的地產與伯爵的地產相當，均應該提供六十名騎士，其它中下級教士提供的軍事義務則多少不等。總之，教會性質的封地可以向國王提供約八百名

中古西歐典型的騎士
騎士和戰馬都著盔甲，屬於重裝騎兵。

騎士[6]。憑藉著對世俗貴族和教會的封地，威廉一世可以組織起來的騎士性質的軍隊約有五千至七千人[7]。

在分封的原則下，如果封臣沒有按規定承擔軍事義務，那麼國王可以沒收或者扣押封臣的土地。出征時，直屬封臣一般自然地擔任所率領騎士隊伍的首領（captain）。封臣提供的騎士責任包括：聽從國王的命令進行征戰或者平叛某些貴族與地方上的叛亂，擔任國王的城堡與要塞的守衛工作等等。在和平時期，騎士每年用於訓練的時間應該是四十天，這樣才可以保證為國王服役時的品質；在遇到戰爭或者進行遠征時，騎士得服役二個月，這時騎士的裝備與戰爭的費用由騎士自己承擔；超過兩個月的戰爭費用得由國王來承擔，這可以從王室的薪水冊中看出。事實上，騎士延期服役是一個常見的現象。如北安普敦伯爵威廉‧伯琿在王室軍隊中，從一三三八年七月二十二日起一直為國王效勞了五百七十九天[8]。普爾

6 J. H. 瑞昂德：《封建英格蘭》（J. H. Round, Feudal England, London 1964），頁230。

7 A. L. 普爾：《從末日審判書到大憲章》（A. L. Poole, From Domesday Book to Magna Carta, Clarendon Press, 1958），頁15。

8 邁克爾‧普瑞斯特維奇：《中世紀的軍隊與戰爭》（Michael Prestwich, Armies and Warfare in the Middle Age, Yale University Press, 1996），頁8。

認為：「這種延期的服役至少在十三世紀只有國王親自在軍隊中時，才能夠提出這樣的要求。」[9]

　　從整體上看，一方面是英國國王相對於單個或者幾個封臣來講，他的力量是強大的；但是另一方面，相對於整個貴族階層來講，他的軍事力量又相形見絀，無法與整個貴族階層的聯合體相抗衡。再有，由於受到封建法規定的騎士軍役的限制，國王無法無限期地拖延封臣的騎士服役時間，否則會遭到貴族的不滿。普爾指出：「由於理查一世在其晚年不斷地召集軍隊，男爵和下級的封臣都不願意花費如此長的時間用於海外的征戰——儘管逐漸地採用定額分配製，即只有部分的封建主被要求去服役。」[10]一一九七年就有騎士宣稱：他們只有義務在英格蘭境內服役，拒絕任何海外的軍事服役，當然他們也承認和接受盾牌錢[11]。到了約翰王統治的後期，國王與貴族已經達成了默契：國外的軍役應該限於諾曼第與布列塔尼。否則，即使召集了軍隊，士兵們也會發生逃亡的情況。普瑞斯特威奇指出：「在一一九七年，理查一世需要三百名騎士到法國作戰一年，但是六周時間內，就有大群的士兵逃亡了。」[12]不滿的情緒自然會導致反抗的行為，而當貴族的力量聯合起來後，國王是無法抵禦的。約翰王時，貴族們面對著國王的倒行逆施終於運用了屬於自己的反抗權利，在一二一五年發動了大規模的叛亂。大貴族以約翰王不能夠保護封臣和王國的利益為由，聯合其它的社會力量率領男爵的軍隊與國王的軍隊作戰，迫使約翰王簽署了著名的《大憲章》。

9　A. L. 普爾：《從末日審判書到大憲章》，頁16。

10　A. L. 普爾：《從末日審判書到大憲章》，頁16。

11　A. L. 普爾：《從末日審判書到大憲章》，頁371。

12　邁克爾·普瑞斯特維奇：《中世紀的軍隊與戰爭》（Michael Prestwich, Armies and Warfare in the Middle Age, Yale University Press, 1996），頁68。

　　時隔不久的一二五八年，亨利三世為了使自己的幼子取得西西里的王位，準備向羅馬教廷繳納十四萬馬克的貢禮。為了這份巨額的貢禮，國王勢必會增加稅收，於是以孟福爾為首的貴族再次採取軍事行動，迅速集合起數萬名士兵，迫使國王召開牛津會議，並且提出了進一步限制王權的《牛津條例》。可見，一方面，國王在進行征戰的時候得依賴於這些貴族領主帶領的軍隊；另一方面又面臨著貴族的制衡與反抗。

　　從十二世紀開始，由於受再分封、繼承、沒收、強佔、買賣等因素的影響，英國的封土制度所形成的中古社會土地產權逐漸地失去了原有的形態，自然建立在此基礎上的騎士制度亦開始動搖。而同時國王也感到騎士性質的軍役不能夠滿足自己的遠征需要，建立另一種徵兵方式勢在必行。最早從亨利一世開始，國王首先在教士總封臣中徵收盾牌錢，這一做法在亨利二世時得到普遍的實行。一般每個騎士繳納二馬克或二鎊，由直屬封臣收齊一併上繳國王。亨利二世在一一六六年為了準確徵收盾牌錢還進行了著名的調查[13]，調查其直屬封臣應該向國王負擔的軍役以及他們事實上擁有的騎士領地數目。因為自從威廉一世分封以後，由於各種原因，許多直屬封臣的騎士領數目增多了，但是他們提供的騎士役仍然按照原來的數目，導致為國王服役的騎士不足。經過這次調查，亨利二世增加了盾牌錢，同時在亨利二世和愛德華一世統治時，國王有時還向其封臣徵收一筆數目不小的罰金，即封臣由於某種原因不能到戰場上指揮作戰而需要繳納的罰金。這是因為國王認為，直屬封臣本人作為首領率兵為國王作戰是應盡的職責。代役稅（盾牌錢）的推行使得國王擁有一筆專款來雇傭軍隊進行對外的戰爭，但是應該指出的是，中古西歐是一個尚武的時代，軍

---

13 A. L. 普爾：《從末日審判書到大憲章》，頁13。

事行為是貴族的天然職責。馬克・布洛赫指出：「……對他們而言，作戰並不僅僅是為其領主、國王或家族的偶而為之的義務。它所包含的意義遠過於此，可以說，戰鬥是其生活的全部目的。」[14]

即使到了十六世紀，在英國，由騎士提供的軍事力量在軍隊中仍然佔據重要的地位。在一五三六年，國王鎮壓北方「神恩巡禮」運動時，依靠的還是由貴族所統領的臨時性軍隊。塔內特指出：一直到十六世紀四〇年代，百分之七十的英國貴族都參加過戰爭[15]。在亨利七世統治時期，最高法院曾經指控伯加韋尼勳爵喬治・內維爾非法保留私人的軍隊。這一案件也從一個側面說明了當時貴族還是擁有自己軍隊的。喬治・內維爾的私人武裝由二十五名鄉紳、四名教士、四百四十名自耕農、一名皮匠與一名修補匠組成，看來人數還不少呢！甘迺迪・O. 摩根指出：在原則上，亨利七世甚至並不完全反對伯加韋尼勳爵保留這一支私人武裝，關鍵在於國王自己對這支武裝力量感興趣，希望從喬治・內維爾手中把這支隊伍搶奪過來，最好喬治・內維爾再負擔這支隊伍的開銷[16]。國王—貴族—軍隊的關係可見一斑。

特定情況下，國王或貴族要向自己的騎士支付報酬，這種現象早在十二世紀末就出現了。一一九八年，理查為了保證諾曼第的三百名騎士服役一年，每天支付他們每人三先令[17]。從十四世紀後半期起，由於社會與政治制度的發展，在戰爭中根據訂立契約組織起來的軍隊的作用凸現。貴族帶領著他自己的隨從參軍，並且從國王那兒取得相應的報酬。「一三三五年進攻蘇格蘭的夏季戰役中，有一萬五千名士

---

14 馬克・布洛赫：《封建社會》下卷，頁484。

15 富蘭克・塔內特：《近代早期歐洲的戰爭與社會，1495-1715》（Frank Tallett, War and Society in Early-Modern Europe 1495-1715, Routledge 1992），頁101。

16 甘迺迪・O. 摩根著、王覺非等譯《牛津英國通史》，頁252。

17 B. 萊昂：《中世紀英格蘭憲政與法律史》（B. Lyon, A Constitutional and Legal History of Medieval England, London 1980），頁272。

兵從愛德華三世那兒取得報酬。三千二百名士兵是重騎兵（men-at-arm），四千名是騎兵（mounted-armer），七千八百名是步兵弓箭手。」[18] 由於兵種的不同，所領取的報酬也有所區別。在十三世紀，重裝備騎士的報酬每天是二先令，一般騎兵的報酬是每天一先令，步兵更少。

二　外國雇傭軍

中古時期，外國雇傭軍主要來自歐洲一些山區國家。雇傭軍通常由某個有錢的退伍軍官花錢招募社會中的閒散人員，被招募的人員與頭領簽訂一份服役契約，在契約中規定被雇傭者擔任何種兵種、服役的時間、應該獲得的報酬以及相應的懲罰措施等等。歐洲雇傭軍中，最為有名的也是最聲名狼藉的是瑞士雇傭軍，瑞士雇傭軍從十四世紀起就已經配備獨立的大炮，當然還有長槍。對瑞士雇傭軍來講，依靠出賣自己的力氣和生命只不過是他們維持自己生存的一種方式，誰給錢就會為誰服役。瑞士雇傭軍的組成權掌握在那些擁有大炮的有錢人手中，士兵的挑選由此人負責。此外，德意志的雇傭軍也有很大聲名，因為他們的適應能力較強。

百年戰爭中，為了彌補軍事力量的不足，法國國王花錢雇傭了一批外國軍隊。但是，管理這些隊伍成為一個大問題。雇傭軍中士兵的成分複雜，有沒落的貴族，有流亡的農民，也有地痞與無賴。在戰爭間隙，這些雇傭軍就在鄉村與城市到處遊逛，尋釁滋事，集體的或者個別的從事搶劫縱火等活動，使得普通的民眾感到恐懼與不安。一四

---

18 菲利浦・孔泰咪：《中世紀的戰爭》（Philippe Contamine, War in the Middle Age, Basic Blackwell, 1984），頁132。

四四年，查理七世頒佈法令，把一些在法國國內滋事生非的雇傭軍納入皇家的軍事服役體系，同時把其它的雇傭軍強制解散。安德森指出：「但是，這些軍隊的形式和功能與後來的現代化中產階級國家特有的軍隊大相徑庭。它們並非是在全國範圍內徵募來的軍隊，而是常常由外國雇傭軍起主導作用的一群烏合之眾。」[19]

在意大利半島，各城邦國家使用雇傭軍的現象更為普遍。中古時期的意大利半島，國家分裂，貴族紛紛自立武裝；再加上意大利各個城邦國家從很早起商品經濟就比較發達，割據的貴族完全有足夠的財力來支付雇傭軍的費用。同時德國國王對意大利的歷次征戰留下了一些外國的騎士團夥，以及十四世紀十字軍從東方撤退留下來的殘留人員，成為雇傭軍的重要來源。這些人從前以戰爭為生，現在又沒有固定的經濟收入，於是只要有人進行組織，給他們以報酬，他們隨時聽命於任何雇主。在意大利，雇傭軍首領是一個勢力很大的群體，有的雇傭兵首領竟然試圖建立自己的獨立小王朝[20]。

在英格蘭斯蒂芬王朝內戰時期，以易普內斯的威廉為首的雇傭軍就曾經以俘虜的羅切斯特伯爵換回斯蒂芬國王。亨利二世時，由於盾牌錢的實施，國王手頭可以有更多的錢來雇傭外國的軍隊了。一一五九年的遠征突盧斯和一一七四年的平定叛亂中，國王的雇傭軍都曾經發揮過一定的作用。亨利二世時曾經與佛蘭德爾伯爵簽訂契約，國王每年支付一筆錢換取該伯爵提供的一定數額的騎士軍隊。在百年戰爭中，英國國王的軍隊中也有雇傭軍的影子。

雇傭軍最突出的一個優點是無役期的限制，雇傭軍的裝備由士兵自己負責，伙食由國王提供，按日計薪，薪金數額並沒有定制。雇傭

19 佩里・安德森：《絕對主義國家的系譜》，頁15。

20 雅各・布克哈特：《意大利文藝復興時期的文化》（商務印書館，1979年），頁13、25。

軍的缺點也是顯而易見的，他們都是些流氓、土匪、亡命之徒，對國家與國王無忠誠感可言，只是為錢而賣命，而且出征時多有燒殺搶掠之舉，因此不可作為主要的依靠力量。一五七四年，在西歐大陸發生的「西班牙風潮」就是一個非常突出的事例。當時一些無人雇傭的西班牙軍隊發生了騷亂，雇傭軍把安特衛普城洗劫一空。此外，在許多北歐與中歐的城市與鄉村中也發生過類似的悲劇，雇傭軍像飛過的蝗蟲一樣，把所經過的地方洗劫一空。麥尼爾指出：「依靠外國人有明顯的缺點。在十八世紀以前，金錢數額總是遠不足以準時支付外籍軍人的薪金。長期缺錢的君主不能牢靠地依賴一支僅僅因為欠薪就準備退出戰場的軍隊。」[21]

馬基雅維里則認為雇傭軍是意大利一切災難的源泉，他告誡君主們：「雇傭軍和援軍是無益的，並且是危險的；一個人如果以這種雇傭軍作為基礎來確保他的國家，那麼他既不會穩固亦不會安全，因為這些雇傭軍隊是不團結的，懷有野心的，毫無紀律，不講忠義；在朋友當中則耀武揚威，在敵人面前則表現怯懦。他們既不敬畏上帝，待人亦不講信義；毀滅之所以遲遲出現只是由於敵人的進攻推遲罷了。因此你在和平時期受到這些雇傭軍掠奪，而在戰爭中則受你的敵人掠奪。這是因為，除了一點軍餉之外，他們既沒有忠義之忱，也沒有其它的理由使他們走上戰場，而這點軍餉並不足以使他們願意為你犧牲性命。當你不打仗的時候，他們情願給你當兵，但是如果發生戰爭，他們就逃避或者一走了事。」[22]隨後，馬基雅維里又進一步論述雇傭軍的不可靠性，「雇傭軍的首領們或者是能幹的人，或者是不能幹的人，二者必居其一。如果他們是能幹的，你可不能夠信賴他們，因

---

21 威・廉H.麥克尼爾：《競逐富強：西方軍事的現代化歷程》，頁142。
22 尼科洛・馬基雅維里著，潘漢典譯：《君主論》（商務印書館，1997年），頁57-58。

為他們總是渴求自我擴張，因此不是壓迫自己的主人——你，就是違反你的意思壓迫他人。反之，如果首領是無能的人，他往往使你毀滅」[23]。

三　民團——一種民兵性質的軍事力量

伯爾曼指出：「加洛林王朝的國王們試圖勸使各氏族和地域實體的首領們派送步兵以組成一支『民眾的』也即帝國的軍隊，並取得了某種成功。與此相類似，盎格魯—撒克遜的國王們依靠的是普遍的徵兵制（fyrd）。然而，這些並不是常設的軍隊，而是用於應付共同的危急情況的後備軍。」[24]

在英格蘭，民團是一種民間軍事力量，源於盎格魯—撒克遜時期，當國王處於危急的時候，每個自由人都有義務為其戰鬥。民團這種軍役沒有報酬，自由民根據財產負責武裝自己，民團的徵召與指揮由郡守負責。九九一年，郡守伯特努曾經率領韋塞克斯的民兵抵禦過丹麥軍隊的入侵[25]。一〇六六年，哈樂德為了對付諾曼第威廉的入侵就召集了民團，但是在民團集合的這段時間中，威廉一直沒有採取登陸的行動。九月初，民團服役的日期已滿，民團的大部分人就地解散，只留下少數的民兵。九月底，征服者威廉登陸英格蘭時，哈樂德已不能再借助民團的力量了，這也是哈斯丁斯戰役中哈樂德失利的一個重要原因。

諾曼征服後，英國國王仍然沿襲征服前的舊制，在遇到戰事時，國王可以向全國發佈命令，徵集各地的民團，無戰事則立即解散。在

---

23 尼科洛・馬基雅維里著，潘漢典譯：《君主論》（商務印書館，1997年），頁58。

24 哈樂德・J. 伯爾曼：《法律與革命》，頁368。

25 甘迺迪・O. 摩根：《牛津英國通史》，頁103。

平定一一七三至一一七四年叛亂中，亨利二世曾經使用過民團[26]。一一八一年《武裝法令》規定：所有臣民，上至貴族，下至普通自由人，都必須自備一套與個人社會經濟地位相稱的武器裝備，以供必要時從軍使用。凡騎士等級或年收入十六馬克以上者，必須備有一整套的騎士裝備，包括一副鎖子甲，一頂鐵盔，一支矛，一支盾。地位低於騎士的人，標準相應降低。最基層的普通自由民與市民必須準備一套緊身上衣，一頂鐵盔，一支鐵矛。這一法令奠定了具有英國特色的民團制度的基礎。一二八五年，愛德華一世頒佈《溫徹斯特法案》又重申了這一原則，民團成為一支重要的武裝力量。

我們在考察民團性質時，需要注意以下幾點：一是民團具有全民徵兵制的色彩，體現的是英王作為英格蘭最高統治者所具有的軍事權威；其二，國王並不認為民眾擁有軍事力量是對國家的一種威脅，而是認為讓民眾具備一定的軍事力量是對國家安全的一種保障，似無明顯的防民之心；其三，民團服役的時間是有限制的，他們的服役期限通常在二個月左右，顯然不能稱為常備軍；最後，大概也是最重要的，民團只能用於發生大規模外族入侵的情況下，通常也不派往國外，按照現代軍事理論，類似於國民警衛隊。

民團的召集在很大程度上是習慣的問題。在徵集的必要性、徵集的期限、使用的範圍等方面國王不可以獨斷專行，因此民團從未成為國王的私人武裝。一五四四年，由於感覺到使用貴族騎士軍隊的諸多不便，亨利八世要求每個身體正常、十六至六十歲的人都有義務在需要的時候參軍，並想把他們派往到法國，但是由於古老的習俗與法律的限制，最後沒有實現[27]。再如查理一世時，為了防範蘇格蘭，國王

---

26 B. 萊昂：《中世紀英格蘭憲政與法律史》，頁273。

27 亨利‧米勒：《亨利八世與英格蘭的貴族》（Helen Miller, Henry VIII and the English Nobility, Basic Blackwell, 1986），頁159。

要求召集各地武裝的民團，但是由於民團的費用無著落，最後此事不了了之。內戰以後，情況亦是如此。甘迺迪・O. 摩根指出：「在該世紀其餘的年代裏，反對國外入侵和國內叛亂的第一道防線不是正規軍而是民兵。他們未經過很好的訓練，裝備一般，由本地士紳們糾集和領導，通常是一支倉促建成的本土防備力量。這些士紳由國王任命，但不隸屬於國王。」[28]

同一時期，英國開始正式組建自己的海軍力量。英格蘭是一個島國，按照常理，英格蘭的海軍建設應該是相對強大的；但是令人驚訝的是，在漫長的中世紀，英國海軍只是在急需或者戰時才臨時組建，從性質上來看，海軍似乎也具有民團的某些特徵。

在十二世紀時，英國海岸防禦任務是由沿海居民承擔的，國王將海上的運輸任務交給哈斯金斯、多佛爾、海斯、羅姆尼、斯韋奇等五個沿海城鎮，每城鎮每年要自費為王室提供五十五艘船服役，服役期限為十五天，超過這一期限的費用由王室承擔。由於這些城鎮承擔了王國的海軍事宜，作為交換，這些城鎮被國王賜予貿易與行政的特權。伯爾曼指出：「這些城鎮每年為保護王室提供一次船舶服務，以此換取自治體的特權，這一做法可以追溯到十二世紀初期，它是在亨利二世時由官方規定的。……這些城鎮所享有的大量特權包括設立一個普通的裁判庭（a common court of justice），免除通行稅和其它負擔，免受它們地區之外的司法權的管轄，以及每年開辦一次商品交易會。」[29]可見，國王不能任意地無償地徵用地方社會民眾的物資，他必須以某種付出來換得相應的服役，這種關係是雙向互惠的。如同夏繼果所說：「一般情況下，國王自己的船隻極少。唯一的例外是，亨利四世（1399-1413年）本人在與法國戰爭期間建造了包括三十艘船

---

28 甘迺迪・O. 摩根：《牛津英國通史》，頁322。

29 哈樂德・J. 伯爾曼：《法律與革命》，頁752。

的船隊。但是，由於養護它需要龐大的開支，在他死後，船隻或被出賣，或拆除其裝備。到一四五三年，亨利六世只剩下兩艘適於海上航行的船隻。」[30]

都鐸王朝時英國正式創建海軍，歷經幾代君主的努力，終於形成一定的規模。於是到「一五八八年，英國海軍艦隊的構成情況是：三十四艘王家艦船為核心，另外有六十四艘武裝商船，三十三艘供應船，還有四十三條私人擁有的大舢板用於聯絡」[31]。

第二節　姍姍來遲的常備軍

一　國王的私人武裝力量

國王直接掌握的軍隊主要是自己的親兵，或者可以稱為國王的私人警衛部隊。但是中古西歐各國國王的衛隊人數很少，絕對不像中國皇帝那樣，供養一支頗具規模的常備軍，並且擁有龐大的禁衛軍。

西歐國王要供養這些衛隊，得依靠自己的收入。一五〇五的米迦勒節至一五〇六年的米迦勒節間英國財政署的開銷明細表明，國王用於支付衛隊士兵的工資是一千二百鎊[32]。因此一直到中古後期，在向絕對主義國家的過渡階段，英國國王的親兵衛隊人數極少。保衛君主的衛隊被當時的人們稱為「約曼衛士」（Yeomen of the Guard），他們主要由中小鄉紳與富裕的自由人組成，到十七世紀時，這些衛兵被稱為「吃牛肉者（Beef Eater）」。

---

30 夏繼果：《伊莉莎白一世時期英國外交政策研究》（商務印書館，1999年），頁209。

31 夏繼果：《伊莉莎白一世時期英國外交政策研究》（商務印書館，1999年），頁215。

32 費迪克・C. 迪茲：《英格蘭政府財政1485-1558》（Frederick C. Dietz, English Government Finance 1485-1558, London 1964），頁81。

　　英國國王衛隊是在一四八五年由亨利七世正式建立的；在此之前，英國國王沒有正式的衛隊。在亨利七世統治時期，國王的衛隊只有二百人[33]。國王之所以擁有這些私人衛隊，是由於經過長期武裝鬥爭，國王逐漸地意識到增加自己私人衛隊的必要性後，才達到這些人數的。亨利八世時期，衛隊的人數不斷地變化。在對法國戰爭期間，衛兵從三百人增加到六百人；一五二六年降到一百人；一五四七年間是一百五十人[34]。此外在一五〇九年，亨利八世還組建了一支五十人的貼身衛隊。這些人是貴族出身，武器裝備更為精良，其首領是埃塞克斯伯爵 Henry Bourchier 與 John Pechy 爵士。總體看來，國王衛隊的力量不是很強，在國家的軍事力量中能發揮的作用一般。

　　國王並非直接掌握武裝力量的傳統一直沿襲到斯圖亞特王朝。第一次內戰初期，王軍的組成為：少數領取傭金的貴族武裝，由鄉紳組成的衛隊，分散在二十六個衛戍區的槍手和地方上的高級貴族與威爾士及愛爾蘭的地方官員派出的武裝人員。王軍的軍事經費依靠王室個人的收入以及大領主的捐贈，再有就是從地方上勒索來的錢款。因此無論是經費還是兵源，王黨的軍隊都無法得到正常的保證。到一六四二年八月，國王掌握的部隊只有八百名騎兵和三百名步兵，到九月份也只有二千名騎兵和六千名步兵。相對於國王兵力的弱小，議會擁有的軍事力量則很強大。首先，英格蘭各地的地方官員大多數擁護議會；其次地方上的民團力量也站在議會一邊，特別是首都倫敦的民兵訓練有素，雖然他們不能夠離家長期作戰，但是勢力不容小覷；再有海軍也站在議會一方，他們控制著許多的重要港口，能夠提供各種支

---

33 邁克爾・凡・克里夫・亞歷山大：《都鐸王朝的開始》（Michael Van Cleave Alexander, The First of the Tudors, London 1981），頁196。

34 阿立松・維爾：《亨利八世：國王與法庭》（Alison Weir, Henry VIII: the King and the Court, London 2001），頁65。

持。在短期內，議會召集了大量的軍隊，有騎兵五千人，步兵二萬五千人。此時軍隊的力量在很大程度上左右著時局的發展。

塔內特告誡人們：「人們不應該誇大軍隊是王權力量的附屬物的程度，特別是在十七世紀晚期之前。」[35]甘迺迪・O.摩根的論述則更為具體，他指出：「政府缺乏強制性的力量：它沒有常備軍或有組織的員警人員，甚至連保衛國王和他周圍作為儀仗的警衛人員也是在復辟時期才創建起來的。一六〇三年至一六四〇年國王在緊急狀態下可以召喚的武裝人員，為數只有幾十人，而不是上千人……但是英格蘭境內沒有軍事力量，而且除了在西部禁止非法種植煙草和有時逮捕宗教的異端分子以外，直到詹姆斯二世統治時才出現了軍隊。」[36]

二　常備軍的逐步建立

西歐各國的常備軍是在向絕對主義國家過渡的過程中，逐步建立起來的，特別是受三十年戰爭的影響，法國率先開始創建常備軍。隨著常備軍在國家間戰爭中作用的日益顯現，其它歐陸國家也相繼創建了本國的常備軍體制。常備軍的建立需要強大的國家動員能力與完善的官僚體製作為保障，諸如徵兵工作、士兵的訓練、軍隊的財政供給和後勤管理等等都是相當複雜的工程，因此一直到十八世紀，西歐大陸國家的常備軍體制才真正建立起來。

法國的中央集權到路易十四（1661-1715年）親政上臺時達到頂點。在此之前，弗朗索瓦一世（1515-1547年）在鼓勵工商業活動的同時，改革了國家的稅收與財政，由此法國國王得以建立了一支數目

---

35 富蘭克・塔內特：《近代早期歐洲的戰爭與社會，1495-1715》，頁191。
36 甘迺迪・O.摩根：《牛津英國通史》，頁321。

較大且忠於國王的職業軍隊，從而有效地削弱了地方貴族的獨立地位和特權。到十七世紀路易十四統治時，法國已經擁有了一支數目巨大的常備陸軍，並且還發展了海軍。據派克的觀點，十七世紀三〇年代法國軍隊數目是十五萬；十七世紀五〇年代為十萬；十七世紀七〇年代為十二萬；十八世紀為四十萬人（當然有的研究者認為派克的數字有一些誇大。他們認為，在西班牙王位繼承戰爭中路易十四的軍隊只有30萬人）[37]。而布萊克的研究資料則是在去除戰爭輔助人員的基礎上得出的，他的資料表明：法國在一六五〇年士兵的人數是十二點五萬；一六六〇年為五萬；一六六七年為八點五萬；一六七〇至一六七二年為七點六萬；一六七五至一六七八年為二十五點三萬；一六八二至一六八三年為十三萬；一六八八至一六九〇年為二十七點三萬；一六九五至一六九七年為三十四萬；一七〇二至一七〇五年為二十二萬

法國國王路易十四自稱「太陽王」，他說：「我們坐在上帝的位置上，彷彿分享了他的知識和權威。」但是與幾乎同時代東方國家中國的康熙皇帝相比，恐怕「太陽」也會黯然失色——畢竟還有人能站立著與他講話，這在中國是不可想像的。

---

37 威廉・H.麥克尼爾：《競逐富強：西方軍事的現代化歷程》，頁123。

人左右；一七一〇年為二十五點五萬人[38]。這一時期法國軍隊數目與
規模是以前王朝無法比擬的，但是我們不應該忽視，絕對主義國家的
形態畢竟不同於專制主義制度。在西歐絕對主義國家中，君主並非可
以隨心所欲地實現個人的統治，君主的權力與法律密切相關；此外中
古時期保留下來的貴族權力仍然或多或少地存在著，貴族仍是絕對主
義國家的重要支柱。劉北城認為：「換言之，絕對君主制是貴族的最
後一道防護壕。絕對君主制甚至不能徹底打破地方的分裂狀態，完全
實現民族國家的統一。」[39]

　　十五至十六世紀時，西歐大陸各國開始向絕對主義國家過渡，各
國君主對軍隊的控制力度都有所加強，但是同期的英格蘭仍然沒有建
立常備軍。早在十三世紀，英國就開始構建國家徵兵體制。一二八五
年的《溫徹斯特條例》正式建立了徵兵委員會（commission of array），
負責各郡的徵兵工作，集合訓練士兵。主要成員是王室的騎士
（household knight），他們作為王室的代表跟隨王室的法官到各郡進行
徵兵工作。此時，地方政府也有權過問地方軍事事務，郡守與他的下
屬有權獲知本郡的統計資料；再到後來，王室徵兵委員會的成員基本
上就由地方騎士擔任了。彼得・庫斯指出：「到愛德華一世後期，徵
兵委員會都由本地具有軍事經驗的騎士充任。」[40]事實上，國家徵兵
體制的建立需要完善的國家官僚機制，當時的英國顯然不具備這些條
件。由於地方利益集團主宰著地方社會的治理，國王的徵兵工作得依
靠地方鄉紳；這樣地方自治的傳統制約了常備軍的建立。

---

38 傑瑞米・布萊克：《歐洲的戰爭1453-1815》（Jeremy Black, European Warfare 1453-
　 1815, Macmillan Press, 1999），頁80。

39 劉北成：〈論近代歐洲絕對君主制〉，載《北京師範大學學報》（社科版）一九九七
　 年第一期。

40 彼得・庫斯：《英國鄉紳的起源》（Peter Coss, The Origin of the English Gentry, The
　 Cambridge University Press, 2003），頁167。

　　都鐸王朝時期，地方上的防務由督尉具體負責。早在亨利八世統治時期，他就在各郡中指命貴族去監督檢查防務與軍事安排，督尉的性質主要是軍事性的。他有責任去檢查軍事防務、召集兵員、登記造冊、訓練士兵，對缺席者進行處罰。伊莉莎白時候，特別是一五八五年後，由於面臨著與西班牙的戰爭，政府向許多郡派遣了督尉。督尉訓練士兵通常是三年一次，有時每年一次，在戰時則出現過一年二次的情況。這些措施只是在戰時才會實施，平時國王並無權保持常備軍。但國王有時是不甘心的，如在一六〇一年，政府試圖賦予督尉有權為軍事任務徵召軍隊，但是遭到下議院的否決[41]。因為如何界定軍事任務，存在著模糊不清的地方。例如當地方社會反抗國王暴政而採取武裝行動，國王希望派兵鎮壓時，這種情況是否屬於軍事任務呢？假如完全以國王的認定為依據，那麼就會為國王控制國家軍隊提供了依據，從而使軍隊為國王暴政服務提供了可能。根據英國的中央—地方間的關係，地方有義務為國家的安寧提供軍事保障，但沒有為國王的軍事專制提供服務的義務。

　　在英國人的眼中，常備軍意味著專制制度。佩里・安德森寫道：「在這一時期也提出了建立常備軍並冊封司法貴族的計劃。如果這兩個措施真正得以實施，將改變十六至十七世紀英國歷史的進程。事實上，國會對此兩項措施均持否定態度，儘管它贊成由國家控制教會並在鄉間實現和平，它仍然意識到建立專一化軍隊和在貴族內部出現司法貴族階層的邏輯結果必然會是在社會上對其許多成員造成不利。」[42]伴隨著內戰的進行，人們對軍隊的態度一如從前那樣反感。烏爾裏奇

---

41 肯特・珀維爾、科瑞士・庫克：《英格蘭歷史史實1485-1603》（Kent Powll and Chris Cook, English Historical Facts 1485-1603, Macmillan Press, 1977），頁79。

42 佩里・安德森：《絕對主義國家的系譜》，頁142。

指出：「對英國人民來說，它留下的主要遺物是對常備軍的持久厭惡和猜疑。」[43]

綜上所述，從軍事力量的角度來考察都鐸王朝的性質時，我們可以更能體會在絕對主義國家階段，國王究竟有多大的「絕對權」。菲利浦・孔泰咪指出：「在那個時代（指1500年左右──本文作者注），沒有真正的兵營，沒有常備軍，沒有炮兵體制，並且更為重要的是，許多英格蘭人固執地反對建立一種新的軍事機構。還有更為重要的事實，在戰爭中，當時人們不認為自己──同時別人也不認為他們──比職業軍隊有明顯的低級的地方。」[44]顯然，在沒有常備軍的情況下，君主的統治難以獨斷專行，不得不與議會合作，也不得不依靠地方上的實力人物。

第三節　國王召集軍隊時的限制性因素

上面討論了中古西歐國家王權召集軍隊的三個來源以及常備軍問題。我們看到，西歐國王對於軍事力量不是可以隨意召集的，他受到諸多方面的限制，其中軍隊的貴族性質和代議制是兩個重要的制約因素。

一　西歐軍隊的貴族性質

中古西歐社會中，貴族是唯一的正規軍事集團，他們是職業武士階層，這一點與中國傳統社會是截然不同的，中國傳統社會中不存在

---

43 奧斯丁・烏爾里奇：〈軍隊在英國革命中的作用〉，載王覺非：《英國政治經濟和社會現代化》（南京大學出版社，1989年），頁135。

44 菲利浦・孔泰咪：《中世紀的戰爭》，頁172。

這一獨立的貴族軍事階層。從事征戰是一個貴族的天職，也是他作為貴族的一種榮譽。從小時候起，他們就得接受各種各樣的正規軍事訓練，包括騎馬、射箭、衝鋒和陷陣等等。等到他長大成人後，通過一定的儀式，他就可以成為一名真正的騎士了。作戰時，他們騎著訓練有素的戰馬，全副武裝，頭戴頭盔，身穿盔甲，手持圓形的或者是三角形的盾牌，另一手中拿著長矛或者長劍。這是一群職業的武士，有著自己獨特的階層屬性和獨立的受法律保障的等級權利，不是國王可以隨意擺佈的戰爭工具。假如國王違背了先前的慣例或習慣法，那麼這一階層就會挺身而出與國王相抗衡。

十二世紀下半葉的一位遊吟詩人的吟唱道出了戰爭對於貴族的意義。「我熱愛明媚的復活節之季，它帶來綠葉和鮮花；我愛小鳥歡快的歌聲，穿過叢林在空中迴蕩。但我也愛看草地上星羅棋佈的大小營帳；原野上整裝待發的騎士隊伍與戰馬，使我欣喜若狂；看到先頭兵驅散沿路的人群和畜群，我感到心花怒放；我喜歡看先頭兵背後跟隨著的大部隊的武裝；望見堅固的城堡被圍困，柵欄被摧毀、踏平，武士們立在壕溝邊，馬肚帶散落在城壕旁，還有犬牙交錯的大木樁，此時我激情蕩漾，……狼牙棒、寶劍、頭盔和盾牌，在戰鬥一開始便被擊碎、擊穿；許多附庸倒在一起；死者和傷者的戰馬四處奔竄。一旦投入戰鬥，所有高胄貴冑便把一切置之度外，一心擊碎敵人的頭顱，打斷敵人的肩膀；因為死去比被人征服苟活更為榮光。我告訴你們吧！聽到對方發出『衝啊！衝啊！』的喊聲，聽到失去騎手的戰馬的嘶鳴，聽著『救命啊！救命啊！』的哀號；看著高貴之人和卑微之人在壕溝外的草地上倒下；最終目睹肋邊插著帶三角旗長矛杆的死者，此時比品嘗什麼美味佳酒、做什麼美夢都要甜香」[45]。

---

45 馬克·布洛赫：《封建社會》下卷，頁485。

從另一層意義上考察，中古西歐國王也是貴族中的一員，因此也有著與貴族一樣的尚武精神。儘管在政治領域中，國王與貴族屬於相同的等級；但是在政治活動和軍事活動中，他們往往處於相對峙的狀態中。同時軍隊的戰士不再是一種低賤的職業了，恰恰相反，他們是一個享有特權的階層，並且成為一種世系的特權。一一四〇年，西西里的羅傑二世頒佈法令規定，只有騎士的後代才可以成為騎士；一一五二年紅鬍子腓特烈頒佈法令一方面禁止「農民」攜帶長矛和佩劍（這屬於騎士的武器），另一方面承認只有那些祖先是騎士的人才是「合法的騎士」。一一八七年，他又頒佈法令明確禁止農民的兒子獲得騎士的稱號[46]。

軍人和軍事活動意味著一種身份，一種等級。軍隊的貴族性質決定了它不是任人支配的武裝力量，因而不會完全聽任國王成為其專制統治的工具。在一個多元政治結構的社會裏，國王不可能控制全部的政治生活，不可能動員和支配全部的經濟資源，因此不能控制全國的軍事力量是必然的結果，何況軍事領域是貴族的「世襲領地」，豈容君王一人壟斷！王權是西歐社會中一股重要的不可或缺的力量，但絕不是最強大的勢力，也不是唯一支配社會的力量。當國王直接掌握較強軍事力量的時候，西歐社會中已經加入了第三等級——資產階級的重要因素，今是昨非，王權已意味著新的社會價值指向，西歐正在走出中古時代。

二　代議制度下的軍費開支

歷代的戰爭都是一項耗費巨大錢財的冒險活動，依靠的是經濟與

---

46 馬克・布洛赫：《封建社會》下卷，頁527。

財政的實力，無論是軍隊的組建、軍事設施的修建、軍隊士兵的裝備都需要巨大軍費開支，沒有錢財的來源，一切無從談起。但是中古西歐國王的開支一直受到「國王生計自理」原則的限制，議會控制著國王的稅收來源。在中古西歐社會，國王的收入有這麼幾個來源：一是國王自己的自營領地與莊園，這些土地上的收入歸國王所有；二是國王作為上級領主可以對直接封臣徵收的租稅，在特殊的情況下，國王可以向下級領主徵收「協助金」，這屬於非正常收入；三是國王向全體國民徵收的賦稅，這也是屬於非常規收入，需要徵得代議機構的同意。

在法國，這樣的代議機構為三級會議，它由教會貴族、世俗貴族與城市市民組成。法國三級會議通常最重要的話題就是稅收。當國王需要徵稅時候，就召集三級會議，把稅款在三個等級之間進行分攤。一三〇二年在巴黎召開了第一次三級會議，而在這次會議之前，法國國王就已經與巴黎等大城市的富商就財政問題進行了協商。百年戰爭期間，法國的民族意識逐漸形成，民眾決定全力支持國王進行對英國的戰爭；三級會議於一四三九年決定，國王可以不經過三級會議徵收新的賦稅，這一決定極大地促進了法王的財政收入，對以後法國歷史的發展具有深遠的影響。

在英國，議會決定國家新的稅收，但是英國議會的作用也不僅僅在於此。一二九七年，由於對蘇格蘭、愛爾蘭和法國同時用兵，愛德華一世債臺高築，於是愛德華一世無奈向全國徵收新稅，這一舉措遭到英國民眾的一致反對。議會指出國王的這一行為有悖《大憲章》，並且以議會不批准稅收相威脅。國王迫於各方面的壓力，被迫確認《大憲章》，同時國王承認議會擁有批稅權。這樣，一方面是國王對外戰爭需要巨大的經費，而自己的收入連政府的日常開支都捉襟見肘；另一方面是議會根據以往形成的傳統決定著賦稅的徵收，國王與

議會在政治的博弈中互有妥協。

再有，十七世紀內戰的直接起因也是由於國王對蘇格蘭用兵。一六三八年，蘇格蘭的人民為了宗教與政治獨立而展開了對英格蘭的戰爭。一六三九年，蘇格蘭的軍隊打到英格蘭的境內，查理一世由於得不到地方的支持不得不與蘇格蘭簽訂停戰協議，雙方同意解散自己的軍隊。不久，蘇格蘭人公開表示不承認查理一世的統治，也沒有解除軍隊，查理一世被迫重估戰爭的形勢，預計對蘇格蘭的戰爭大約需要三十萬英鎊。這筆軍費如果不通過議會徵集，將無法落實，這種情況下，查理一世不得不召集議會，商討徵稅的事情，以便籌集軍費同蘇格蘭作戰。但是議會並沒有沿著國王的思路進行，議員們非但沒有討論軍費的事宜，反而提出議會所應該享有的徵稅權問題，這讓查理一世大為惱火，解散了議會。議會成為國王徵收新稅的一個重大的制度約束。

以上簡單分析表明：在中古西歐，國王召集軍隊的方式有限，而且民團以及具有貴族精神的騎士軍隊與中國傳統社會中的士兵截然不同，他們是一種有生氣有活力的軍事力量，並因貴族而享有獨立的權利，或者說是多元的權利主體之一，很難成為國王任意支配的軍事力量；恰好相反，在許多情況下成為制約國王的力量。同時中古西歐的其它社會與政治制度也從習慣或者法律制度的層面上對國王掌握的軍事力量進行限制，即使是絕對主義國家時期的西歐國王們，也絕對無法與中國傳統社會的皇帝相提並論。

中古及近代早期國王的有限軍事力量，一方面是對國王權威的限制：沒有強大的軍事力量作為憑藉，使得西歐各國在向近代國家轉型的過程中國王很難完全以強權支配社會，從而使社會中各種力量尤其新生力量得到相應發展的空間，推動了社會的多元性；另一方面使得地方社會較大的自治權利得以維持，地方社會充滿了活力與張力。從

中古早期初見端倪的地方自治，經過中世紀歷朝歷代的孕育，在絕對主義的國家形態之下得以繼續發展，並且最終成為「地方自治之家」，成為近現代社會處理中央與地方關係的重要方式，其中王權與軍隊的關係影響不可或缺。

第三篇
中國

第九章
中國政治制度淵源

第一節　中國中古政治制度研究概述[1]

這裏僅涉及鴉片戰爭以來的中國政治制度研究。依據時代特徵和研究方法，這一時期中國政治制度史的研究可粗分為三個階段。

一　「救亡圖存」與諸說並起

第一階段從鴉片戰爭爆發到五四運動興起。鴉片戰爭結束了中華帝國閉關鎖國的時代，開啟了殖民地與傳統社會並存的歷史。面對不平等條約的簽訂和國土的迅速淪喪，具有深厚國學基礎而又深受西學影響的一代學人，王韜、黃遵憲、嚴復、康有為、梁啟超、陳天華、孫中山、王國維、章太炎等，肩負時代重託，在奔走呼號、救亡圖存的同時，開始從理論上探討被動挨打的原因，為危機四伏的中華民族尋求出路。他們引進西方進化方法，對中古政治制度進行了研究，並提出了自己的制度設計。一九〇二年，梁啟超發表《中國專制政體進化史論》一文，以西方進化方法審視中古政治制度，將制度演化視為封建形成、發展、衰落和消失的過程，認為這一過程經歷了四個時期，分別為：黃帝至周初，為封建末定期；西周至漢初，為封建全盛

---

1 本章學術史的撰寫參考了白鋼先生主編的《中國政治制度史》（天津人民出版社，1991年）的導論部分，引文和資料不再一一注出。

期;西漢至清初,為封建變相期;康熙以降為封建全滅期。以今人的
眼光衡量,該文自有其缺點,但作為第一代以西方資產階級方法研究
中國政治制度的代表人物,梁啟超的研究顯然具有開拓奠基之功。

理論探討需要熱情,更需要冷靜。在民族危亡日趨嚴重的形勢
下,一代學人熱情有餘,而冷靜不足。這就難免使學術研究帶有感情
色彩。所以,民族情感與理性思考相互纏繞糾葛成為這一時代政治制
度史研究的特徵。

新文化運動的興起使西方馬克思主義輸入中國,並得到了廣泛傳
播。中國學術界由此形成了馬克思主義團體。這個團體以歷史唯物主
義作為基本研究方法,在中國政治制度史的研究方面建立起新的理
論。郭沫若於一九二九年寫成《中國古代社會研究》一書,力圖以恩
格斯《家庭、私有制和國家的起源》為楷模來研究中國古代家庭、私
有制和國家的起源,其中涉及了中古政治制度的起源問題,具有一定
的開拓意義。一九四八年,王亞南又出版《中國官僚政治研究》一
書,對中國政治制度的核心進行了剖析。他認為,儒學是中國古代官
僚政治制度的思想理論基礎,兩稅是它的經濟基礎,科舉是確保其人
力資源的有力槓桿。王亞南的研究是在中西歷史的比較中展開的,論
述的過程也就同時揭示了中國官僚政治的特點。

與此同時,資產階級學者繼續運用進化論方法研究中國政治制
度,取得了不少成績。此外,我們還應重視這一時期傳統學術的貢
獻。在這個以考據和描述為己任的領域,中國歷代政治制度在某些方
面得到了細緻入微的研究,有不少作品問世。歷史學是一門求真的學
問,而考據和描述的功用恰在於揭示歷史的真相,因而無論何時,都
是歷史研究中不可缺少的方法。檢閱這時的各類研究,計有發表的專
題論文六百餘篇,專著四十餘部,涉及廣泛,形式多樣,成績斐然。

但以學科分類衡量,這時的研究還主要是一種歷史學研究。不必

說佔據學術界大半河山的中國傳統著述，即使是運用進化論方法和唯物史觀方法進行的研究也大多是一種歷史學研究。研究對象雖為中國政治制度史，研究領域卻在歷史學。歷史學是一門古老的學科，這個時代的學者大都接受了傳統歷史學而不是政治學的良好訓練，具有廣博的歷史知識和雄厚的研究基礎，而政治制度史又一向被視為歷史學的分支，因而必然由歷史學家去研究了。所以從嚴復、康有為、梁啟超等到郭沫若以降，都基本上是一種歷史學研究。雖不否認其中也有貼近政治學的研究，如王亞南之例，但這種研究終屬鳳毛麟角。這構成了這一時期研究的特點。

二　在政治重負之下

二十世紀五〇年代初至七〇年代末，是中華人民共和國歷史上政治運動頻發的時代。「整風」、「反右」、盧山會議、反「右傾」、「文化大革命」、「批林批孔」等等，常常一個運動未息，另一個運動又起，有些甚至同時展開，交錯進行。幾乎每個運動都涉及教育界、科技界、知識界，或專門對知識分子實行改造、專政。馬寅初、胡風等一大批知識精英受到株連或者罹難。這就是新中國成立初期的中國政治！當人們從現實中親眼目睹或親身體驗了政治的厲害並幡然覺悟時，便不由得像躲避瘟疫一樣躲避政治，甚至私下都避談政治，唯恐招致殺身之禍。一時間，「百花齊放、百家爭鳴」的麗日藍天變得陰霾密佈、萬馬齊喑。直到九〇年代初，也就是「文革」結束的十餘年以後，劫後餘生的人們依然談「政」色變。

嚴格地說，政治制度史研究與現實政治研究分屬兩個領域。如果說政治學研究難以擺脫與現實政治的關係，那麼，政治制度史的研究則理應視為比較純粹的學術研究。然而在以階級鬥爭為綱的歲月裏，

一切都蓋上了政治的烙印，一切都必須為現實政治服務。史學、哲學、法學如此，整個社會科學如此，甚至自然科學也如此。在這種情況下，研究政治制度本身的政治制度史研究自然可想而知了。而作為懼談政治、避談政治的必然結果，是三十年來約只有一百八十篇文章發表。這一數字尚不及二十世紀三〇至四〇年代的三分之一。而且內容雜蕪，不成系統，「論政權性質的多，論行政體制的少；論皇帝的多，論皇帝制度的少」。與論文相比，著作出版的情況更糟。據白鋼先生考察，這裏所謂著作，其實都是歷史著作，如范文瀾的《中國通史簡編》，翦伯贊的《中國史綱要》，郭沫若的《中國史稿》，呂振羽的《簡明中國通史》等等。這些著作僅僅以有限的篇幅涉及歷代政治制度，卻沒有一部中國政治制度史專著出現。有意思的是，就在大陸學術界懼談政治、避談政治的同時，港臺的研究卻如火如荼，從而與大陸形成了強烈的反差。即以研究成果論，僅專著一項就達七十餘部。涉及政制通史、政制斷代、中央政制、地方政制、政制專項等多方面，系統深入，蔚為大觀。這樣，如果說在歷史學領域，政治制度史的研究尚在不絕如縷地進行，那麼在政治學領域，這種研究似乎一直蹤跡難覓、不知所終。

三　走進創獲時代

隨著「文化大革命」的結束，中國進入了一個新的時代。面對眼前的景象，有人預言「科學的春天」到來了。現在看來這種提法僅僅突出了與新中國成立三十年來的反差，卻沒有正確地估計到季節的變化可能帶來溫度的逆轉，即它忽略了一個常識：早春天氣依然寒風料峭，寒意襲人。「文化大革命」雖已結束，但它的巨大的慣性依然發生作用。表現在理論界，「文革」時期的思維方式依然存在；理論禁

區仍然很多。例如關於專制主義的討論，二十世紀八〇年代初期曾一度繁榮，但從中期開始，逐漸走向冷落。至八〇年代末九〇年代初，批判的聲音近乎絕跡，報紙雜誌上所見文章幾乎都是對魏特夫《東方專制主義》的聲討與筆伐。

　　與此同時，中國政治制度史一些問題的研究則出現了另一種傾向：可能由於此前的政治運動剝奪了人們的言論自由，「文化大革命」結束後，如同經歷了漫長的冬眠急需在春光裏盡情地舒展，學者們的討論熱情簡直是噴薄而出。參與人員之眾、涉及問題之多、規模之大，在新中國成立以來的學術史上可說絕無僅有。也據白鋼先生的統計，十年間發表論文多達一千二百篇之巨。著作的出版也一改此前只有歷史學著作涉及政治制度而沒有一部取名政治制度史的專著出版的局面，這時出版了多部政治制度通史和專史。這無疑是可喜的現象。但冷靜地看待這一現象則可以發現許多問題，例如文風問題。有些文章濫用新詞，生吞活剝，讀來艱澀難懂，不知所云；有些著述以新引進的西方方法甚至自然科學的方法進行研究。對於這些方法的內涵和如何運用，作者亦不甚了了，所以無助於問題的解決。有些著述帶有濃重的八股氣息和程序化特點，實則空洞無物。另外重複研究、重複發表的現象亦相當嚴重。更為重要的是，出於一種對時代、對歷史的責任感，一種基於文化優劣價值判定的恨鐵不成鋼的民族心理，討論中摻雜了太多的感情因素；而由於長期疏於真正的而不是教條式的理論思考，討論中又缺乏深入的理論分析。所以，著述雖多，卻深度不夠，力度不足。這是這一時期政治制度史研究的顯著特點。

　　進入二十世紀九〇年代，人們的學術激情不再像八〇年代那樣高漲，一部分學者開始對一些重大理論問題進行冷靜的思索。這些問題主要有：中國傳統文化、現代化、五種生產方式、專制主義、資本主

義萌芽等。在作者們看來,他們各自探討的問題都與政治制度有關,所以,都對政治制度進行了剖析。

現代化研究始於二十世紀七〇年代末八〇年代初。關於現代化的概念,學術界很早就達成了共識,認為它具有綜合性特點,而不獨指經濟現代化,還包括政治現代化、文化現代化等。研究中國的政治現代化,宜以比較方法或將中國政治制度史置於一定的參照系中進行研究。在這方面,羅榮渠先生做了很好的榜樣。他的《現代化新論》從宏觀歷史學的視角,將現代化作為全球範圍內由傳統農業社會向現代工業社會轉變的整體過程進行研究,包括世界與中國現代化進程兩大部分。《現代化新論》關於中國的部分,主要從思想或思潮的層面對中國現代化問題進行了探討,同時也對中國現代化的延誤作了制度上的分析。此文建構恢宏,挖掘深入,發人深省。在《現代化新論續篇》中,羅先生對中國現代化的制度層面進一步作了探討,使《現代化新論》中的某些觀點得以昇華,理論建構更上層樓。與羅榮渠先生不同,劉澤華先生則一直潛心於中國古代政治思想史的研究,先後獨立出版和主編了《先秦政治思想史》和三卷本《中國政治思想史》等著作。近年來,劉先生又將研究的重點集中於中國古代專制主義問題,並相繼出版了《專制權力與中國社會》和《中國的王權主義》等著作。他以其對古代典籍的諳熟,深入挖掘了中國專制主義的根源、理論、結構、表現、作用、影響等。在此基礎上,他與他所領導的群體對中國中古社會的專制主義及其在中國近現代的演變進行了深入的剖析,建構了系統、完整的專制主義批判體系。資料翔實,論證周詳,新見迭出。劉先生主要是從政治思想的層面進行研究,同時也研究專制制度本身。在這一時期出版的政治制度史著作中,白鋼先生主編的《中國政治制度史》是影響較大的一部,也是比較貼近政治學規範的一部。《中國政治制度史》共分十二章,除第一章〈導論〉論述

撰寫中國政治制度史的相關問題外，其餘十一章從夏商一直寫到清代的政治制度，內容包括皇帝制度、中央決策系統、中央行政體制、地方建制、監察制度、司法制度、財政管理制度、人事制度、軍事制度等，體系完整，論述周全。以上僅就有關問題的具有代表性的學者和著述作了評論。此外，每個問題都有眾多學者參與了討論，出版發表了一批高品質的成果，提出了一些新的理論和觀點，但因篇幅所限，這裏不一一列舉。

在成果形式上，這一時期開始出現大部頭、多卷本的著作或叢書，例如白鋼主編的多卷本《中國政治制度史》，劉澤華主編的《中國社會史研究叢書》，張晉藩主編的多卷本《中國法制通史》，齊濤主編的《中國政治通史》，羅榮渠主編的《世界各國現代化比較研究》叢書等。這些著述以其上乘的品質和空前的規模將中國政治制度史的研究推入了創獲時期。但受市場經濟大潮、學術界大、小環境等因素的影響，一些學者滋長了浮躁情緒。受這種情緒制約，中國政治制度史的研究還存在一些不盡如人意之處，例如有的作品品質不高，有的則錯誤較多，有的甚至存有抄襲現象。

這樣，冷靜與浮躁並存，學術精品與平庸之作同在，構成了這一時期中國政治制度史研究的時代特徵。

本章擬在上述研究的基礎上，集中討論中國古代政治制度的淵源。

第二節　中國政治制度的初始

地理、氣候、生態等自然條件對政治制度的影響是不容低估的。這方面，西方學者早自亞里斯多德業已論及，後經博丹、孟德斯鳩、赫德爾、黑格爾、斯密、穆勒、普列漢諾夫等多學科、多角度的證明，早已形成了系統的理論體系。而晚近興起的文化研究，則更進一

步證明了這一結論。古代中國的地理環境具有鮮明的特色，這一特色對中國古代政治制度的形成產生了深刻的影響。

一 地理環境及其文化影響

古代中國地處亞洲大陸東端，海岸線綿長曲折，具有良好的航海條件。但對於古代民族來說，在科技發明尚處原始狀態的情況下，但凡有別的條件，一般不會選擇這樣一條充滿險象的生存之路。所謂歐洲人的冒險精神，在我們看來，是在文明發軔時期由特定的山海環境注定的。這種精神早在西歐的古希臘和北歐的維京時代已經形成了。而作為文化基因的精神一旦形成，便如人體內流動不息的血液，代代遺傳，很少改變。古代中國雖有綿長曲折的海岸，卻更有縱橫萬里的沃野，這包括東北平原、華北平原和長江中下游平原。由這三大平原組成的區域，西有喜馬拉雅山、崑崙山、天山、橫斷山、祁連山等山脈，以及青藏、雲貴、黃土等高原形成的天然屏障，東有綿延一萬八千公里的海域，形成了一個遠離襲擾、相對孤立而又平和安靜的世界。而且，這個世界又有密集而分佈合理的水系，北有黑龍江、遼河、南有珠江、淮河，中有黃河、長江，而眾多的中小河川間雜其間，由此又形成了一個理想的農業種植地帶。對中國古代民族來說，這一條件的優越性是顯而易見的，遠非劃槳出海所能比擬：從事種植，不怎麼費力就可以獲得可觀的生活之需；而從事航海，則缺乏當時難以達到的造船、航行等方面的技術，因而常常付出生命的代價。兩相比較，我們的先民選擇了耕稼這一穩妥而又有保障的生產方式。

區域的封閉性從而與外部世界的相對隔絕，易於生成內向型文化。而文化的內向必定造成權力的內聚。也就是說，這種文化必定具有自己的中心，表現在政治上，即須建造一個能夠發動社會總動員的

權威。沒有這樣的權威，區域內每一個體都會感到缺乏依賴性和安全感。同時，區域的封閉性也限制了貿易的發展。在封閉狀態下，商業活動僅僅表現為區域內而不是跨區域的小規模活動。而由於同外界的隔絕，縱然手工業資源豐富多樣，也不可能形成跨越國界的遠端貿易。因為你無從了解外界的需求，更無法將商品運銷域外。而貿易的欠發達必然造成權力集中的便利。土地肥沃、河川密佈，又是經營農業的基本條件。這一條件意味著農業是未來社會的主要行業，而農業生產者小農，是構成權力集中的天然基礎，這在理論上早已得到證明。另外，無須諱言，依靠江河進行農業灌溉和治理江河氾濫對權力集中也產生了促進作用。建造大規模水利工程需要動員廣大的人力和集中雄厚的物力，而沒有權力的集中，這一目標是難以實現的。治理洪澇、修築堤壩、疏通河道同樣需要動員廣大人力和集中雄厚物力，沒有權力的集中也是難以進行的。因為這些都屬於公益事業，而公益事業需要或依賴相關人員的自覺，但在上古社會，人的覺悟或素質普遍低下，容易產生「攀比」心理和「借光」思想，結果必然造成工作的無從進行，因此需要權威的命令。這與地中海特別是愛琴世界不同。那裏山巒起伏，丘陵連綿，耕地稀少，不宜農耕，但海岸線曲折，良港眾多，水域廣闊，宜於航海，山地丘陵間又物產豐富，資源充足，適於發展手工業，且與北非、西亞等地的文明古國隔海相望，而這些地方又都是上古世界有名的穀倉，具有與愛琴世界形成貿易聯繫的天然傾向。這樣的地理環境、生態結構以及其它自然條件，注定生成外向型文化。而外向型文化必定造成權力的分散而不是內聚，表現在政治上，易於形成民主或共和制度。

　　地理、生態、氣候當然不是制約政治制度的唯一因素。內部的階級結構及其力量對比、外來文化影響等都會產生一定影響，但在早期文明階段，這種影響大約只有從屬或間接的意義。

二　由《尚書》的有關記述看中國政治制度的發軔

　　基於上述條件，華夏文明早在它的發軔時期業已顯露專制的端倪，這在中國最古的史書《尚書》中便有反映。當然，關於《尚書》的真偽問題，學術界尚存爭議，但當我們選擇了合適的視角進行分析的時候，《尚書》就可以作為史料來使用了。

　　《詩經》中的「溥天之下，莫非王土，率土之濱，莫非王臣」是對西周政治實踐的概括。這種概括說明，建立在宗法制、分封制以及家天下基礎上的西周專制政治已經相當完備。這種完備的專制政治當然不是無本之木，它承自殷商[2]。因為在商代，宗法制、分封制以及家天下觀念已經定型。而以殷商之制的定型推斷傳說中的夏代出現或形成這些制度的萌芽，應該是合理的。從這種意義上說，《尚書》所描述的現象與歷史實際當大致或基本吻合。而且，即使是偽古文《尚書》，亦「非完全的憑空杜撰，而是有一定的根據……有的甚至還比較可靠」[3]。這樣，我們便可以將《尚書》中的一些具體描述作為一般現象看待。或者按傳統說法，這些描述自有它們的「史影」。這裏必須強調「具體描述」和「一般現象」的區別。《尚書》中的描述是具體的，如「禹別九州，……任土作貢」，堯、舜、禹禪位等，其中甚至包含大量的人物對話，但這些描述是否真有其人其事，不僅尚無定論，而且爭議頗大，所以不宜作為具體歷史資料徵引。但堯、舜、禹可以無其人，在相應歷史階段的真人真事中出現專權現象則是可能的，這就是所謂一般現象或史影。這裏，我們可以通過堯、舜、禹禪位和禹定貢賦的具體描述透視專斷的一般現象。

2　王暉：《商周文化比較研究》（人民出版社，2001年），頁310。

3　黃懷信：《尚書注訓》（齊魯書社，2002年），弁言。

　　《虞書·堯典》載，堯欲禪位，詔四方諸侯舉薦賢才[4]。這種舉薦習俗，可視為原始民主的一種殘留。既然是殘留，對冉冉上陞的個人或家長權力自然少有或僅有微弱的約束力了，因為舉薦是否起作用首先和最終取決於堯是否禪位和對諸侯意見是否採納。堯若不欲禪位或欲終身，便不會有諸侯舉薦之事發生；若欲禪位而又不採諸侯意見，舉薦必然流於形式。依當時政治環境論，堯完全可以不詔四方諸侯或不採諸侯意見，而將帝位傳給兒子朱。只是因為堯德行高遠，且想以德治國，才通過這種形式傳位他人。又碰巧所薦虞舜的確品行超群，正好符合堯的遴選條件。即使如此，堯仍要拭目以待，因而嫁女以為考驗，一有不合，便行罷免。關於用人問題，《堯典》還記載了一個事例。為了提拔人才，堯同樣爭取大臣意見。首先是放齊舉薦堯的兒子朱，但堯以朱不講真話，喜歡與人爭訟為由，否定了放齊的意見；驩兜舉薦共工，同樣遭到了否定[5]。我以為，這個例子恰好可以彌補禪位在這一問題上所反映的信息的不足。因為在禪位問題上，四方諸侯所薦人選恰合堯之心意，因而僅僅使堯表現了順合民意的一面。相反，提拔人才的例子則使堯暴露了違逆民意的另一面。堯舜禪位如此，舜禹禪位也如此。《虞書·大禹謨》記載了這一過程。舜欲禪位於禹，禹堅辭，請行占卜。舜說：「禹，官占惟先蔽志，昆命於元龜。朕志先定，詢謀僉同……卜不習吉。」[6]舜告訴禹，負責占卜的官員，先隱藏自己的主意，然後占卜。而我已經定下了主意，徵詢、商議的結果也相同。而占卜也不會重複相同的吉兆，所以不必占卜。為使禪位成功，舜居然將在人們觀念中居於權威地位的占卜神諭置之不

4　《尚書·禹貢》。

5　《尚書·禹貢》。

6　《尚書·虞書·大禹謨》。

顧。舜之專斷由此可見一斑。但禹仍推辭，而舜更堅決，最終禹不得
不從。堯、舜、禹是傳說中的人物，禪位也是傳說中的事情，但聯繫
商代的情況，可以將隱含在禪位後面的專斷看做一般現象或史影。

「禪位」之例表明，這時的專斷特徵已經相當顯著。夏禹執政，
承堯舜之制。而土地定級，賦稅定額乃國之大事，必然由中央推行。
禹為最高統治者，拍板定案自是順理成章的事情。所以，從判認田之
等級，到確定賦之多寡，貢之品色，完全表現為禹個人的單向、專斷
行為：

「禹別九州，隨山濬川，任土作貢。」[7]
「禹敷土，……冀州：……厥土惟白壤，厥賦惟上上……」
「……濟、河惟兗州：……厥土惟中下，厥賦貞……」[8]

這裏，我們當然不能直接理解為像疏濬江河、劈劃疆域、制定貢
賦等浩繁龐雜的事情，無分鉅細，禹必躬親。但是，由中國的歷史特
性和當時的歷史階段看，這些事情最終或主要由個人決定是可信的。

像這樣，大體如《禹貢》所說，禹以土壤的肥瘠規定了田賦的等
級，並確定了相應的貢品。在以較長的篇幅紀錄禹的勞績之後，《禹
貢》又在篇末對這一紀錄作了簡短的概括：「……六府孔修，庶土交
正。慎財賦，咸則三壤。成賦中邦。錫土姓，祗臺德先，不距朕
行。」[9]使我們再次瞭解了個人專斷在制定田賦貢品的過程中的作用。

而且，我們所據《尚書》版本並非原始版本，而很可能是經孔子
「刪述」後的版本。如果確如論者所說，這個版本已受儒家道德標準
和價值尺度的影響，則中華文明的專制特性在這一時期的表現應較我

7　《尚書・禹貢》。

8　《尚書・禹貢》記載了禹別九州、制定賦稅的全部過程。這裏僅引冀、兗二州之
　　例，其它諸州因情況相同不一一列出，但這並不影響主題的闡述。

9　《尚書・禹貢》。

們的分析更突出、更顯著。因為經孔子修飾後尚且遺存如此多的專斷信息，原始本中的專斷情景自然可想而知了。

這些現象，也許只有在與西方的比較中才能透視出歷史的意蘊。剛剛進入文明門檻的盎格魯—撒克遜國王由賢人會議選舉產生[10]，而且習慣法規定，國王的加冕詞中必須說明自己是「被推選被擁戴的」[11]。即使在中古法蘭克王國，文明已有長足的發展，在王位世襲業已確立的情況下，查理曼繼承王位時仍必須至少在形式上通過民眾大會選舉和全體法蘭克人同意。而當他傳位給兒子路易時，雖然他本人早已由教皇加冕為「羅馬人的皇帝」，也還必須「召集全國的法蘭克貴族，取得大家同意」[12]。就中古西歐而言，十三世紀以前，國王大體上由選舉或由某一權力集體任命產生。一般認為，英國國王選舉制結束於一二一六年亨利三世即位；法國結束於一二二三年路易八世即位[13]。而這種制度對後世產生的影響是深遠的。十四、十五世紀，仍能見到國王由選舉產生的實例。這種比照，無疑更有助於我們理解上文所說的中國歷史的特性。

三　商周之制

經過漫長的傳說時代，到了商周，中國政治制度的起源與演化已經十分清晰了。這種制度其實是一種為了使國家權力在王族或皇家中

10　W. 斯塔布斯：《英國憲政史》（W. Stubbs, Constitutional History of England in Its Origin and Development, vol.1, Oxford, 1880），頁150-153。

11　中國人民大學國家與法權教研室：《國家與法權通史》第二分冊（中國人民大學出版社，1955年），頁315-316。

12　艾因哈德著，戚國淦譯：《查理大帝傳》（商務印書館，1979年），頁7-8、31。

13　J. H. 穆迪：《中世紀盛期的歐洲（1150-1309）》（J. H. Mundy, Europe in the High Middle Ages 1150-1309, Essex, 1983），頁387、386。

傳之久遠，萬世一系而如何統治或採用什麼統治方式的制度整體，但人們為便於分析，習慣將之分解為三種制度，這就是嫡長子繼承制、宗法制、分封制。這三種制度在實踐上其實是不可割裂的。商周兩朝創立了嫡長子繼承制。嫡長子繼承制的設置必然涉及與其它諸子的關係。而為了嫡長子的控權穩固，也為了其它諸子的生存以至權利上的某種保障，制度安排其它諸子予以輔佐，由此形成一個穩固的權利架構。

（一）嫡長子繼承制、宗族制與宗法制

商代在康丁、武已之前已有明顯的嫡庶之分。卜辭中稱父考為「王帝」，而旁系先王則無「帝」之稱謂，因此「帝」表示嫡庶關係。「帝」之外，文獻中還有「帝子」稱謂，裘錫圭、王暉等先生認為應讀為「嫡子」。與此相對應，卜辭中還出現了「介」、「介子」等稱謂。「介」，意為「庶」；「介子」意為「庶子」，恰好分別與「帝」、「帝子」形成對立的概念[14]。但是，嫡庶之分併不意味著嫡長子繼承制的必然建立，也就是說，這時的王位繼承仍然沿襲兄終弟及制。後來，祖甲對兄終弟及制進行了改革，設立了自幼立儲制。至康丁之時，兄終弟及制最終得以廢除，從而使自幼立儲制過渡到嫡長子繼承制。《殷本紀》和殷墟卜辭中的庚丁傳武乙、武乙傳太丁、太丁傳帝乙、帝乙傳帝辛等都是父子相傳、嫡長子繼承制建立的證明。與此同時，近親宗族組織也建立起來。太丁建立了近親四祖以內的親族組織，帝乙建立了近親五祖以內的親族組織。這就將近親四祖和五祖以內的親族族人與他人區分開來，並提高了近親四祖或五祖以內的父祖的地位。而由於宗法制的基本原則是「親親」、「長長」，所以，嫡長

---

14 王暉：《商周文化比較研究》，頁288。

子繼承制、宗族組織的建立也就意味著宗法制的建立。但是，這時的宗法制還遠不鞏固，或者說還比較脆弱。所以表現在傳位上，國王並不總是傳位於宗族嫡子特別是嫡長子。例如紂王任用多罪暴德之人，而不是宗室子弟。但無可否認，正是這種不夠鞏固的宗法制，為西周宗法制的建立奠定了基礎。在這一基礎上，西周王朝一是修正殷商舊制，一是增建新制，終於使宗法制得以確立並臻於完善。

在西周健全的宗法制裏，王位由嫡長子繼承，為之大宗；其它諸子則封為諸侯，是為小宗。王室之下，諸侯國國君之位仿王位繼承制也由嫡長子繼承，為大宗；其它諸子封為卿大夫，為小宗。而卿大夫之位仍由嫡長子繼承，為大宗；其它兒子則封為士，也為小宗。士以下，仍有嫡庶之分，一般仍以嫡長支為大宗，庶支為小宗。這樣在表現形式上，宗法制酷似一金字塔，周王位居塔頂，眾多的嫡庶子孫構成塔基。但在本質上，仍是一種建立在血緣關係之上的政治關係體系。在這裏，忠君與孝親是一致的。小宗敬順大宗既是對祖先的孝，也是對封君的忠。而由金字塔的基層逐級上推，以至於周王。周王既是天下姬姓之大宗，又是各國諸侯的共主。與異姓諸侯，姬姓則通過婚姻關係締結另一種血緣關係。這樣，對於同姓諸侯，周王稱伯父或叔父，而對於異姓諸侯，則稱伯舅或叔舅了。

（二）宗法基礎上的王權

通過以血緣關係為基礎的宗族制、宗法制，王權建立了自己的權威；通過嫡長子繼承制，這種權威又得以在王族一家中獨佔並傳承。那麼，這種建立在宗族制、宗法制、嫡長子繼承制基礎上的王權又具有怎樣的表現呢？

宗族制、宗法制和嫡長子繼承制只能在一定程度上保證王權在王族中獨佔和傳承，卻不能保證人民對這種權威的認同，更不能保證這

種權威在王族中傳之久遠，萬世一系。這就需要借助另外一種力量或更高的權威來論證它的合理性，強化它的權威，從而鞏固它在全國人民心目中的地位。在商代，這種更高的權威業已創造出來，這就是與商人血統相連的天神。所謂「天命玄鳥，降而生商」，宣揚的正是商的始祖乃由天神降生。所以，盤庚說，民眾由他從上天接迎到大地。而卜辭亦云大甲賓配於帝。經過這樣的宣揚，王權和神權結合起來，商王統治的合理性得到了論證，確認和鞏固，而商王也就獲得了與上天交往而他人則不具備的能力和資格，獲得了主宰人間的特權。

那麼商王通過什麼方式與上天交往呢？在當時的條件下，只能通過具有一定神秘主義色彩的占卜。這裏所謂「一定」，在於強調一個合理的「度」。如果神秘主義純粹化，人們可能不一定相信。而沒有神秘主義，也就沒有權威。所以，合理的選擇是，既有神秘主義色彩，又有實在可見的一定的形體的、物質的活動。這是取得受眾信任的條件。於是占卜成了商王與上天溝通交往的方式。正是通過占卜，商王實現了他的專制行為。

這樣，在傳說時代隱約、朦朧的專制的基礎上，中國政治制度的專制性特徵更加清晰了。

（三）家天下觀念與分封制實踐

中國學術界把中國古代國家的建構形式概括為「家國一體」或「家國同構」，認為中國古代國家是按照家庭的模式建構起來的，家庭是國家的縮影，國家則是家庭的擴大[15]。作為這種建構形式的觀念形態，早在傳說時代業已顯露端倪，形成了標明帝王宗法家長屬性的

---

15 馮天瑜、周積明：《中國古代文化的奧秘》（湖北人民出版社，1987年），頁66；李宗
　　桂：《中國文化概論》（中山大學出版社，1990年），頁35。

「后」的稱謂。在甲骨文裏，「后」為婦女生育的象形。而在遠古，母親是人類社會最早的權威。所以夏啟奪取最高權位不久，即正式稱後。而在國家形成之時，「后」更成為「滲透著生殖崇拜、祖先崇拜和家長崇拜的宗法性稱謂」[16]。後來，又出現了「君父」一詞，「君」者，帝王之謂也。「父」者，家長之謂也。將「君」、「父」結合在一起，可以說絕好地反映了那個時代「家天下」的思想觀念。在這種思想觀念中，君主具有絕對權威。表現在政治上，則為建立專制政體，支配天下一切。所以，夏、商、周三代大大小小的君主皆稱自己「君父」，在《春秋》等儒家典籍中，這一稱謂也是使用頻率最高的君主稱謂。而且，「君父」絕不是君主單方面的自詡，由於當時宗法觀念是普遍接受的社會政治觀念，社會成員也都認同這一稱謂，理所當然地認為君主相對臣民具有父親的內涵，具有父親的權利、義務和責任，因而在心理上必然衍生出強烈的從屬感。在這種觀念的支配下，商、周諸王便以「我邦」、「我家」、「王家」來指稱國家，從而形成了「溥天之下，莫非王土；率土之濱，莫非王臣」的理論[17]，並同時開始了延續數千年之久的土、民分封。

中國古代的分封開始於傳說中的夏代。《史記·夏本紀》說，「禹為姒姓，其後分封，以國為姓，故有夏后氏、有扈氏、有男氏……」如果說，夏代的分封因夏本身的是否存在尚存爭議還不能形成定論，那麼，商代的分封，經過學術界的反覆論證則已經確信無疑了。《史記·殷本紀》說，「契為子姓，其後分封，以國為姓，有殷氏、來氏、宋氏、空桐氏、稚氏、北殷氏、目夷氏」。不過，這時的分封還是以方國部族內部的自然分化為特徵[18]。隨著「家天下」觀念的發展

16　劉澤華：《中國的王權主義》（上海人民出版社，2000年），頁225-226。

17　劉澤華：《中國的王權主義》（上海人民出版社，2000年），頁226-227。

18　王暉：《商周文化比較研究》，頁323。

和完善，在商代分封的基礎上，周代開始了典型的分封。這裏所謂典型，在於天子一授土地，二授人民，三授禮器。授土授民體現「家天下」的本質內涵。授禮器則為分封的形式，具有「冊封」的意義。後世的分封，大體效法此制。周代分封始於文王，大規模的分封則在武王克商之後和周公攝政期間，成、康之後，趨於尾聲。分封對象首先是姬姓貴族，主要是文王、武王、周公的後裔，「周初立七十一國，姬姓獨居五十三人」[19]，其次是異姓親戚，然後是元老重臣和聖王後裔。諸封國中，最重要的是東方的齊、魯，北方的燕、晉以及中原的衛國。齊屬師尚父，都營丘（今山東淄博），屬海岱之間的薄姑故地，是控制渤海沿岸和萊夷地區的重要封國。魯屬周公，在「少昊之墟」，都曲阜，統治徐、奄、淮夷等東方之地。燕歸召公奭，都薊（今北京），控制燕山南北的戎狄部落，是鎮守西周北土的重要屏障。衛屬周公之弟康叔，以朝歌（今河南汲縣北）為中心，屬殷人故地，控制殷民七族。此外有宋、陳、杞、蔡、隨、息、申、呂、蔣等封國。

第三節　中國政治制度的定型

一　「百家爭鳴」

「百家爭鳴「是中國學術上一個燦爛奪目的時代，在這個時代，諸子百家就自然、宇宙、社會、人生等許多重要問題展開了廣泛而持久的爭論。可以說，進入討論範圍的這些問題幾乎沒有哪個取得了各家的一致意見。唯有君主、君主專制，幾乎都作為當然的理論前提和

---

19 《荀子・儒效篇》。

理想的政治制度予以對待和討論。而且，這個問題是討論最多的問題之一，很多學者都有專門著述，或在他們的著述中作過專門討論。所以，在先秦諸子的觀念裏，國家的治理似乎不需要制度設計，更沒有制度選擇，唯有君主專制一種形式，而這種形式乃是由天道注定的。在這裏，找不到古希臘亞里斯多德那樣的學者，更沒有《政治學》那樣的著作。

　　諸子都將中國哲學中的「本根」、「道」等概念用以比附君主。《管子‧形勢解》說：「天覆萬物，制寒暑，行日月，次星辰，天之常也；治之以理，終而復始，主牧萬民，治天下，蒞百官，主之常也。」《老子‧二十五章》說：「道大、天大、地大、王亦大。」《韓非子‧揚權》說：「道不同於萬物……君不同於群臣。」這就將君主推上人世的峰巔，成為人間的絕對權威。既然君主是人世峰巔和人間權威，那麼，這君主必然只有一個。《慎子‧德立》說：「多賢不可以多君，無賢不可以無君。」《管子‧霸言》說：「使天下兩天子，天下不可理也。」孔子說：「天無二日，民無二王」，這一觀點得到了孟子的贊同[20]，而孟子在政治觀點上力倡民本，對君主多有批評。荀子雖為儒家學派的代表人物，在這一問題上也與法家如出一轍。《荀子‧致士》說：「君者，國之隆也。……隆一而治，二而亂。自古及今，未有二隆爭重而能長久者。」君主只有一個，便必然獨攬大權，喪失制衡，順我者昌，逆我者亡。《管子‧七臣七主》說：「權勢者，人主之所獨守也。」《商君書‧修權》說，「權者，君之所獨制也」。《慎子‧佚文》說：「君臣之間，猶如權衡也。權左輕則右重，右重則左輕。重迭相橛，天地之理也。」孔子主張禮、樂、征伐自天子出。墨子力倡一切政令都要聽命於天子，認為「上之所是，必亦是之；上之

20　《孟子‧萬章上》。

所非，必亦非之」[21]。《呂氏春秋・用民》說，「君，利勢也」。范雎說，「勢者，王之神」。《管子・任法》說：「明王之所操者六：生之、殺之、富之、貧之、貴之、賤之。」而君主獨攬大權，毫無制約，便必然以專制、獨裁的方式治理他的國家和社會。《管子・明法解》主張，「兼聽獨斷」。兼聽的目的在於鞏固和強化君主的地位，從而為獨斷提供必要的保證[22]。

　　先秦諸子的觀念中缺乏制度設計和選擇的思想以及他們對於君主專制在邏輯上環環相扣、謹嚴有力的論證，乃是中國傳統文化發展的必然現象。是這種文化發展的必然性決定了他們「在眾多問題上常呈現多方向、多線條的思維，一個問題常有數種不同見解，唯獨在君主專制這個問題上有百流歸海之勢」。關於這個問題。劉澤華先生認為，「當時有可能從君主專制範圍內向外突破，就政治體制問題提出新的設計，但是諸子沒有提出新的思想，這個機會一失，再也無法彌補。在後來高度的君主集權制及其淫威橫施的條件下，更難以提出新設想了」[23]。而在我們看來，將君主專制「作為當然的理論前提來對待」乃是傳統文化制約下中國學術思想發展的大勢。這種大勢並不排除趨向相左甚至相逆的小勢的存在，正如歸海的百流之外還存在細小的逆流。但是這些小勢絕無力改變強勁而且必然的大勢。戰國時代的「百家爭鳴」是中國傳統文化制約下的「百家爭鳴」。在這種爭鳴的環境裏，農家不是曾對君主制度產生懷疑甚至挑戰嗎？但這種懷疑與挑戰過於膽怯、蒼白和無力，根本引不起主流學派的注意，因而全然淹沒在法、儒、道、墨諸家的喧囂中了。因此，筆者的意見是，討論

---

21 《墨子・尚同中》。

22 這裏參考了劉澤華先生所著《中國的王權主義》第二章中的「3 君主一人獨裁論」，所用資料也從此轉引。

23 劉澤華：《中國的王權主義》，頁128。

制度設計和選擇問題，切不可脫離傳統文化的基本背景。

　　諸子百家中尤其是儒家，對「三代」懷有深深的眷戀之情。這不僅因為上古史中確有他們可以利用的資源，更重要的是，「三代」寄託了他們關於人生社會、國家社稷的最高理想。面對禮崩樂壞的社會現實，孔子對他生活的時代做了細緻的觀察和深入的思考，慨歎世風日下，人心不古，立志撥亂反正，恢復人間秩序，使社會發展重新步入傳統軌道。他說，「一日克己復禮，天下歸仁焉」。「仁」是孔子全部思想體系的核心，而「歸仁」的前提是「復禮」。「禮」是什麼？是周禮，是「貴賤有等，長幼有差，貧富輕重皆有稱者也」[24]。而周禮，傳說由周公所制，是西周關於人際關係和社會秩序的範本。周禮的核心一是宗法制，一種關於君臣、父子、嫡庶、貴賤、貧富、親疏等上下有別、長幼有序、前後有致的以「家」為基本精神的制度；一是分封制，一種將天下財富和人民視為己有的以「家天下」為基本特徵的制度。這種以復古為基本特色的政治理論，企圖將千年之前的制度移植到當代，將業已分崩離析的周「天下」破鏡重圓。「復禮」「歸仁」可以說代表了孔子關於周制的基本評價。其實，對周制竭加頌揚並力主移植的並不僅是儒家，如上文所述，諸子百家幾乎都將君主制度作為立論的當然的前提。而這種制度不過是各家學者對西周也是春秋戰國各諸侯國實行的政治制度的概括和總結。這就表明了他們對君主制度的肯定。法家同樣推崇周禮。《管子・明法解》說，「君臣之間明別，則主尊臣卑」。《韓非子・忠孝》言，「臣事君，子事父，妻事夫」乃「天下之常道也」。《管子・君臣上》說，「天有常象，地有常形，人有常禮……人君之道也」。這些表述從本質上說，與上述儒家的言論沒有不同。

24　《荀子・富國篇》。

　　正是在諸子理論的影響下，秦始皇建立了中國歷史上第一個大一統的中央集權專制主義政權。這裏必須區分一個概念，大一統的專制政權秦朝無疑為第一個。但若說專制主義政權，則秦朝很可能不是第一個，至少與秦同時建立專制政權的還有一些國家，這就是春秋時代較早建立的各諸侯國。如果仔細考察這些國家的政權結構，就會發現，它們其實都已具備了專制的特質。這一點，後文將集中討論。

　　這裏所謂諸子的理論，當然首推《韓非子》。它提出了法、術、勢學說，極力主張加強君主專制權力，建立中央集權統治，認為商周滅亡的原因在於諸侯過於強大，而晉齊兩國所以遭受瓜分和取代，是因為大臣過於富裕。只有以「術」除奸，「散其黨」、「奪其輔」，才能鞏固統治。另外，影響專制統治的因素還有所謂「五蠹」，包括「百無一用」的學者主要是儒家、以言談為業的策士與說客、以游俠為生的劍客、逃避耕戰而依附於人的患御者，以及工商之民。對此，須禁其行，破其群，從而為君主權力的加強掃清障礙。在論證如何加強專制權力的基礎上，韓非子勾勒了專制統治下的政治秩序：「明主之國，無書簡之文，以法為教；無先王之語，以吏為師；無私劍之捍，以斬首為勇。」[25]在韓非子這一理論的影響下，秦建立了中央集權專制政體，並始用皇帝之制。由此可見，學術界所謂嬴政建立專制政權並用皇帝之制，是受了法家理論特別是《韓非子》的直接影響，這當然是正確的。但如果說秦政僅僅受了法家的影響也似乎於史實有違。因為如前所論，戰國百家除了農家外幾乎都主張襲用君主制度，而這種制度正是在西周最早形成、並由於宗法制、分封制、禮樂制、井田制的建立而顯得結構嚴謹、秩序井然，因而成為諸子心目中理想的制度。韓非子的這一理論正是在這一現實的基礎上提出來的。沒有這一

---

25 《韓非子 · 五蠹》。

現實基礎，也就很難說有韓非子的理論。所不同的只是，在君主制的共同前提下，各家對君主如何做得更加符合自己的價值尺度持有不同意見。所以，延續或承襲西周君主制是諸子百家共同的理論遺產和政治理想。秦國首先是實踐了這一遺產，成為強秦。然後才是秦始皇借助法家如韓非子的「權、術、勢」等理論，進一步打造中央集權專制主義政體。

二　戰國之制

（一）周制的繼承

　　正如本題題目所示，筆者認為，中國歷史上的專制政體形成於春秋戰國之際，這與學術界當下認同的觀點有所不同。上文業已論及，春秋戰國之際各諸侯國的政治結構業已具備了專制政體的特質。這一專制政體是在對周制繼承的基礎上逐步形成的。

　　所謂對周制的繼承，是指春秋戰國之際的各諸侯國原由西周的封國發展而來。這些封國無論在結構、宗祧，還是在意識形態上，無疑都是西周王國的縮影。這表現在宗法、分封、禮樂諸制的實施上。就宗法制來說，周天子是周王國的大宗，諸侯是周王國的小宗。而在諸侯國內，諸侯又是諸侯國的大宗，卿大夫是諸侯國的小宗。所以在構成上，諸侯國與周王國完全一致。唯一的區別是規模小些。在地位上，周天子是周王國宗法制大金字塔的主宰，各諸侯是諸侯國金字塔的主宰。諸侯在諸侯國的地位相當於周天子在周王國的地位。就分封制來說，周王國的分封是首先將王國的土地部分留作天子，其餘封給各諸侯。各諸侯再仿照周天子將封國土地部分留給自己，餘者分給卿大夫。這樣，在土地關係上，諸侯國與周王國便完全一致。就禮樂制

西周等級示意圖

西周實行分封制度，授民授疆土，形成森嚴的等級。天子為最高等
級，下面依次為諸侯、卿大夫和士、平民和奴隸。——選自《義務
教育課程標準實驗教科書——中國歷史》七年級上冊（人民教育出
版社，2001頁24

而言，周王國通過宗法制與分封制的實施形成或制定了一套處理人際
關係或社會秩序的範式。同樣，諸侯國通過宗法制與分封制的貫徹進
一步將這一範式貫徹到各封國，由此形成了次一級的禮樂。各封國之
下，還有次次級的禮樂。這些禮樂只有級次的高下和規模的大小，沒
有本質的區別，都是以家為中心為君臣父子貴賤親疏確立的次序與關
係。這樣，如果將各封國喻為周王國孕育的子女，那麼，作為周王國
的父母之身無疑將自己的特徵遺傳給了各封國。等到春秋戰國交替之
際周王國徹底解體之時，擺脫了王國羈絆的各封國，便都帶著母體清

晰的印記，再現著王國的形態。其中雖有進化和變異，但都不足以消除或掩蓋承自周王國的鮮明特徵。

春秋時代的諸侯國尚未進行變法，所以基本保持了西周王國的特徵，這裏不作贅述。戰國時代則不同，各國的改革對於周制的傳承產生了一定影響。但我們不能過高地估計這一影響，以為戰國時代的中國歷史進入了一個全新的階段。如果那樣，戰國之制乃至秦漢以來的制度必然成為無本之木，無源之水。其實，西周的主要制度通過春秋時代基本上都繼承了下來。首先，戰國時代的七個大國都繼承了西周的分封制。齊國的孟嘗君繼承父親的封地，「封萬戶於薛」；齊襄王封田單為安平君，後「益封安平君以夜邑萬戶」；秦莊襄王封呂不韋為文信侯，「食河南、洛陽十萬戶」。此外，秦國的衛鞅、趙國的趙勝、魏國的無忌、楚國的黃歇等都曾以都邑、城市或郡縣受封，所以才有了商君、平原君、信陵君、春申君之稱謂。封君在封地內享有很多權利，包括徵稅權、一定的人事權和用兵權、經商與放高利貸權，有些封地還具有一定的世襲權[26]。楊寬先生將戰國與西周分封制進行比較，概括了四點差異[27]。由於這些差異過分強調戰國分封的封建制性質與西周分封的奴隸制性質，讀來似有牽強之感，而且前後也有矛盾之處。客觀地講，兩者的分封肯定存在差異，因為前後畢竟相隔一千多年，而且，戰國時代進行了變法，這種變法必然影響分封制的傳承。但是，這些差異很難說有本質的不同。事實上，分封的基本形式經春秋時代傳給了戰國，又經戰國傳給了秦漢，並進而傳給了後來的中古王朝。其次，繼承了西周的宗法制。各國分封對象就其主體而言，首先是王親國戚，然後是功臣，這與西周沒有差別。據楊寬先生

---

26 楊寬：《戰國史》（上海人民出版社，1983年），頁242-248。
27 楊寬：《戰國史》（上海人民出版社，1983年），頁242-250。

考察，齊、楚、魏、韓所封幾乎全是王室宗親。只有秦，因衛鞅改革比較徹底，自變法以迄統一六國，除太后當權時受封親屬和外戚較多外，分封對象多為功臣。但在西周，功臣也是分封的重要對象，何況功臣中王親就佔有很大比重。所以說，秦國分封功臣，當也有西周的淵源。此外，西周宗法制的許多規定這時都循而未改。如實行嫡長子繼承制；設宗廟以祭祖先；設族墓以葬族人。所以楊寬先生說，「到戰國時，封建貴族也還沿用著宗法制度」[28]。第三，繼承了西周的禮樂制。自春秋後期開始，隨著東周王權的衰微，一些封君開始「挾天子以令諸侯」，有的卿大夫奪得封君權力後，開始僭用諸侯之禮，甚至僭用天子之禮，因而出現了「禮崩樂壞」的局面。以我們的理解，典籍所謂「禮崩樂壞」是指傳統禮樂制度特別是禮樂規定下的等級制度出現了混亂。但這種混亂並不影響禮樂制的傳承。恰恰相反，僭用現象的出現正說明人們對諸禮的看重，而看重便有利於它的傳承。楊寬先生舉季孫氏「旅於泰山」之例說明卿大夫奪得政權後通過大興禮樂來鞏固統治，我以為很正確。由於戰國時代在相當程度上繼承了宗法制和等級制，而禮樂制又是宗法制與等級制的琴瑟之侶，統治者不可能只繼承後者而捨棄前者。當然，諸禮在繼承過程中因時代變遷而有所簡化，甚至有所革除，但幾種重要的禮顯然繼承了下來，例如朝禮、祭禮和喪禮等。

（二）理論採擇

戰國前期，在諸子理論的指導下，各諸侯國開始了著名的變法運動。諸子的理論較之周制自然有其新穎之處，但相當部分都是在繼承的基礎上延續傳統。而延續，則重在繼承，次在創新。例如，「禮」

---

28 楊寬：《戰國史》（上海人民出版社，1983年），頁254。

清文宗道光皇帝每年元旦舉行的大閱兵。按禮典不是每年舉行，而
是「三歲一舉」。大閱兵的日子也不是每年元旦，而是當年的秋季，
故又稱「秋閱」。天聰七年，皇太極在關外舉行了清朝第一次大閱
兵。佔領北京後，為激勵滿人的征服意志，順治十三年定每三年
「大閱」一次。兵事繁忙的時候，閱兵突破三年一次。
——選自《大清帝國城市印象——十九世紀英國銅版畫》，李天綱編
譯，上海科技文獻出版社。

是孔子思想體系中的一個重要部分。而「禮」，即孔子聲稱要恢復的
「禮」，其基本的構成即是「周禮」。孔子的理論核心——「仁」，在
孔子以前的東夷文化中也已出現。在那裏，夷人一字，人仁通用，並
且流行一種仁德之風，因而「仁」已具有「好生」、「好讓」、「親親」
的含義或特徵[29]。這是後世儒家仁學的文化和理論淵源。而且，諸子
的理論都包含傳統的材料。即使是與儒家分庭抗禮的法家的觀點，也
包含了許多周禮的精神，這在前文已有論及。所以說，戰國的變法只

29　王鈞林：《中國儒學史・先秦卷》（廣東教育出版社，1998年），頁125-127。

是在一定程度上觸動了傳統，但它不能割斷歷史，只能是一場具有創新而又承襲傳統的運動。這種承襲，在基本的方面乃是對西周君主制度的接受。而所謂延續，則是在西周的基礎上進一步加強君主權力。傳統著述所以極力強調變法的意義，可能與以五種生產方式理論體系為基礎的歷史分期特別是戰國封建說有密切關係。因為既然戰國時代標誌著中國封建社會的開始，按照一般的思維方式，新舊時代或奴隸制與封建制之間肯定存在重大差別。在這種思維方式的作用下，人們必然極力尋求兩者的不同，這樣也就自然產生出一些牽強的差別。而如果擯棄了這種分期，人們也許會感到這種差別其實沒有那樣顯著，甚至會感到繼承的東西遠多於創新的東西。

在諸國變法中，魏國是實施變法較早的國家。魏文侯以李悝為相，主持了農政和刑法兩項改革[30]。而李悝乃戰國初期法家的始祖，所以他制定的措施具有鮮明的法家色彩。趙國的改革，一方面採納牛畜的建議，「以仁義，約以王道」，實行儒家政策；一方面接受荀欣與徐越的主張，「選練舉賢，任官使能」，「節財儉用，察度功德」，貫徹法家政策。楚國任用吳起進行改革。吳起是戰國時代著名的法家代表人物，其改革的重點在於「損其有餘而繼其不足」。他認為，楚國「貧國弱兵」的現實是由於「大臣太重，封君太眾」。這些大臣、封君「上逼主而下虐民」，因此須減削官吏祿秩，精減無能、無用之官，裁汰「不急之官」，節省開支以供養選練之士。改革革除了一些世襲封君的特權，精簡了國家機構，加強了國君的權力，在一定程度上達到了法家治國的目標。韓國以申不害為相，屬行改革。申不害以加強中央集權君主專制為己任，是戰國時代堅定的專制主義者。他主張「明君」須「使其臣並進輻輳」，避免「一臣專君，群臣皆蔽」，杜

---

30 楊寬：《戰國史》，頁171-174。

絕「蔽君之明，塞君之聽，奪之政而專其令」，以致「弒君而取國」。因此他主張「君設其本，臣操其末；君治其要，臣行其詳；君操其柄，臣事其常」。而要做到這些，達到專制獨裁的目標，國君必須掌握統治之「術」。所謂「術」，是指「因任而授官，循名而責實，操殺生之柄，課群臣之能者也」；「藏之於胸中，以偶眾端，而潛御群臣者也。古法莫如顯，而術欲不見」；「藏於無事」；「示天下無為」。可以說，申不害的理論體現了法家精神的典型特徵。與此同時，齊國用鄒忌、秦國用衛鞅進行了變法。鄒忌得淳于髡「微言」，制定了法家的政策。對於國君，「請謹毋離前」；對於臣下，「請謹擇君子，毋雜小人其間」，「請謹修法律而督奸吏」。齊威王得鄒忌輔佐，集中權力，重用人才，使「百官荒亂」局面得以改觀，齊國大治。衛鞅與「法古無過，循禮無邪」的儒家貴族針鋒相對，主張「當時而立法，因事而制禮」。在法家理論的指導下，他制定法律，「以刑去刑」；獎賞軍功，禁止私鬥；鼓勵耕織，重本抑末；廢除井田，開關阡陌；統一度量衡，進行了廣泛而深刻的改革。可以說是法家改革思想的集大成者，而其變法亦可謂法家思想的總實踐[31]。

　　綜上所述，戰國時代各大國主要採用了法家思想進行改革，而這些思想仍然是對西周思想的繼承與延續，因為西周已經積纍了關於君主制的豐富的思想。延續的結果，自然是使君主的權力越加集中，越加強大。

（三）專制政體要素的具備

　　按通常的概念，專制君主享有絕對的、無限的權力，具體地說在權力來源上宣揚君權神授，並享有以下權力：專斷大政、制定法律、

---

31 楊寬：《戰國史》第五章。

任免官吏、調遣軍隊、控制土地等[32]。

　　按這一標準，中國春秋戰國時代的國君已經具有專制君主的基本特徵。這些諸侯國的國君一般都享有這些權力：第一，專斷大政。國君有權決定戰和、遷都等國之大事；第二，制定法律。國君有權制定新律，並廢除或更改舊律[33]。戰國時代各國的變法，即是國君採納臣下建議而進行的一場法律改革運動。作為百家的代表人物，所謂改革者如李悝、吳起、衛鞅、韓非、申不害等，只能提供思想、理論或建議、意見，是否採納、實施，則由國君決定。第三，任免官吏。國家上自丞相高官，下至郡縣之長，包括文武兩班，國君皆有權任命或罷免，甚至逐殺。春秋時晉悼公十四歲即位，尚未舉行即位儀式，即「逐不臣者」，即位後「始命百官」，包括大傅、司空、以及一些武官，並大量冊封卿大夫等爵位。類似的例子可謂不勝枚舉。但在春秋時代，文武尚未分職，比如相，擁有全國的軍政大權，「上則得專主，下則得專國」，這顯然不利於國君集權。戰國時各國對此進行了改革，普遍設立了將、相兩職，將掌軍事，相理內政，不僅嚴重削弱了相的權力，而且使將、相相互牽制，從而進一步加強了國君的權力。第四，調遣軍隊。國君是軍隊的最高統帥，在決定戰、和的前提下，派軍出戰與班師回朝都由國君決定。晉國大臣卻克出使受辱，發誓報仇，但晉景公既不准出國軍，亦不准出私屬。卻克無可奈何。在春秋時國君所掌軍權的基礎上，戰國時又普遍實行了符節調兵制。兵符一半由國王控制，一半由將軍執掌。要調動軍隊，須將兩者相合。符節制的實行，無疑進一步加強了國君對軍隊的控制。第五，控制土地。國君擁有全國土地的最高所有權，土地的封賜、沒收、自留、歸

---

32 施治生、劉欣如主編：《古代王權與專制主義》（中國社會科學出版社，1993年）。

33 白鋼主編：《中國政治制度史》，頁172-173。

國等，一任國君決定。這類例子前文列舉已多，茲不贅述。關於君權神授，春秋戰國時代因周王的影響，一些封國國君雖「挾天子以令諸侯」，卻也少見宣揚其君權由神受者。但隨著周王國影響的日漸削弱，秦始皇又開始了君權神授的宣揚。秦始皇的宣揚當然有其新的表現，但作為加強君主專制的一種方式，以及君權神授的基本表現形式，無疑仍然承自西周。

通常所謂古代埃及、古代波斯、古代印度等國的專制政體的國君，所掌權力亦不外上述諸種。所以可認為，春秋戰國時代的諸侯國的國君已經具備了專制君主的特徵，這時的政體已是專制政體。

第四節　中國政治制度的完備

一　秦漢制度的繼承與確立

討論秦代的改革與建制應與統一六國之前的秦國變法並舉，這樣才能從歷史的發展過程中把握秦制對傳統的繼承和創新。在我們看來，這些改革首先順應了西周以來中央政權的發展並進而達到中央集權的基本趨勢。這種趨勢在西周表現為中央權力系統的制度建設。這種中央權力系統隨著東周王權的衰落在各諸侯國的政權建設中得到了發展，後經戰國時代的變法運動又得到了加強，隨著六國的統一與秦朝的建立而初步完善。順應歷史趨勢當然包含著一系列創新，但更包含著對制度主體的繼承。發展、加強、完善是重要的，奠基、開拓似乎更重要。沒有對基礎的繼承和對在這一基礎上形成的基本趨勢的順應，所謂發展、加強和完善都是不可想像的。更重要的是，這些改革繼承了西周家天下的觀念，並進一步實踐了這一觀念。如果說，自春秋以來的改革在諸多方面都有創新，那麼，這一方面不折不扣地繼承

這是著名畫家劉旦宅於一九五九年參考
《歷代帝王像》的古畫風格創作的。現
陳列在中國歷史博物館。
——選自《義務教育課程標準實驗教科
書——中國歷史》七年級上冊（人民教
育出版社，2001年），頁57。

了傳統。西周、春秋、戰國、秦漢的國家是一家的國家，政權是一家的政權，這是自西周以來制度建設的本質。在這一本質前提下，一切建立在傳統制度基礎上的創新無論在主觀上還是在客觀上都強化了這一本質。所以，秦始皇廢封國改郡縣後馬上宣佈「乃今皇帝，壹家天下」，「六合之內，皇帝之土」[34]。漢高祖在求賢詔中也說，「今吾以天之靈，賢士大夫定有天下，以為一家，欲其長久，世世奉宗廟亡絕也」[35]。在家天下觀念的支配下，漢代更大規模實施了分封。

就我們的論題而言，戰國時的秦國和統一六國後的秦朝，其制度創新主要表現在以下幾個方面：第一，廢除世卿世祿制，確立軍功爵制；改革的意圖在於獎勵軍功，提拔人才，提高軍隊素質，增強國家活力；第二，廢除分封制，實行郡縣制。意在打破傳統治理方式，加強中央對地方的控制，強化國君權力。第三，廢井田，開阡陌。改革的實質是「制土分民」，推行土地國有化，確立國家授田制，而不是承認土地私有。商鞅變法

34 王家範：《中國歷史通論》（華東師範大學出版社，2000年），頁69。
35 《漢書・高帝紀下》十一年。

後，土地制度「逐漸強化為普遍的真正的（對比虛構的「王土」來說）土地國有制」。正因為如此，秦始皇才宣揚「六合之內，皇帝之土」。賈誼也說「秦不能分人寸土，欲自有之」[36]。第四，採皇帝名號。嬴政在統一六國前稱王，統一六國後，召開御前會議「議帝號」。廷尉李斯等皆曰：「昔者五帝地方千里，其外侯服夷服，諸侯或朝或否，天子不能制。今陛下興義兵，誅殘賊，平定天下，海內為郡縣，法令由一統，自上古以來未嘗有，五帝所不及。臣等謹與博士議曰：『古有天皇、有地皇、有泰皇，泰皇最貴。』臣等昧死上尊號，王為『泰皇』。」[37]嬴政則認為，自己「德高三皇，功過五帝」，決定去「泰」留「皇」，與「五帝」的「帝」合二為一，稱「皇帝」。而皇帝擁有至高無上的權力，「事無大小，皆決於上」。嬴政自此稱皇帝後，皇帝名號便代代相傳。此外，秦國秦朝還有許多改革，如三公九卿制的建立，但這些改革都屬具體內容，對於上述幾點僅有從屬的意義，此不細述。至漢代，制度建設基本上承續秦制，但在某些方面又顯然與秦制不同，例如分封制，秦國早在商鞅變法時即已廢除，秦朝建立後更廣泛推行郡縣制，從而全面廢除了分封制。但漢朝沒有鞏固秦朝的這一成果，而是在實行郡縣制的同時，又恢復了分封制。楚漢對峙時即已分封異姓王，漢朝建立後又馬上予以剪除，並同時大封劉氏子弟，從而使漢代的分封保持了西周宗法制的特徵。漢代分封表明：分封制已以觀念的形態繼承下來，而秦朝的廢除只是秦初具體條件下的暫時舉措；同時預示後世王朝還不時會重演分封。

---

36 張金光：《秦制研究》（上海古籍出版社，2004年），頁85-89。
37 《史記》卷六，《秦始皇本紀》。

二　專制政體的完備

　　所謂專制政體的完備，是指秦漢兩朝除了承續春秋戰國時代專制
政體的要素外，還有了系統的君權神授理論。

　　如上所述，春秋戰國時代，專制政體的要素已基本具備。如此，
秦代在這些方面的制度建設便主要是擴大規模，或更換某些統治形
式。六國的統一使秦之領土空前擴大，人口陡增，國事驟繁。基於
此，政府規模必然隨之擴展，機構相應擴大和增加；所謂更換形式是
指秦朝依據條件的變化選擇可行的方法進行統治。如官制，秦朝較春
秋戰國便有很多變化，如三公九卿之制，戰國時代便不曾有。但從春
秋戰國到秦朝的規模的擴大和形式的變換，並不存在本質的區別，如
三公九卿之制較戰國的官制可能縝密些，但無本質差別，都是國君或
皇帝藉以管理國家、鞏固統治的工具。這裏所謂本質，意為兩者都採
專制政治，行獨裁統治。

　　但如前所述，春秋戰國時代，由於周王尚存或相去不久，一些諸
侯國的國君，雖能「挾天子以令諸侯」，卻未見有哪位已經宣揚他的
權力由神授予，即所謂君權神授。但秦漢不同了。秦始皇在諸刻石中
雖只記皇帝的功德而不及天命；雖不喜在其之上凌駕一個更高的神靈
作為權威且不敬神，卻夢寐以求、矢志不移地神化自身。他「推終始
五德之傳，以為周得火德；秦代周德，從所不勝。方今水德之始，改
年始，朝賀皆自十月朔」[38]。五德終始宣揚五帝之說，依次輪值。依
時論，周屬火，剋於水，故秦始皇以水德化身自居，以當值黑帝自
處。他又深信神仙之存在，所以遣方士求不死之藥[39]。應該說，秦始

38　《史記》卷六，《秦始皇本紀》。

39　劉家和：〈論中國古代王權發展中的神化問題〉，載施治生、劉欣如主編：《古代王
　　權與專制主義》（中國社會科學出版社，1993年）。

皇所為不同於一般的君權神授，但他同樣借助神性鞏固統治，這在本質上與君權神授沒有不同。所以，可將這一行為視為君權神授的不同表現形式。至漢代，君權神授的理論已經相當系統，甚至形成了《春秋繁露》這樣詳盡的著作。這時的君主，習稱天子。而天子的內涵是受命於天，代天施治。據劉澤華先生研究，這時的天子有三層含義及政治效應。一是君權神授。天是擁有絕對權威的神，君是天選定的「民主」。君的去留取決於天。天命求之不得，推之不去。二是天子以天為宗。天和天子是父子關係。「天子號天之子也。」三是君命即天命。君主代天行事，「人主立於生殺之位，與天共持變化之勢」[40]。這種理論的闡述之翔實，邏輯之縝密、論證之有力較之古代埃及、西亞、印度等世界古代君權神授理論都更勝一籌。在那裏，很難見到「如此精緻的含有理性成分的神化王權思想」[41]。至此，我們說，在獲得了君權理論的支持後，中國專制政體臻於完備。

　　譚嗣同在痛斥中國專制政治時曾說：「兩千年之政，皆秦政也。」這裏當然包含了一些感情的成分，卻也在相當程度上觸及了中國政治制度病態發展的癥結。從秦漢以迄明清，中國歷史畢竟走過了兩千多年的歷程，不能不發生一些變化，但在制度層面上，這種變化卻主要表現為制度建設由粗陋而精緻，統治手段由簡單而複雜。秦漢作為中國歷史發展的一個特別重要的階段，從西周經春秋戰國，繼承了制度建設的基本成果，再加上自己的創造，而後逐代傳承下來。

　　自秦始皇稱帝以後，歷代君主無一例外、如出一轍地承襲了帝號，因為不稱帝就不是天下的至尊至大。所以，就連歷史上那些苟延短命的政權在即將滅亡之際，執政者都設法自立為帝或推出一個皇

40　劉澤華：《中國的王權主義》，頁234。

41　劉家和：〈論中國古代王權發展中的神化問題〉，載施治生、劉欣如主編：《古代王權與專制主義》（中國社會科學出版社，1993年）。

帝。而稱帝的必然結果是將天下據為己有,即所謂家天下。既然家天下的繼承是必然的,那麼,作為家天下重要表現形式的宗法制、分封制、嫡長子制也就必然得到繼承。歷代對宗法制與嫡長子制的繼承是無可置疑的,而且討論已多,這裏不作贅述,而僅就尚存爭議的分封製作一分析。秦以後,不斷有皇帝宣稱天下或國家屬於其一家所有。表現在實踐上,則是分封制的不時展演。漢初分封曾以軍功為依據,厲行「非功不侯」、「非漢之功臣不得王」的原則,因此異姓功臣受封者甚多。但在家天下觀念的作用下,皇帝總感覺分封異姓諸侯不夠穩妥,所以一遇異姓反叛,必然聯想起西周的分封,雖然這種分封也非萬全之策。於是,「非我族類,其心必異」在皇帝、皇族的觀念中越發牢固了。所以不幾年,又改行「非漢之同姓不得王」的原則。但同姓之中,猶有親疏,因此進一步滅其疏者,而以異其子孫。另外須知,漢代還開始了分民的先河。古代只有分土,並不分民。漢初,諸侯即依大小等次配以數量不等的民戶。文帝時因流民回歸故里,戶口增加,列侯大者可得三、四萬戶[42]。可以說,自此才真正開始貫徹「王土」、「王臣」的精神。在唐代,唐太宗雖有「以一人治天下,不以天下奉一人」[43]的言論,但經群臣圍繞分封進行了討論後,照例實施了分封。唐代的分封以王室子弟為主體,間以庶姓功臣。因「設爵無土,署官不職」,並廢除世襲,許多人認為「封建之制,已盡廢矣」。但在我們看來,這裏顯然是為「設爵無土,署官不職」的表象迷惑了。將土地和人口分予自己的兒子,以徵收那裏的賦稅,仍說明皇帝將國家視為己有。至於分封庶姓功臣,其理相同,仍然是皇帝依自己的意志行事的表現。與唐代相比,明初的分封更像漢代,基於

---

42 《漢書》卷一六,《高惠後功臣表》。

43 《貞觀政要・刑法》。

「非我族類，其心必異」的王室傳統觀念，為確保朱明江山萬古長存，明太祖僅封其子孫，以「藩屏帝室」。藩王各置官署。受封者僅包括他的二十三個兒子和一個從孫，並在部分兒子中授以兵權，或戍邊禦敵，或監察官員。顯然，這些王朝的分封，僅有形式的差別，而無實質的不同。分封的目的都是為了社稷的長治久安，萬世一系。當然，這種分封並不是每個王朝都在推行。特別是在目睹了國家瓦解、群雄並起、大權旁落、社會失範的政治現實、接受了分封的歷史教訓後，有的王朝戒絕了分封。但是，戒絕分封並不意味著摒棄家天下觀念。事實上，在長達二千五百年的中古社會，統治者從未放棄過這一理論。而只要家天下的觀念存在，分封制就不可能廢除，而且會不時得到展演。至於其它制度的繼承，則都不具本質意義，而只是皇帝制度的從屬或輔助，這裏不予討論。

第十章
中國皇權與官僚士大夫

第一節　理想的君臣一體政治

一　君主與官僚士大夫

　　中國以皇權為核心的官僚政治始於秦朝。雖因暴政導致迅速滅亡，但秦始皇開創的這套體制卻顯示出旺盛不竭的生命力，在中國這片古老的土地上延續了兩千餘年。君主與官僚士大夫是操縱與運轉這套體制的主體，我們有必要對君主與士大夫關係的發展演進脈絡進行一番回顧。

　　皇帝與士大夫是君與臣的關係，君臣是伴隨著國家的產生而產生的。學術界一般把禹和啟建立夏朝作為中國早期國家產生的標誌，從原始社會的部落聯盟到早期國家的出現經歷了一個漫長的演進和發展的過程，夏王朝完成了這個轉變。它是在以夏部落為首的眾多部落聯合的基礎上建立起來的，其國土以夏邑為中心，周圍有許多同姓與異姓的方國部落。夏朝確定了王位世襲制，開始了「家天下」的政治格局。最高統治者稱「后」，夏后氏以其強大的政治、經濟和軍事實力成為天下的共主，《國語‧周語上》引《夏書》說：「眾非元后何戴？后非眾無與守邦。」一定程度上反映出夏后氏與周圍方國之間的關係。夏王朝組建的國家帶有大量濃厚的原始性，氏族仍是社會的基本單元，決定了王權十分有限，天下諸侯則叛服無常。

　　承夏的殷商王朝也是一個邑土國家，其許多制度都是發端於夏。

但國土範圍通過戰爭不斷擴大，商代的疆域包括商王室直接治理的王畿和諸侯方國的領地，稱為「四土」；國家的管理與組織形式也較夏完備，有治理王畿事務的「內服」職官與治理方國事務的「外服」職官。最高統治者稱「王」，亦稱「餘一人」，商王通過軍隊與內外服制度統御天下。對四土的統治是通過經濟上的貢納關係和軍事上的聯盟關係來實現的。商王能行使的權力仍然是有限度的。故王國維說：「自殷以前，天子、諸侯君臣之分未定也。……蓋諸侯之於天子，猶後世諸侯之於盟主，未有君臣之分也。」[1]是符合夏商歷史實際的。

　　建立周朝的周人屬商朝的諸侯國。殷末，周人「三分天下有其二」[2]，經武王伐紂、周公東征，基本實現了天下的統一。為能對廣土眾民進行有效的統治，西周在宗法制的原則下進行大規模的分封。據說周公「兼制天下，立七十一國，姬姓獨居五十三人焉」[3]。形成了「天子建國，諸侯立家，卿置側室，大夫有貳宗，士有隸子弟，庶人、工、商各有分親，皆有等衰」[4]的社會等級秩序。周代統治者稱「王」、也稱「天子」，天子通過對諸侯和卿大夫的冊命，確立了嚴格的等級制度和臣下對周王的隸屬關係，權力大為加強。周天子擁有祭祀王室宗廟的權力，可以調動王畿和各諸侯國的軍隊出征，在許多重大事情上有最後的決斷權；諸侯在自己的封國內有治理政事的絕對權力，但對天子要朝覲、述職、貢納與勤王，歷盡臣屬的義務。天子與諸侯的關係，開始向君臣關係發展，正所謂「天子之尊，非復諸侯之長而為諸侯之君」[5]。

1　《觀堂集林》卷一〇，〈殷周制度論〉。
2　《論語》卷四，〈泰伯〉。
3　《荀子‧儒效篇》，又見《說苑》卷七，〈政理〉。
4　《左傳‧桓公二年》。
5　王國維：《觀堂集林》卷一〇，〈殷周制度論〉。

　　周天子是一國之君，又是天下的宗主，集君權與族權於一身，似乎權力很集中，實際並非如此。孟子講爵祿時說過：「天子一位，公一位，侯一位，伯一位，子男同一位，凡五等也。君一位，卿一位，大夫一位，上士一位，中士一位，下士一位，凡六等。」[6]可見在宗法制下，天子被視為「天下之宗室」，是貴族等級秩序下的一員，周王統治著在宗法體系下大大小小的宗族，與他們是大宗與小宗的關係，諸侯要得到天子的冊命才合法，對天子要「君之宗之」，但諸侯又有很大的獨立性。在滲透宗法精神的政治制度中，周天子是共主，實際上是諸侯分權的貴族政治，周天子權力受到很大的限制，只能直接管理王畿內的土地與人民，對諸侯的統治在許多方面是象徵性的。隨著時間的推移，諸侯國的勢力擴大，作為天下宗主的周王室地位日漸式微，原用以屏藩王室的列國諸侯逐漸成為與之抗衡的政治力量，「自是后，諸侯多畔王命」[7]。王權的軟弱，演成春秋戰國時期大國爭霸的局面。

　　春秋戰國時期，中國進入鐵器時代，鐵器和牛耕的推廣，生產力得到迅速發展，催生了一家一戶為單位的個體經濟，逐漸取代了井田制下集體耕作的勞動者。生產力的發展推動了生產關係和上層建築的變化，這是社會大變革時期；舊制度的解體崩潰，新制度的確立是在統治階級進行新一輪權力角逐中即大國爭霸中完成的。兼併戰爭打破了諸侯國之間勢均力敵的平衡，改變了力量對比；春秋時期有一百多個諸侯國，到戰國時期強大的只剩下「七雄」，形成了權力和實力逐漸向某一國家集中的態勢，由諸侯分權向中央集權過渡，分封制為郡縣制所取代。最後由秦國滅了六國，完成了中央集權的統一大業。

　　在大國爭霸的過程中，列國為戰勝對方，先後或同時展開了以富

6　《孟子》卷一〇，〈萬章〉下。

7　《史記》卷三三，〈魯周公世家〉。

國強兵為目的的變法，例如李悝在魏國推行「盡地力之教」，制定刑罰，頒佈《法經》；吳起在楚國整飭吏治，削弱貴族勢力；商鞅在秦國獎勵耕戰，頒佈二十等的軍功爵制；魯仲連在趙國、申不害在韓國、鄒忌在齊國的改革，涉及政治、經濟、軍事等各個方面；這些改革因各國實際情況不同而有所側重，但在政治上，打擊舊貴族、廢除世卿世祿制，代之以「食有勞而祿有功，使有能而賞必行」[8]的官僚政治，強化王權成為各國改革的中心任務。這些改革，猛烈衝擊了舊的社會秩序，使得宗法等級與世卿世祿制不斷遭到破壞與瓦解，貴族政治難以為繼，君主的權威得到加強，到戰國晚期，勢力最強的齊國和秦國相約稱「帝」，就是王權強化的一種反映。

公元前二二一年，秦王嬴政「振長策而御宇內，吞二周而亡諸侯，履至尊而制六合」[9]，建立了統一的專制主義中央集權的國家，秦始皇認為自己「德高三皇，功過五帝」，用原來的「后」、「王」等稱號都不足以「稱其功」，命令大臣重議君主的稱號。大臣們表示秦始皇開創的事業是上古以來所未曾有，五帝而不及，古有天皇、地皇、泰皇，泰皇最貴，於是建議「王為『泰皇』，命為『制』，令為『詔』，天子自稱曰『朕』」。秦始皇決定從「三皇」、「五帝」中各取一字，號曰「皇帝」，並下令「除諡法。朕為始皇帝，後世以計數，二世三世至於萬世，傳之無窮」[10]。從此，皇帝成為兩千年中國社會最高統治者的專稱。由商周的「后」、「王」、「天子」到「皇帝」，不僅僅是稱呼的變化，而是標明了皇帝制度的確立，皇帝被置於至高無上的地位，權力不受任何限制。郡縣制和龐大官僚機構則是皇帝制度的重要內容與皇權的保證。

8　《說苑》卷七，〈政理〉。

9　《史記》卷六，〈秦始皇本紀〉。

10　《史記》卷六，〈秦始皇本紀〉。

郡縣制萌芽於春秋戰國時期，先是有縣。在兼併戰爭中，各國國君將奪取的土地和人民劃為縣進行管理。商鞅在秦國的變法中的一項重要內容，就是將全國設三十一縣，縣下又設鄉、亭、邑、里直至什伍編戶，縣的長官由國君任免並聽命國君，形成上下一盤棋。秦始皇統一六國後，召集大臣討論制定制度。群臣多數主張在齊、燕故地實行分封制，廷尉李斯堅決反對，建議在全國推行郡縣制，用以維護中央集權，秦始皇大為贊同。於是分天下為三十六郡，郡下設縣，設郡守與縣令管理。作為地方政府，郡縣在政治、軍事、財政、司法等方面必須絕對服從中央，成為隸屬中央的派出機構。與分封制下的諸侯相比，郡縣長官是朝廷命官，接受朝廷的任免與監督，官職不可世襲，在自己管轄的地區沒有自治權，對上面更沒有干預權。如果說與分封制相聯繫的是諸侯分權制，那麼，與郡縣制配套的則是中央集權制了。

與郡縣制相適應，秦始皇廢除了世卿世祿制，創建了從中央到地方一整套層層相屬的官僚體系。中央設三公九卿，三公是丞相、太尉、御史大夫，分掌政務、軍事與監察。三者相互制約，而集大權於皇帝一身。九卿為郎中令、衛尉、廷尉、治粟內史、少府、典客、奉常、宗正、太僕，分掌治安司法、財政、外交、禮儀、皇室等事務性工作。地方則對應中央的三公設郡守、縣令管行政，郡尉、縣尉管軍事；郡一級設監御史，隸屬中央御史大夫而監督地方官；縣下為鄉，鄉設三老管教化，嗇夫管司法和稅收，游徼管治安；鄉下設亭，有亭長；亭下有里，里有里正，里中設置嚴密的戶籍組織，層層管理到最基層的民眾。皇帝操縱著這套官僚機構的運轉，通過各級部門的官僚實現著對天下統治。秦始皇建立的就是這樣一個「海內為郡縣，法令由一統」的高度集權制國家。

由此可見，郡縣制的推行，消除了地方諸侯坐大的隱患，由中央

集權代替了周代的地方分治，從而使中央政府具備了任何一級地方政權和勢力所無法與之抗衡的巨大優勢，所謂「一尊京師而威服天下」[11]，官僚製取代世卿世祿制，對王權制約與限制的世襲貴族勢力不復存在，君主的權力與商周王權相比有了一次質的飛躍，皇帝高高凌駕於社會之上，成為名副其實的最高統治者。由秦始皇開其端，將周天子嚮往的「溥天之下，莫非王土；率土之濱，莫非王臣」[12]變成現實。從此以後，社會的日常運轉無不圍繞著皇權為中心進行，而皇帝個人的品性作風，給歷史進程也帶來深刻的影響。

作為王權支柱的士大夫具有雙重身份，他們既是知識分子，又是官僚，是二者的合體。士大夫是從士中演化而來。士一般是指掌握了一定的技能與知識，大多擔任官職之人。但最初的士，是指貴族中的一個等級。西周春秋時期，實行宗法制下的分封制，形成了天子、諸侯、卿大夫、士四級貴族系列。按照嫡長子繼承父位、庶子分封的宗法原則，天子、諸侯、卿大夫都要把庶子或宗族兄弟，以另立小宗支庶的辦法逐層分封；士便是卿大夫的支庶，與卿大夫形成了宗法與政治上的隸屬關係，所謂「大夫臣士」，充任卿大夫的邑宰家臣。士處於最末級，不能再往下分封，「士有隸子弟」，杜預注說：「士卑，自以其子弟為僕隸也。」[13]士的地位不高，但是作為貴族的一員，可以享受官學的教育，受到禮、樂、射、御、書、數的六藝訓練，掌握了一定的技能與知識的士，除了在其大宗的卿大夫的采邑充職外，還在天子與諸侯的各級行政機構中擔任職事官，如清人顧炎武在《日知錄》卷七「士何事」條中說士在春秋以前「大抵皆有職之人」。

士從貴族等級中分化出來是春秋中後期社會巨變的產物。此時正

---

11 《葉適集》，見《水心別集》卷一四，〈紀綱一〉。

12 《詩經・小雅・北山》。

13 《左傳・桓公二年》。

處於禮崩樂壞的時代，王權式微，陪臣執國命，大國爭霸，等級秩序受到嚴重地衝擊。「高岸為谷，深谷為陵，三後之姓於今為庶。」[14]許多貴族衰敗的同時，不少庶民得以上陞，介於貴族和庶民之間的士成為衰落貴族和上陞庶民的彙集點，由二者組成的士已從貴族等級的陣營中游離出來，列為士、農、工、商四民社會之首。士失去了貴族身份，卻在社會動盪裂變中大大拓展了發展的空間。這既得力於時代環境，也和士階層自身的特性有關。首先，私學的興起使士成為知識與文化的載體。士原本就有一定的文化傳統，受到六藝的訓練，但作為從事具體事務的「有職之人」，士受教育主要是使其勝任其職事，而且，如顧頡剛所說：「吾國古代之士，皆武士也。士為低級之貴族，居於國中（即都城中），有統馭平民之權利，亦有執干戈以衛社稷之義務，故謂之「國士，以示其地位之高。」[15]士不都是武士，但執干戈以衛社稷確是士的主要職責。士有文化知識和技能，卻不是文化的創造者和傳播者。進入春秋中後期以來，社會經濟的發展不僅促成了舊的貴族政治秩序的崩壞，同時也促成了官學不可逆轉地衰敗。在社會動盪之中，私學勃興，一大批學者、哲人廣招生徒，競相辦學，傳授知識，最具影響力與規模的就是孔子。孔子弟子三千，精通六藝者七十二人。與舊式官學相比，私學面向全社會敞開教育的大門，「有教無類」成為辦學的原則。這大大刺激了人們的積極性，「民棄田圃而隨文學者邑之半」[16]。《呂氏春秋·博志》記載了寧越的事例：「寧越，中牟之鄙人也，苦耕稼之勞。謂其友曰：『何為而可以免此苦也？』其友曰：『莫如學。學，三十歲則可以達矣。』寧越曰：『請以十歲。人將休，吾將不敢休；人將臥，吾將不敢臥。十五歲而周威公

14　《左傳·昭公三十二年》。

15　《史林雜識初編》。

16　《韓非子》卷三二，〈外儲說左上〉。

師之。』」也就是說，經過十五年的苦讀，得到周威王的賞識。大量平民子弟就是通過教育的途徑而改換門庭，成為四民之首的士，進而成為王者師、王者友與王者臣的。士階層通過學校與教育迅速壯大起來，士的社會功能也發生了轉化；他們是自由職業者，所謂「士無定主」，可以從事多種職業，但最重要的一點是，他們與知識文化發生了特定的聯繫，其中相當一批人成為知識和思想的傳承與創造者，例如諸子百家，他們具有清醒的主體意識並有強烈的道義追求。在這個意義上說，一部分士人已完成了由貴族的一個等級到知識分子的轉變，中國古代知識分子群體誕生。

士階層誕生在多事之秋的動盪年代，為其發展提供了廣闊的用武之地。大國之間的兼併戰爭如火如荼，為戰勝對方，各國相繼變法圖強，對人才的需求變得十分迫切。「夫爭天下，必先爭人」[17]，「尚賢者，政之本也」[18]。成為各國統治者的共識。大政方針的制定、內政改革、外交斡旋、戰場指揮，都需要大批具有良好文化素質和術業有專攻的人才，士階層憑藉著知識與智慧投身政治活動中，他們到處遊說，為統治者出謀劃策，受到君主的禮遇與重用，出將入相，縱橫捭闔，成為當時政治上最為活躍的一個階層。所謂：「六國之士，入楚則楚重，出齊齊輕，為趙趙完，畔魏魏喪。」[19]戰國時期的士，成分十分複雜，稱謂更是五花八門，據粗略統計有百餘種[20]。正說明士在社會舞臺上活躍的程度。當然，有些士並不屬於知識分子範疇。

士擺脫了血緣宗法等級的羈絆，可以自由流動與自由擇業，所謂「遊士」正說明身份的自由。他們有相對獨立的人格，以道自任，

---

17 《管子・霸言》。

18 《墨子》卷二，〈尚賢〉。

19 《論衡》卷一三，〈效力〉。

20 劉澤華主編：《士人與社會》（天津人民出版社，1988年），頁58。

「士志於道，而恥惡衣惡食者，未足與議也」[21]。諸國林立的格局，也為他們提供了一定政治的、也是經濟的生存空間。在特定的某國內他依附於某君，投奔哪一國卻可以選擇。然而，士很難作為一個獨立的社會階層而存在，他們的人格也很難說是獨立的。他們中間的多數人沒有終極的信仰，社會也遠沒有提供相應的條件，說到底，他們是在夾縫中生存的人群。此外，他們注定是為官府服務的，所謂「一定的技能與知識」離開了君主的賞識便一無所是，也一無所長。士自身的氣質與特性，決定了士人自從他誕生的那天起，就與仕途結下了千絲萬縷的聯繫。做官幾乎是唯一的選擇。士人求學問道是為了「學而優則仕」，「士之仕也，猶農夫之耕也」[22]。連孔子這樣的聖賢，「三月無君則皇皇如也」。孟子也承認「仕非為貧也，而有時乎為貧」[23]。以仕進為職業，既是謀生的基本手段，也是實現政治抱負的需要，謀官與行道，是一個問題的兩個方面，也是幾千年來中國士人永恆的追求。戰國時期士階層尚未進入權力核心，但布衣卿相也不是個別現象。「士大夫」就是反映現實而出現的新稱謂。荀子說：「農分田而耕，賈分貨而販，百工分事而勸，士大夫分事而聽。」[24]「雖庶人之子孫也，積文學，正身行，能屬於禮儀，則歸之卿相士大夫。」[25]「士大夫」仍借用了等級制下士與大夫之名，但內涵已發生了變化，指有職務的、能與卿相併列的中上層官員，官位的取得不是靠世襲，而是靠學習與受教育成為士，進而入仕為官，成為擁有知識的官僚。從此，士成為官僚的主要後備隊伍，而官職成為士人最終落腳點。二

21　《論語》卷二，〈里仁〉。

22　《孟子》卷五，〈滕文公〉上。

23　《孟子》卷一〇，〈萬章〉下。

24　《荀子・王霸篇》。

25　《荀子・王制篇》。

者緊密地結合，並促成相互轉化，即有一定學識的人官僚化和官僚的知識化。

二　與士大夫共治天下

自秦始皇建立了君主專制政治以來，官僚士大夫就成為君主實行專制統治所依靠的主要政治力量。君主與士大夫有機地結合在一起，組成了一套龐大的官僚權力體系，凌駕於社會之上。士大夫居於統治階級的上層，享有政治、經濟、法律上一系列特權，他們與皇權利害相關，處於一榮俱榮，一損俱損的一盤棋中；王朝的盛衰，國家的興亡，直接關係到君臣切身利益，「臣以君為心，君以臣為體。心安則體安，君泰則臣泰。未有心瘁於中而體悅於外，君優於上而臣樂於下。古人所謂共其安危，同其休戚者」[26]。雖然雙方在政治或經濟的利益追逐中也不時發生衝突與對抗，但其基本的政治立場和整體利益趨向是一體的。唐太宗就對公卿大臣們說：「朕終日孜孜，非但憂憐百姓，亦欲使卿等長守富貴。」[27]共同的利益追求，促使他們在政治上結為一體。北宋王安石為扭轉時弊進行變法，旨在「安利元元」、「富安百姓」，觸動了一些官僚的既得利益，招致他們的反對。大臣文彥博理直氣壯對宋神宗說：「為與士大夫治天下，非與百姓治天下也。」[28]道出了君主統治的實質。共同的目標與利益，使君主與士大夫形成了相互依存的關係。

君主是權力的主體，發號施令，主宰一切，皇權至高無上，「以

26　《臣軌》卷一，〈同體〉。
27　《貞觀政要》卷六，〈貪鄙〉。
28　《續資治通鑑長編》卷二二一。

天下之大，四海之內，所共尊者一人耳」[29]。在位君主無不想大權獨攬，獨斷朝綱。秦始皇時，「天下之事無大小皆決於上」。他精力過人，一天要看一百二十多公斤呈文。但皇權的無限性與人的有限性又是任何一位君主都難以跨越的障礙，在現實生活中，權力的獨攬幾乎是不可能的，而且權力越集中、越專斷，皇權就越需要一大批訓練有素的職業官僚的輔助與代行權力，否則，權力的實施就是一句空話。因此，君主與士大夫治天下成為中古政治的基本構架。

　　君主與士大夫共治天下主要表現在兩方面。首先，君主為統治天下，必須設立機構，任用官吏，建立從中央到地方的一整套統治體系。因為「天下之廣，庶事至繁，非一人之身所能周也，故分官列職，各守其位」[30]。「秦兼併天下，建皇帝之號，立百官之職，不師古，始罷侯。置守太尉主五兵，丞相總百揆，又置御史大夫以貳於宰相」[31]。設郡守、郡尉、縣令以統地方。秦朝首創官僚政治的格局，以後歷代王朝的制度對秦制均有所損益，但總格局大致不變。一大批職業官僚在中央到地方各部門機構任職，管理著行政、司法、軍事、監察、人事、財政等庶政。官員職責範圍有明確的規定，他們各司其職，各守其位，各部門之間分工協作，密切配合，環環相扣，層層統屬，形成一個密如蛛網的權力體系，以使中央的政令和皇帝的意志能夠暢行無阻地貫徹到社會的每一個基層組織中去，實現了「事在四方，要在中央，聖人執要，四方來效」[32]的大一統政治。君主儘量攬權於上而分權於下，使「上下相維，如身使臂，如臂使指」[33]。

29　《白虎通義‧號》。

30　《臣軌》卷一，〈同體〉。

31　《史記》卷六，〈秦始皇本紀〉。

32　《韓非子》卷二，〈揚權〉。

33　范祖禹：《范太史集》卷二二。

其次，君主政治不僅需要為臣者具備執行政務與事務的功能，還需要臣僚上言獻策，參與軍國大事，對偏離君道的君主進行勸諫和駁正違失。在位臣僚的竭盡忠謀對皇權的穩固至關重要。「人君必須忠良輔弼，乃得身安國寧」[34]，用賢舉能不是君主個人的喜好，而是君主政治的需要。天下之大，庶政滔滔，社會又處於不斷發展變化之中，君主不是通家，且深居九重深宮，不可能保證每一項政策沒有失誤，一旦有關國計民生的重大決策發生偏差，輕則引發政治地震，重則導致王朝傾覆。歷史上這種事例俯拾即是。帝王不能不深以此為戒。補救的辦法就是要集思廣益，倚重大臣，一些英明有為的君主清醒地意識到只有借助臣子的力量才能治理天下，中國歷史上最成功、最讓後世津津樂道的皇帝莫過於唐太宗了。他的成功固然與其才能、器識與稟性有關，更與他放權於臣僚有關。一次他問蕭瑀隋文帝是怎樣的君主，蕭瑀回答：「克己復禮，勤勞思政，每一坐朝，或至日昃，五品以上，引坐論事，宿衛之士，傳飧而食，雖性非仁明，亦是勵精之主。」太宗認為蕭瑀只知其一，不知其二，文帝「不肯信任百司，每事皆自決斷，雖則勞神苦形，未能盡合於理。朝臣既知其意，亦不敢直言，宰相以下，惟即承順而已。朕意則不然，以天下之廣，四海之重，千端萬緒，須合變通，皆委百司商量，宰相籌畫，於事穩便，方可奏行。豈得以一日萬機，獨斷一人之慮也。且日斷十事，五條不中，中者信善，其如不中者何？以日繼月，乃至累年，乖謬既多，不亡何待？」[35]唐太宗看到了獨斷與亡國之間的關係，為此他重用宰相，君臣共襄國是，儘量減少政策的失誤。

宰相是君主倚重的主要力量。宰相是百官之長，是官僚系統的中

---

34 《貞觀政要》卷二，〈求諫〉。
35 《貞觀政要》卷一，〈政體〉。

樞，其權力之大、地位之隆，是其它官臣難以望其項背的。秦朝丞相
「上佐天子理陰陽，順四時，下育萬物之宜，外鎮撫四夷諸侯，內親
附百姓，使卿大夫各得任其職焉」[36]。宋代宰相「掌邦國之政令，弼
庶務，和萬邦，佐天子，執大政」[37]。歷代宰相許可權因時代環境不
同而有所側重和變化，但縱覽宰相職責，可以說是無所不統、無所不
包，上輔佐天子，下統領百官，總攬庶政。以宋朝為例，有學者認為
宋代相權比前朝已受到削弱與限制，實際上相權依然很大。仁宗朝宰
相呂夷簡就說：「臣待罪宰相，事無內外，無不當預」，[38]此非虛語。
王瑞來先生考察了宋宰相的職權，包括部署並發佈制敕、進退百官並
加以監察，參與司法的審刑、過問翰林院事、干預宮廷事宜，幾乎所
有朝政大事，特別是用人與決策，幾乎為宰相所包攬[39]。不唯宋朝，
歷朝要政，例如宮廷政變、廢立太子、百官的進退、制度的調整、都
離不開相的參與與謀劃。像唐朝實行兩稅法、明代一條鞭法，都是中
國賦稅史上兩次影響深遠的改革，就是在當朝宰相楊炎與張居正策劃
和主持下推行開的。相職在中古社會中始終發揮著舉足輕重的作用。
離開宰臣的輔佐，君主幾乎寸步難行。宋真宗對宰相說：「軍國之
事，無鉅細，必與卿等議之，朕未嘗專斷，卿等固亦無隱，以副朕
意。」[40]真宗不是客套，而是處理朝政實在離不開這些左膀右臂。宋
代程頤就有「天下安危繫於宰相」之說。

　　當然，相權過大，有時也會對君權構成潛在的威脅。明太祖朱元
璋在殺死丞相胡惟庸後，意欲大權獨攬，乾脆從制度上廢掉實行二千

36　《史記》卷五六，〈陳丞相世家〉。

37　《宋會要輯稿》卷五八，〈職官一〉。

38　《宋史・李辰妃》。

39　王瑞來：〈論宋代相權〉，《歷史研究》一九八五年第二期。

40　《羅豫章集》卷三。

年的宰相，提高六部尚書的地位，使其直接對皇帝負責。表面上看，朱元璋不需要宰相照樣理朝，實際上不然。連朱元璋自己也承認：「人主以一身統御天下，不可無輔臣」，「今雖不立丞相，欲將部官增崇極品，掌天下軍馬錢糧，總攬庶務，雖不立一丞相，反有六丞相也」[41]。朱元璋這位起自民間、能量精力過人的帝王都離不開臣的輔佐，遑論一般守成之君。宰相始終作為君主的左膀右臂在政治上發揮著舉足輕重的作用，即使明清時期廢除了宰相，仍然需要設立內閣和軍機處等機構代行宰相之職。

　　從士大夫自身特性和其價值取向的視角，我們可以看到他們在政治上發揮著其它集團不可替代的重要作用。眾所週知，中國中古政治有別於西方的一個重要特點，就是這些官僚一身兼二任，他們是君主統治的工具，承擔著中央集權國家繁雜的政務；他們又是知識群體，其中一些人不乏道義訴求，對國家民族懷有強烈的責任感與使命感。元代忽必烈時任翰林侍讀學士的郝經以「不學無用學，不讀非賢書，不務邊幅事，不作章句儒」[42]自勉。東林黨領袖顧憲成說：「官輦轂，念頭不在君父之上；官封疆，念頭不在百姓之上；至於山間林下，三三兩兩，相與講求性命，切磨德業，念頭不在世道上，即有他美，君子不齒也。」[43]郝經和顧憲成的追求實際上也是士大夫群體的一般追求，確有一批士大夫將明道救世視為自己的分內事，他們兼行政功能和道義追求或教化追求於一身。除了在職位上恪盡職守外，還積極地用儒家思想去化民成俗和改造政治。一方面，自漢代以來，就有一大批「循吏」和「儒林」對社會和民眾推行德政教化，將儒家的綱常名教逐漸變為大眾的信仰與意識，起到了整合人心，教化民俗的作用，

41　〈奉天靖難記注〉。

42　〈郝文忠公集‧答馮文伯書〉。

43　《顧端文公遺書》卷一。

從而建立起符合宗法倫理規範的社會秩序。士大夫以教化的功能成為社會結構穩定運行的力量，成為君主專制得以在一個幅員遼闊和人口眾多的國家推行的重要保障。理想狀態下的士大夫，須本著道義的原則去治理國家，他們「以道自任」。在士大夫看來，「至於君，雖得以令臣，而不可違於理而妄作；臣雖所以共君，而不可貳於道而曲從」。[44]他們著眼於社稷的根本與長遠利益，以保證國家的長治久安。當君主違背道義濫施權力時，他們則恪守「道高於君」的原則。自秦漢以來，士大夫群體始終不懈地用各種辦法欲對最高的皇權能有所約束，余英時先生指出，「儒家一直想抬出一個更高的力量來約束君權」，漢儒的天和宋儒的「理」都顯然具有這樣的含義。同時儒家又不斷企圖用教育的方式來塑造皇帝於一定的模型之中，多少起了一些馴化權勢的作用[45]。更多的時候，士大夫是以諫諍的方式，以忠直讜言匡正君主之過作為自己的職掌。「所以納君於道，矯往正非，救上之謬」[46]。歷代幾乎都設有言官制度，即指臺、諫、給、舍之類專司監察、諫議的職官，像唐代掌封駁的門下省有官員諫議大夫、拾遺、補闕等，諫議大夫「掌侍從規諫」，專門針對君主的重大決策進諫。宋代元豐改制後，左右諫議大夫的職責為「掌規諫。凡朝廷闕失，大臣至百官，任非其人，皆得諫正」[47]。君臣納諫進諫做得最好當推唐朝。李華《中書政事堂記》記曰：「政事堂者，君不可枉道於天，反道於地，覆道於社稷，無道於黎元。此堂得以議之。臣不可悖道於君，逆道於仁，黷道於貨，亂道於刑，克一方之命，變王者之制，此

44　《鶴林玉露》甲編卷三。

45　余英時：〈「君尊臣卑」下的君權與相權〉，《中國思想傳統的現代詮釋》（江蘇人民出版社，2003年）。

46　《臣軌》卷一，〈匡諫〉。

47　《文獻通考》卷五○，〈職官四〉。

堂得以易之。」[48]政事堂是中書門下議政之所，臣對君的失道盡可議論批評，雖然沒有制度保證君要納諫，而且自古強諫多悲劇，但是，一般而言，君對臣的監督並非完全置若罔聞。歷史的經驗，前朝的成敗得失以及儒家的教導，時刻提醒君主「自古納諫者昌，拒諫者亡」，明智之君認識到納諫是借助賢臣正君，視諫諍輔弼者為社稷之臣，「明君之所貴也」[49]。像唐太宗就主動引導和獎勵臣下進諫。自宋太祖立下不殺大臣及言事官開始，宋代的皇帝常用「虛心以為從諫之本，從諫以為永治之本」[50]來告誡自己。諫議作為中國中古政治制度的一部分，表面上似為限制君權而設，其實恰恰相反，它以君權至上為出發點和歸結點，旨在使君主聞過補闕，獻可替否，防止權力偏離正軌，使君主權力的運作更強有力，此點也是毫無疑義的。

在政治實際中，怎樣體現君臣一體而共治天下？君臣的職責又應如何劃分？當然，君權是絕對至上的，但並不意味君主要獨攬一切。富弼就曾經指責宋神宗「內外之事，多出陛下親批，恐喜怒任情，善惡無準，此乃致亂之道」。神宗欣然接受批評，並稱讚是「金石之言，朕不忘也」[51]。富弼認為君主過多插手政務會干擾官僚機構的正常運轉，視其為致亂之道。可見，君主對權力的控制要掌握好分寸感，放權是為了更好地專權。大致來說，帝王職責是「立政之大體，總權之大綱，辨邪正，專委任以宰天下」[52]，即委權責成於宰相，宰相則要在決策、用人和進諫等方面發揮贊襄匡弼的作用。人主「以論相為職，宰相以正君為職；二者各得其職，然後體統正而朝廷尊」[53]。在

---

48 《全唐文》卷三一六。
49 《臣軌》卷一，〈匡諫〉。
50 《宋史》卷四一九，〈林略傳〉。
51 《宋宰輔編年錄》卷七。
52 《陳亮集・論執要之道》。
53 《朱文公文集》卷一二，〈己酉擬上封事〉。

君相一體的基礎上形成「君總治於上，臣分治於下」[54]的局面，所謂「權歸人主，政出中書，天下未有不治」[55]，成為中古社會追求的理想政治模式。

君臣關係處理的好壞往往影響到國家的治亂興衰。所謂「上下同心，君臣戮力者，事無不濟；上下相蒙，君臣異志者，功無不隳」[56]。隋代的滅亡，實由君臣不相匡弼所致，而唐代君臣和衷共濟，共同開創了治世時代，便是明證。

努爾哈赤建元即位圖

54　《大學衍義補・定職官之品》。

55　《歷代名臣奏議》卷六四。

56　《陳亮集・論勵臣之道》。

第二節　一元權力結構下的君臣關係

一　不容他人染指的君權

　　中國古代權力的構成，不論是秦漢時期的三公九卿，還是唐宋以降的三省六部，就其形式看，呈金字塔形。粗略地劃分，皇帝處於權力階層的最高一層；宰相位於第二層，是百官之長；六部長官居宰相之下，分掌行政、財政、軍事、司法等政務；六部以下有負責具體事務的九卿和中央其它部院衙門；與之平行或低一級的是地方郡（州）縣長官……君權之大自不待說，每一級官員對下級來說，也是大權在握，比如宰相一職，便統領百官，無所不管。但君主之權與臣下之權不是平行並列的關係，也不是權力分配上大小輕重的區別，而是本質的不同。臣權來源於君並依附於君，是君權的延伸與派出，只有君主是唯一的權力主體與權力源頭。因此，與權力組成呈金字塔狀形式相對應的，是本質上的一元化權力結構——皇帝具有統轄一切的絕對權威和獨裁性。自秦漢以來，就制定了一套皇帝獨佔權力的名號制度。「漢天子正號曰皇帝，自稱曰朕。臣民稱之曰陛下。其言曰制詔，史官記事曰上。車馬衣服器械百物曰乘輿。所在曰行在，所居曰禁中，後曰省中。印曰璽。所至曰幸，所進曰御。其命令一曰策書，二曰制書，三曰詔書，四曰戒書」[57]。且不受任何法律約束。皇帝以集權的形式，獨裁的手段去駕馭臣民，對天下進行統治。

　　君主之權是誰授予的？中國有一套帝王權威合法性來自天命的政治理論。君主的權力是神授，即「君權天予」，「唯天子受命於天，天

---

57 蔡邕：《獨斷》上。

下受命於天子」[58]。帝王溝通了天地人，是人間社會秩序和正義的化身。考察歷史實際，我們卻發現，權臣、軍閥、外戚以臣弒君、逼宮、篡位比比皆是，不論朝代內部君主的易位、還是改朝換代之際，以及即位君主的鞏固政權的活動，無不以強權即暴力為後盾的。後晉成德節度使安重榮就露骨地表示：「天子寧有種耶？兵強馬壯者為之爾。」[59]一方面是真命天子被大大神化，一方面是權力伴隨著武力爭奪的事實。帝王創業垂統，隨時要警惕與防範來自各方面離心離德的傾向，盡可能將財權、軍權與行政權緊緊地抓在自己手裏，所謂「總攬威權，柄不借下」[60]。秦始皇時「天下之事無大小皆決於上」[61]，朱元璋「中外奏章皆上徹御覽，每斷大事，決大疑臣下唯面奏取旨」[62]。康熙說：「今大小事務，皆朕一人親理，無可旁貸。若將要務分任於人，則斷不可行。所以無論鉅細，朕心躬自斷制。」[63]嘉慶皇帝總結道：「我朝列聖相承，乾綱獨攬，皇考高宗純皇帝臨御六十年，於一切綸音宣佈，無非斷自宸衷，從不令臣下阻擾國是。即朕親政以來……令出惟行，大權從無旁落。」[64]君主通過一套龐大的官僚制度將權力集中在自己手裏的，這套制度以維護和鞏固君主的利益為出發點，例如體現皇帝意志的法律制度，其宗旨就是維護皇權的神聖不可侵犯性，任何對君主和皇室的不敬、冒犯都嚴懲不貸。自隋唐以來，有不在赦免範圍之內的「十惡」罪行，其中的謀反、謀大逆、謀叛、大不敬都是針對此而設。謀反指「謀危社稷」，即預謀推翻皇帝的行

58　《春秋繁露》卷一一，〈為人者天〉。

59　《新五代史》卷五一，〈安重榮傳〉。

60　《太平御覽》卷九一，華嶠《後漢書》。

61　《史記》卷六，〈秦始皇本紀〉。

62　廖道南：〈殿閣詞林記〉。

63　《康熙朝東華錄》卷九一。

64　梁章鉅：《樞垣紀略》卷一四。

為。謀大逆指「謀毀宗廟、山陵及宮闕」，即謀毀皇家的宗廟、陵墓及宮殿的行為。謀叛「謂謀背國從偽」，即背叛朝廷、投降通敵的行為。大不敬指對皇帝的不尊敬，如盜取皇帝祭祀用品或日常用品、盜取或偽造玉璽、為皇帝配藥物、烹飪膳食、製造舟船發生誤差等等。再如自秦以來建立了一套監察機構，秦設御史大夫管監察，且為丞相之副。漢承秦制，與丞相府並為「二府」。隋唐宋元時期，監察制度更加完善，最高監察機關為御史臺，分設臺院、殿院、察院三個組織，分掌糾彈中央各部門官員、肅正朝儀、巡按州縣。明清時期將御史臺改為督察院，下設十三道監察御史（明末改為十五道）。都御史「專糾劾百司，辨明冤枉，提督各道，為天子耳目風紀之司」[65]。此外還建有獨立監察權的六科給事中組織，分掌六部百司政務稽查。這些監察官員品秩不高但權勢重，他們直接秉承皇帝的旨意行事，相對其它官僚機構具有相對的獨立性。他們是「風憲之司」，專司糾正不法，起到了澄清吏治的作用。更重要的，他們是皇帝安插的「耳目」、「爪牙」與「鷹犬」，對百官進行監控，從制度上保證了皇帝對整個官僚機器的控馭。

龐大的政權機構既是皇權的工具，又是皇權的防範對象，而構成潛在危險的莫過於中樞權力部門了。我們考察一下中樞權力機構的調整與演變，便可發現它的變化主要是圍繞著削弱相權而進行的。

中國中古時期中樞機構，大體上經歷了秦漢時期的三公制、隋唐時期的三省制、明清時期內閣制三個階段。宰相是官僚機構的總樞紐，君主既要對其委任責成，又要牢牢控制。秦漢時期，中央決策機構是皇帝主持或命令召集的御前會議，外朝由丞相主持的會議無疑是最重要的朝議，討論諸如立君、封賞、法制、邊事等軍國大事，形成

---

65 《明史》卷七三，〈職官志二〉。

決策經由皇帝裁決後，交有關部門和官員執行。丞相多由功臣擔任，位尊權大。漢武帝時武安侯為相，「當是時，丞相入奏事，坐語移日，所言皆聽。薦人或起家至二千石，權移主上。上乃曰：『君除吏已盡未？吾亦欲除吏。』嘗請考工地益宅，上怒曰：『君何不遂取武庫！』[66]」這位丞相安插親信，又要在「考工」衙門的地方增加私宅，令漢武帝怒不可遏。相權與君主專制發生了衝突。漢武帝藉故殺了幾個宰相，又從制度上限制相權。重用少府下屬的一個叫尚書署的機構成員——原來只是在內廷負責保管文書，組成了內朝，又稱外朝，逐漸成為決策機構，名稱也改為尚書臺。尚書臺長官尚書令逐漸侵奪了相權。東漢時尚書臺正式成為中樞權力機構，尚書令成為事實上的宰相，因此，「雖置三公，事歸臺閣」[67]。

魏晉南北朝持續了三百多年的分裂割據的局面，其政治制度呈現過渡性的特點。曹魏時把秘書監改為中書省，長官中書監、令地位上陞，逐漸侵奪尚書令的職權。尚書省變成了行政執行機構。侍中本是少府下另一個屬官，為皇帝侍從之臣，西晉始置門下省，侍中成為門下省長官。由於常侍左右，君主常和他們議論政事，侍中則「盡規獻納，糾正違闕」[68]，職權漸重，也開始行宰相之職。三省已具雛形。但三省長官在各朝的權力又不相同，「漢政歸尚書，魏晉歸中書，後魏歸門下」[69]。

隋唐時期的中樞制度形成了中書省掌決策、門下省掌審議、尚書省掌執行的三省分權制，三省長官輔佐皇帝，俱為宰相。三省把相權一分為三，互不相屬，各有分工，彼此互相制約，便於皇帝控制。到

---

66 《史記》卷一〇七，〈魏其武安侯列傳〉。

67 《後漢書》卷四九，〈仲長統傳〉。

68 《宋書》卷三九，〈百官志〉。

69 王應麟：《困學紀聞》卷一三。

高宗時，給予品級較低的官員加「同中書門下平章事」、「同中書門下三品」等名號，讓他們參加宰相會議，人數和名稱隨敕而定，這些人也成為宰相。三省長官若不帶此稱呼反不是真宰相。此製成為制度後，到唐中後期，又出現了翰林學士。他們以文學侍從的身份參與政務，獨立於三省之外，直接對皇帝負責，像翰林承旨學士「凡大詔令、大廢置、丞相之密畫，內外之密奏，上之所甚注意者，莫不專對，他人無得而參」[70]。翰林學士被稱為「內相」。

宋代懲唐末五代之弊，制定出一套集中政權、兵權、財權、司法權的「祖宗之法」，中樞權力機構文武分權，實行中書（宰相辦事機構）與樞密院對掌文武二柄的二府制。為防宰相專權，設置參知政事、三司使和樞密使，以分散其權力。但宋代的國策是重文輕武，文治靖國，雖然也對相權進行分割與限制，但有宋一代，宰相地位優崇，權勢也比較重。蒙古人建立的元朝，以中書省為宰相機構。「中書省，宰相之府，所以臨百司、統萬機、定謀畫、出政令，佐天子以安天下者也。」[71]元代相重，其深層原因與蒙古皇帝和貴族特殊的統治意識有關，另當別論。

明清時期君主專制達到高峰，權力高度集中於君主，臣權萎縮。相權首當其衝。朱元璋認為，秦漢唐宋元覆亡的原因就是因為丞相專權亂政。為強化皇權，洪武十三年（1380年），以謀反罪殺丞相胡惟庸，同時廢中書省和丞相及其官署。將中書政務歸到六部，六部尚書直接對皇帝負責。皇帝自操威柄，卻又造成政務叢集於一身的矛盾。後來，終因政務需要而出現了殿閣大學士組成的內閣代行相權的制度，皇帝怕首輔威權震主，又讓宦官組成的司禮監掌握一切奏章及批紅、發論旨的權力，形成外相與內相併存的局面。

---

70 《元稹集》卷五一，〈翰林承旨學士記〉。
71 劉敏中：《中庵集》卷一五，〈奉使宣撫言地震九事〉。

　　清代內閣仍沿襲明朝，但已從權力機關變成具體辦事機構。入關前和入關初期，軍國要政往往通過議政王大臣會議討論後決定，猶有貴族政治遺風，不利於皇帝集權。康熙不斷削弱議政王大臣會議的許可權，讓翰林院的憂選人才入值南書房，以備顧問和諮詢，成為皇帝的親信。雍正時期因對西北用兵的需要，設立了軍機處，由大學士或部院官兼任軍機大臣，「掌軍國大政，以贊機務」[72]，成為實際上的宰相。

　　綜觀歷代中樞機構的調整和宰相職權的變化，期間當然有職掌分功力求合理和社會管理需要的因素，但其中有一條顯而易見的主線，就是為強化君主專制而對相權進行分割與限制，對此君主可謂煞費苦心。方法之一就是提拔皇帝身邊的近侍人員，讓他們實際行使丞相之權，逐漸用內朝取代外朝，魏晉以降尚書、中書、門下三省莫不以此途徑上陞為宰相機構的。一定時期內，這些由近侍而為相的會比較容易控制和放心，時間一長形成定制，皇帝猜忌心又起，再用侍從或秘書之類予以制約，像唐代的翰林學士、明代的司禮監等。二是將宰相職權進行分解，唐代三省相互不屬，把決策與執行機構分離，形成集體宰相制；宋代用三司使和樞密使分割軍權和財權，宰相之職還常常虛設，委任他職代理。三是乾脆廢除宰相制度，明清兩朝的內閣首輔和軍機大臣儘管也行相權，但與宰相制度已迥然有異。內閣從體制上說，它不是最高的政務機關，不能正式統率六部百司；軍機處職權廣泛，「軍國大事，罔不總攬」。但它始終不是正式衙署，而是皇帝個人的機要秘書處，軍機大臣由皇帝欽定，一般由大學士和各部院衙門官員兼任，職權範圍極大，但他們「只供傳述繕撰，而不能稍有贊畫於其間」[73]，只能秉承皇帝意旨辦事，沒有實質意義的決策權。如果

---

72 《清史稿》卷一一四，〈職官志〉。

73 趙翼：《簷曝雜記》卷一。

說，唐以前君主是通過重用內侍親信使內朝演變為外朝，明清時期內閣與軍機處則明顯帶有內朝的性質。其成員僅是從屬於皇權的內廷侍臣秘書辦理機務，這種內外朝演變轉化的軌跡表明，中樞機構和執行宰輔職能的大臣，越來越從制度上喪失了原本就十分有限的對皇權限制，而別無選擇的只能順從和附屬於皇權。臣在工具化與奴僕化的道路上越走越遠的同時，皇權的專制獨裁也達到頂峰。

具有絕對權威的皇權專制政治給中國歷史進程帶來了深刻的影響，身居高位的君主幾乎難以抵禦權力的侵蝕，像唐太宗這樣能居安思危的明君在歷史上少之又少，昏庸之君卻比比皆是；每一次社會的動盪與混亂，幾乎都與帝王的失道密切相關，而一個暴君釋放的能量，常常能使整個社會陷入崩潰的邊緣。秦朝與隋朝，就是突出的例子。一部中國歷史，摻雜了太多帝王私欲與隨意性的因素，而這正是造成中國傳統社會步履艱難的主要原因。

二　處於附屬地位的官僚士大夫

中國中古士大夫，具有雙重的身份。對民而言，他們高高在上，「出則輿馬，入則高坐；堂上一呼，堂下百喏；見者側目視，側足立，此名曰官」[74]。面對無限的皇權，他們與民一樣，都是君主統治的對象，君臣之間是人身依附關係，更確切說是主奴關係。這是由這種專制體制決定的。君主之所以能享有不受任何限制的權力，是因為君主對權力進行了絕對地壟斷，而這又是以剝奪臣民的政治權利為前提的。因此，除君主外，整個社會不存在享有完全財產權和人身權的個體，士大夫也不例外；即便是進入權力核心，也無法改變其本質為

---

74 《聊齋誌異》卷三，〈夜叉國〉。

奴的地位，因為只有君主一人是政治與權力的主體，作為官僚機器組成部分的士大夫不過是充任皇權統治的工具；古代政治家常用元首與股肱、心與體等比喻君臣關係，形象地點明了二者之間關係的本質。用一句話概括，即君為臣綱。

　　君對臣的絕對支配權來源於天下是皇帝私有的政治體制。秦始皇統一天下後宣稱「六合之內，皇帝之土」，「人跡所至，無不臣者」[75]。君主為統治天下，必須委權於下，於是才有官僚制度的出現。官僚制度受君主的操縱與支配，以皇權為軸心運轉。作為這架機器的重要組成部分的士大夫不可能脫離其間而形成獨立的社會地位，他們的一生要圍繞君權進退取捨。官員任官是受職於皇帝，君主通過科舉制度來控制用人大權。科舉是隋唐至明清所實行的選官方法，它一經產生，便經久不衰，在中國竟實行一千三百年。科舉制以貌似公平競爭的原則將政權向社會各階層開放，打破了門閥士族壟斷仕途的局面，擴大了政權的社會基礎，提高了官員的文化素質等等。但科舉最重要的一點就是，它是適應君主集權的需要而產生並以強化該制度為其最重要的歷史後果。倘若極權制度意味著最不公平的制度，那麼科舉制度就是以局部的、極有限的公平維護和強化整體的不公平，或者說頗有創意地強化了一種深刻的不公平。在此之前，不論是漢代的察舉徵辟、還是魏晉南北朝的九品中正制，其用人之權往往為中央高官和地方大族所把持，例如東晉就出現了「王與馬，共天下」的格局，這無疑對君主集權極為不利。至隋代開科取士，從制度上為君主控制人才選拔提供了保證。所謂「大小之官，悉由吏部，纖介之跡，皆屬考功」[76]。如果說唐太宗看到新進士魚貫而出高興地說「天下英雄入吾彀中」，

75　《史記》卷六，〈秦始皇本紀〉。

76　《隋書》卷七五，〈劉炫傳〉。

反映了帝王攏聚人才的喜悅心情，那麼從士人角度考慮，科舉使他們成為官僚隊伍的後備軍。讀書、應試、做官成為唯一的出路與前途，「讀書而求科第，居官而求尊顯」[77]，因此即便老死文場，也無所恨。唐朝就有詩曰：「太宗皇帝真長策，賺得英雄盡白頭。」[78]科舉從制度上確立了知識群體屬於統治集團的政治地位，表面看是其地位的提高，實際上，士大夫成為專制體制下的附屬部分，作為知識階層相對的獨立性喪失殆盡，離開了專制君主，將一事無成。科舉使士大夫徹底地淪為專制制度的「治具」。

既然權力是君主賜予的，也隨時可被君主剝奪，個人的榮辱浮沉全都繫於皇帝一身。宋仁宗時的宰相杜衍自稱「措大」，即貧寒失意的讀書人。「衍本一措大爾，名位爵祿、冠冕服用，皆國家者。……一旦名祿爵位，國家奪之，卻為一措大，又將何以自奉養耶？」[79]離開了皇恩，臣將一文不名。更有甚者，臣下的生殺也由君主掌握。漢武帝在「龍顏震怒」之下連殺幾個宰相；武則天為改朝換代，對文武大臣大開殺戒，以致大臣上朝前要與家人訣別。無獨有偶，朱元璋借胡惟庸、藍玉兩案，前後株連十四年，一時功臣宿將誅夷殆盡，前後達四萬餘人[80]。「君要臣死，不得不死」並不是句戲言。在浩蕩的皇恩面前，臣下誠惶誠恐，備感自身的渺小與卑微，只有匍匐謝恩，心甘情願地為臣為僕。「天皇聖明，臣罪當誅」這樣的口號在中國喊了二千年，絕不僅是個別官員喊喊而已，而是為臣政治上信奉的原則。後樑宰臣敬翔對末帝說：「臣受國恩，僅將三紀，從微至著，皆先朝所遇，雖名宰相，實朱氏老奴耳，事陛下有如郎君。」[81]這位宰相倒不

---

77 《焚書》卷一。

78 《唐摭言》卷一。

79 朱熹：《五朝名臣行錄》卷七。

80 《明史》卷九四，〈刑法志〉；卷一三二，〈藍玉傳〉。

81 《舊五代史》卷一八，〈敬翔傳〉。

是自貶身份，而是實情，道出了君臣關係的實質是主奴關係。在君的眼裏，臣從來就不是獨立的主體，只具有工具的屬性。元世祖忽必烈曾說：「中書是我的左手，樞密是我的右手，御使臺是我用來醫兩手的。」[82]漢武帝直白地表示，「何世無才，患人主不能識之耳。苟能識之，何患無人？夫所謂才者，猶有用之器也，有才而不肯盡用，與無才同，不殺何施。」[83]順治帝在頒發的敕書中，直言不諱地警誡臣子，「爾等如恪遵朕旨，以實心行實政，庶幾共用和平之福，朕顯秩厚祿自不吝惜。如貌承朕旨，心懷詐偽，媚上虐下，慢政黷操，昭昭國憲，必昭身家之災。雖欲免，得乎！」[84]雖相隔一千多年，兩位帝王充滿威脅與輕蔑的語氣卻十分相似，清人唐甄曾一針見血地指出，秦漢以來君臣關係發展趨勢就是君益尊，而臣益卑，「人君之尊，如在天上，與帝同體。公卿大臣，罕得進見，變色失容，不敢仰視；跪拜仰視，不得比於嚴家之僕隸」[85]，「是以人君之賤視其臣民，如犬馬蟲蟻之不類於我」[86]。

　　臣在至上的皇權面前最主要的職責就是聽命與順從，「或以事君，使之左則左，使之右則右，害有至於死而不敢避，勞有至於病而不敢辭者，人臣之義也」[87]。臣要竭盡犬馬之力，秉承皇帝的旨意辦事。「忠」始終是臣必須尊奉的行為準則。為臣之道就是尊君奉上，即「臣事君以忠」。在國家的法典上，明確地強調「為子為臣，惟忠惟孝」[88]。忠就是順從與全心全意，不講任何條件。做臣要「夙興夜

82　葉子奇：《草木子》卷三下，〈雜制篇〉。

83　《資治通鑒》卷一九。

84　《清世祖實錄》卷七三。

85　《潛書・抑尊》。

86　《潛書・抑尊》。

87　《王文公文集》卷二八。

88　《唐律疏議》卷一，〈名例律〉。

寐,卑身賤體,竦心白意,明刑辟、治官職,以事其君。進善言、通道法,而不敢矜其善。有成功立事,而不敢伐其勞。不難破家以便國,殺身以安主」[89]。意思就是臣子要自甘卑賤,肝腦塗地侍奉至尊者,以身殉國殉君,在所不惜,對君無條件的效忠才體現出臣的價值。武則天曾召集一批儒生學士撰寫了一部旨在作臣下準繩的《臣軌》,提倡「古之忠臣事其君也,盡心焉,盡力焉」,表達了同一個意思。歷史上湧現出的循吏、忠臣就是自覺地竭誠奉上,恪守臣節,把居家盡孝,為官盡忠奉為行動準則的。岳飛無疑是一個忠義思想濃厚的士大夫,「事君以能致其身為忠,居官以知止不殆為義」[90]。明代海瑞事例更為典型。他上疏批評嘉靖帝荒廢朝政,被關入牢獄晝夜榜訊,但當聞訊嘉靖駕崩的時候,海瑞竟「隕絕於地,終夜哭不絕聲」[91]。其一片忠心可鑒!臣對君的諫諍,是為了矯君之失,納君入禮,最終致君堯舜。諫是忠的表現,所謂「主暴不諫,非忠也。畏死不言,非勇也。見過即諫,不用即死,忠之至也」[92]。他們寄希望於明君能解除其後顧之憂,「垂寬容之聽,崇諫爭之官,廣開忠直之路,不罪狂狷之言,然後百僚在位,竭盡忠謀,不懼後患」[93]。使賢者在位,能者在職而已。

　　臣在官僚政治中的定位是工具與奴僕,與各級官僚握有大權並不矛盾,權力的分工是統治機構本身的屬性決定的。例如相職在政治的休戚中起關鍵的作用。但為臣權力的大小主要取決於皇帝「假權以使」的程度,「假」是借於之意,臣是代替皇帝行使威權;如果君主

89　《韓非子》卷一七,〈說疑〉。
90　《宋史》卷四四八,〈李彥仙傳〉。
91　《明史》卷二二六,〈海瑞傳〉。
92　《韓詩外傳》卷四。
93　《漢書》卷七七,〈劉輔傳〉。

精力充沛，勤於政事，又貪戀權勢，朝綱獨斷，那麼宰輔不過行事務性工作。秦漢時丞相許可權很大，秦始皇親總庶政，結果「丞相諸大臣皆受成事，倚辯於上」[94]。但在一般情況下，君主總是要委權於下，放手讓臣處理政務。此時大臣往往能在政治上發揮著舉足輕重的作用。例如北宋王安石「以激切之言以動上意」[95]得到欲重振國威的宋神宗賞識和重用，君臣一拍即合，在神宗的大力支持下，王安石得以大刀闊斧改革積弊，很快便出現了成效。但面對改革出現的重重阻力，宋神宗開始疑慮與動搖，失去皇權支持的王安石處境變得艱難起來，變法也以失敗告終。就是這位所謂「得君之尊，前古未有」[96]的王安石在《秣陵道中口占》中發出了「經世才難就」的慨歎，不能不令人扼腕深思。

也有一些朝廷重臣，仰仗君主的寵信，擅作威福，像雍正時期的年羹堯身擁重兵，獨攬陝、甘、川三省軍政大權，他隨意任用私人，被稱為「年選」，甚至目無皇權，多有僭越之舉，十分囂張。但這些權臣仍是恃寵而驕，一旦君主不能容忍，其權勢的大廈便轟然倒塌。年羹堯被雍正以大逆、欺罔、僭越、狂悖、專擅、忌刻、殘忍、貪黷、侵蝕等九十二款治罪，念其有平青海之功，不忍加極刑，責令自殺。此事頗能印證呂思勉先生所言，「魏晉而後，君主之權力大張。古訓和社會慣習而外，幾無足以限制之言。而盜竊其權者，則歷代皆有。權奸、屑小、女謁、宦寺是也。此乃依附君主而行，非法賦之權，足與君主相抗也，於政體無關係」[97]。臣竊君之權與自身有權是兩回事，不可混淆。

94　《史記》卷六，〈秦始皇本紀〉。

95　《資治通鑒長編》卷六六。

96　〈侯鯖錄〉。

97　呂思勉：《中國制度史‧政體》（上海教育出版社，1985年），頁466。

　　總之，不管人們怎麼高喊君主與士大夫共治天下，都無法改變臣在專制政體下卑微與極度依附的地位，而且越到中古社會後期，臣受到的控制與馴化越多。程朱理學、八股取士、廠衛制與文字獄等思想的馴化與人身的監控，均加重了士大夫的依附性與從屬性。由於士大夫群體不具備基本的權利，哪怕是低度的權利，而始終是作為專制皇權的工具而存在的，形成了他們分裂的人格，也給官僚政治打下了深刻的烙印。一方面，他們帶著知識階層特有的超越性，追求理想與道義，希望用某種道義去改造與影響現實；另一方面，君主是他們名爵權位衣食財富之源，在官本位文化中，又有幾人能抵禦功名利祿的巨大誘惑，不為一官半職而摧眉折腰？在道義與現實面前，更多的士大夫是投靠和委身於專制君主，與政治同流合污。他們在官場上巧言飾詞，以逢君惡，競相諂諛，以圖富貴。正如王安石在熙寧三年（1070年）《答司馬諫議書》中所陳「人習於苟且非一日，士大夫多以不恤國事，同俗自媚於眾為善」。明代吏治敗壞、士風頹靡，「方今仕途如市，入仕者如往市中貿易」[98]，「身在局外，每慷慨以除貪殘。一入局中，率因循而隨波蕩」[99]。「今之士人，以官爵為性命，以鑽刺為風俗，以賄賂為交際，以囑託為當然，以徇情為盛情，以請教為謙厚。」[100]這不僅是明代的社會問題，實際也是歷朝官場的真實寫照。

---

98 周順昌：《周忠介公燼餘集》卷三。
99 李應升：《落落齋遺集》卷一。
100 趙南星：《趙忠毅公文集》卷一三。

第十一章
中國皇權與教化

　　「王權至上」是中國傳統政治文化的總框架。王權何以至上？我們認為，除了與「王權支配社會」這一鐵律有關外[1]，意識形態的理論教化也是一個不容忽視的重要原因。意識形態的理論教化是使王權合理化、神聖化、制度化和普遍化的有效手段。儒家「天人感應」理論和宗法觀念對人們精神生活的長期教化，促使王權無限膨脹，不斷強化。在「王權至上」的政治文化背景下，中國的宗教神權始終是從屬於世俗王權的，既不可能與王權分庭抗禮，更不可能凌駕於王權之上。這便是本章所要論述的主要問題。

第一節　「天人感應」與王權

　　任何政治控制主體在獲得國家政權後，都需要樹立起牢固的權威以鞏固、加強有利於自己的秩序。樹立牢固權威的一個有效而高明的方法是使其權力和所希望的秩序合理化、神聖化。儒家的「天人感應」論在這方面起到了不可忽視的教化作用。

　　「天人感應」的淵源可以追溯到遠古時代的自然崇拜和上帝崇拜。中國儒家經典中不乏有關「天人感應」的論述。《周易·繫辭》開宗明義：「天尊地卑，乾坤定矣；卑高以陳，貴賤位矣。」將天高地卑作為人間貴賤等級秩序的形而上的依據；主張「聖人之道不能獨

1　劉澤華：《中國的王權主義》（上海人民出版社，2000年），頁1-113。

以威勢成政，必有教化」的董仲舒則從理論上系統地論證了「天人感應」說。

在中國儒學史上，董仲舒是一位非常重要的承前啟後的思想家。他繼承前人關於「上帝」、「天道」、「天命」等思想，汲取已有陰陽五行說和諸子學說的有關內容，重加詮釋，熔於一爐，建構了適應王權需要的「天人感應」論。「天人感應」論具體而言包括兩方面的內容：其一，天人相通；其二，災異譴告。下分別述之：

一　天人相通

董仲舒認為，人為「天」所創造。他說：「為生不能為人。為人者，天也。人之為人本於天，天亦人之曾祖父也。此人之所以乃上類天也。」[2]「天」既創造了人，又創造萬物以養人。董仲舒說：「天地之生萬物也以養人，故其可食者以養身體，其可威者以為容服。」[3]又說：「五穀，食物之性也，天之所以為人賜也。」[4]「天」不僅在物質上養人，還在精神上養人。在《春秋繁露・身之養重於義》中，董仲舒說：「天之生人也，使人生義與利。利以養其體，義以養其心。心不得義不能樂，體不得利不能安。」

天創造人、養育人，授命「天子」替天行道，治理人類社會，「代天理物」，以實現天之意志，成就其仁德。人的形體構造和精神性情等都與天有某種神秘相通之處。在《春秋繁露・人副天數》中，董仲舒附會說：「人受命乎天也，故超然有以倚。……人有三百六十節，偶天之數也；形體骨肉，偶地之厚也。上有耳目聰明，日月之象

2　《春秋繁露》卷一一，〈為人者天〉。
3　《春秋繁露》卷六，〈服制象〉。
4　《春秋繁露》卷一六，〈祭義〉。

也；體有空竅理脈，川谷之象也；心有哀樂喜怒，神氣之類也。觀人之體，一何高物之甚，而類於天也。……人之身，首妛（坴之訛字）而員，象天容也；發，象星辰也；耳目戾戾，象日月也；鼻口呼吸，象風氣也；胸中達知，象神明也；腹飽實虛，象百物也。百物者最近地，故要（腰）以下，地也。天地之象，以要為帶。頸以上者，精神尊嚴，明天類之狀也；頸而下者，豐厚卑辱，土壤之比也。足布而方，地形之象也。……身猶天也，數與之相參，故命與之相連也。天以終歲之數，成人之身，故小節三百六十六，副日數也；大節十二分，副月數也；內有五臟，副五行數也；外有四肢，副四時數也；乍視乍瞑，副晝夜也；乍剛乍柔，副冬夏也；乍哀乍樂，副陰陽也；心有計慮，副度數也；行有倫理，副天地也。此皆暗膚著身，與人俱生，比而偶之弇合。於其可數也，副數；不可數者，副類。皆當同而副天，一也。」在《春秋繁露・為人者天》中，董仲舒也有一番類似的附會。他說：「人之形體，化天數而成；人之血氣，化天志而仁；人之德行，化天理而義。人之好惡，化天之暖清；人之喜怒，化天之寒暑；人之受命，化天之四時。人生有喜怒哀樂之荅，春秋冬夏之類也。喜，春之荅也；怒，秋之荅也；樂，夏之荅也；哀，冬之荅也。天之副在乎人。人之情性有由天者矣。」

以「天人同類」為邏輯起點，董仲舒進一步論證「同類相感」。他說：「今平地注水，去燥就濕；均薪施火，去濕就燥。百物去其所與異，而從其所與同，故氣同則會，聲比則應，其驗皦然也。試調琴瑟而錯之，鼓其宮，則他官應之，鼓其商而他商應之。五音比而自鳴，非有神，其數然也。美事召美類，惡事召惡類，類之相應而起也。如馬鳴則馬應之，牛鳴則牛應之……物固以類相召也。」[5]他認

5　《春秋繁露》卷一三，〈同類相動〉。

為，既然許多自然現象乃至社會現象可以證明同類相感原則是普遍正確的，那麼天和人也應如此，是可以相互感應的。

根據「同類相感」的原則，天與人的「同類」使天與人的相互感應具備了可能性。這種可能性又怎樣具體地轉為現實性呢？董仲舒認為，天與人之間的感應是以「氣」為中介來實現的。他說：「天地之間，有陰陽之氣，常漸人者，若水常漸魚也。所以異於水者，可見與不可見耳，其澹澹也。然則人之居天地之間，其猶魚之離（附）水，一也。其無間若氣而淖於水。水之比於氣也，若泥之比於水也。是天地之間，若虛而實，人常漸是澹澹之中，而以治亂之氣與之流通相殽也。」[6]宇宙間充溢著「氣」。氣是無形的，人在氣中而不覺其存在，就像魚在水中而不知水一樣。氣無所不在，貫注於天、地、人和萬物。氣之在天者曰「天氣」，在地者曰「地氣」，在人者曰「人氣」。「天氣在上，地氣在下，人氣在其間。」[7]氣可以「分為陰陽，判為四時，列為五行」[8]。

天人同類，同類相感，相感的媒介是氣，氣可以分為陰陽，經過以上邏輯鋪墊，董仲舒終於開始切入主題。他說：「陰陽之氣，在上天，亦在人」[9]，「天有陰陽，人亦有陰陽」[10]，「君臣父子夫婦之義，皆取諸陰陽之道。君為陽，臣為陰；父為陽，子為陰；夫為陽，妻為陰」[11]。至此，陰陽哲學概念與政治倫理觀念結合在了一起。接著，董仲舒便開始論證「陽尊陰卑」以為「君尊臣卑」張目。他不厭其煩地論證陽主陰輔，陽重陰輕，陽大於陰，陽高於陰。在《春秋繁露‧

6　《春秋繁露》卷一七，〈天地陰陽〉。

7　《春秋繁露》卷一三，〈人副天數〉。

8　《春秋繁露》卷一三，〈五行相生〉。

9　《春秋繁露》卷一七，〈如天之為〉。

10　《春秋繁露》卷一三，〈同類相動〉。

11　《春秋繁露》卷一二，〈基義〉。

陽尊陰卑》中，他說：「陽始出，物亦始出；陽方盛，物亦方盛；陽初衰，物亦初衰；物隨陽而出入，數隨陽而終始，三王之正隨陽而更起。以此見之，貴陽而賤陰也。⋯⋯達陽而不達陰，以天道制之也。」又云：「臣之義比於地，故為人臣者，視地之事天也。⋯⋯是故孝子之行，忠臣之義，皆法於地也。地事天也，猶下之事上也。」[12]董仲舒充實、完善古已有之的「天人感應」論，援用並發展早已流行的陰陽學說，樹立了君王在臣民面前至高無上的神聖地位，是論證王權合理性的理論基石。

二　災異譴告

如上所述，董仲舒認為，天人相互之間的感應通過人們所不覺得的無形之「氣」而達成。氣通貫天人，「天氣」與「人氣」同為一氣，相互貫通。在此基礎之上，董仲舒進而認為，「天氣」之動會影響「人氣」，「人氣」之動也會影響「天氣」。他說：「人下長萬物，上參天地，故其治亂之故、動靜順逆之氣，乃損益陰陽之化，而搖盪四海之內。⋯⋯人主⋯⋯常以治亂之氣與天地之化相殽而不治也。世治而民和，志平而氣正，則天地之化精，而萬物之美起；世亂而民乖，志僻而氣逆，則天地之化傷，氣生災害起。⋯⋯故人氣調和，而天地之化美。⋯⋯夫王者不可以不知天。⋯⋯四海之內，殽陰陽之氣，與天地相雜。⋯⋯王者亦參而殽之。治則以正氣殽天地之化，亂則以邪氣殽天地之化。同者相益，異者相損之數也。」[13]又說：「帝王之將興也，其美祥亦先見；其將亡也，妖孽亦先見。」[14]還說：「王正則元氣

12　《春秋繁露》卷一一，〈陽尊陰卑〉。

13　《春秋繁露》卷一七，〈天地陰陽〉。

14　《春秋繁露》卷一三，〈同類相動〉。

和順，風雨時，景星見，黃龍下；王不正則上變天，賊氣並見。」[15]
又說：「國家將有失道之敗，而天乃先出災害以譴告之；不知自省，
又出怪異以警懼之；尚不知變，而傷敗乃至。」[16]

　　天通過人的「治亂之氣」了解人間，並以氣向人表達意志，行賞
施罰。人通過考察氣之變化以知天意、受天命、觀天道，並且據以採
取相應措施，揚長避短，救偏補弊，揚善去惡，化凶為吉，祛禍徠
福。通過「氣」這一中介，天與人相互感應，雙向影響。這便是董仲
舒的「災異譴告」說。

中國儒學史上一位非常重要的
承前啟後的思想家董仲舒。他繼承
前人關於「上帝」、「天道」、「天
命」等思想，汲取已有陰陽五行說
和諸子學說的有關內容，重加詮
釋，熔於一爐，從理論上系統地論
證了適應王權需要的「天人感應」
論。

　　董仲舒認為，既然通過陰陽之氣
可以使天人相互感應，那麼統治者便
可以「觀陰陽」以窺天意，順天意以
採取相應措施，「副天之所行」。在
《春秋繁露‧陰陽義》中，董仲舒
說：「天地之常，一陰一陽。陽者，
天之德也；陰者，天之刑也。跡陰陽
終歲之行，以觀天之所親而任。……
聖人之治亦從而然。……天亦有喜怒
之氣、哀樂之心，與人相副。以類合
之，天人一也。春，喜氣也，故生；
秋，怒氣也，故殺；夏，樂氣也，故
養；冬，哀氣也，故藏。四者天人同
有之，有其理而一用之。與天同者大
治，與天異者大亂。故為人主之道，
莫明於在身之與天同者而用之。使喜

15　《春秋繁露》卷四，〈王道〉。
16　《漢書》卷五六，〈董仲舒傳〉。

怒必當義乃出，如寒暑之必當其時乃發也；使德之厚於刑也，如陽之多於陰也。」[17]因為陽主陰輔，陽德陰刑，所以人君執政，應順陰陽而行德政，「為政而任刑，謂之逆天，非王道也」[18]。

董仲舒還援引五行說，將陰陽與五行相配合，以論證天人感應。「五行」之名源出於中國儒家經典《尚書·洪範》，董仲舒推衍發揮，自覺地將其導入「天人感應」的政治神學體系。他說：「五行者，五官也，比相生而間相勝也，故為治，逆之則亂，順之則治。」[19]五行依「比相生而間相勝」的方式有規律地運行變化。即木生火，火生土，土生金，金生水，水生木；木勝土，火勝金，土勝水，金勝木，水勝火。五行也是天意的表現。天生萬物，並使之依五行規律運行，保持整體和諧。天和人通過五行相互影響，相互作用，達成天人合一。因此，人應該順天意依五行而行動。

順五行之義而行，君王就應崇仁、義、禮、智、信。木為仁，金為義，火為禮，水為智，土為信。人君行為端正，順天意，則國大治，天現祥瑞；如人君不軌，倒行逆施，就會導致天下大亂，天示災異。在《春秋繁露·五行順逆》中，董仲舒說，因為「木者春，生之性，農之本也」，所以君王應順木之性「勸農事，無奪民時，使民歲不過三日，行什一之稅，進經術之士，挺群禁，去稽留，除桎梏」；反之，如果君王「出入不時，走狗試馬，馳騁不反宮室，好淫樂飲酒，沉湎縱恣，不顧政治，事多發役以奪民時，作謀增稅以奪民財」，上天就會以災異譴之譴告示警。依此類推，根據「火」之性，君王應「舉賢良，進茂才，官得其能，任得其力，賞有功，封有德，出貨財，賑困乏，正封疆，使四方」；反之，如果君王「惑於讒邪，

17　《春秋繁露》卷十一，〈陽尊陰卑〉。

18　《春秋繁露》卷一一，〈陽明義〉。

19　《春秋繁露》卷一三，〈五行相生〉。

內離骨肉，外疏忠臣……誅殺不辜，逐忠臣，以妾為妻，棄法令，婦妾為政，賜予不當」，上天就會以種種災異譴告。根據「土」之性，君王應「循宮室之制，謹夫婦之別，加親戚之恩」；反之，如果君王「好淫佚，妻妾過度，犯親戚，侮父兄，欺罔百姓，大為臺榭，五色成光，雕文刻鏤」，上天就會以種種災異譴告。根據「金」之性，君王應「誅賊殘，禁暴虐……動眾興師，必應義理，出則祠兵，入則振旅，以閒習之，因於搜狩，存不忘亡，安不忘危，修城郭，繕牆垣，審群禁，飭兵甲，警百官，誅不法」，反之，如果君王「好戰，侵淩諸侯，貪城邑之賂，輕百姓之命」，上天就會以種種災異譴告。根據「水」之性，君王應「閉城閭，大搜索，斷刑罰，執當罪，飭關梁，禁外徙」，反之，如果君王「簡宗廟，不禱祀，廢祭祀，執法不順」，上天就會以種種災異譴告。

董仲舒認為，種種反常的自然現象往往與君德不修，施政不當有關，應及時遷善改過，否則，不出三年，必蹈商紂之覆轍。在《春秋繁露‧五行變救》中，董仲舒說：「木有變，春凋秋榮，秋木冰，春雨多。」為什麼會出現這種反常現象呢？董仲舒認為，這是由於君王「繇役眾，賦斂重」，致使「百姓貧窮叛去，道多饑人」。應如何加以救治呢？董仲舒說：「救之者，省繇役，薄賦斂，出倉穀，振困窮矣。」依此類推，「火有變」就會「冬溫夏寒」，其原因是「王者不明，善者不賞，惡者不紲，不肖在位，賢者伏匿」，致使「寒暑失序，而民疾疫」。應如何加以救治呢？董仲舒說：「救之者，舉賢良，賞有功，封有德。」「土有變」就會「大風至，五穀傷」，其原因是君王「不信仁賢，不敬父兄，淫佚無度，宮室多營」。應如何加以救治呢？董仲舒說：「救之者，省宮室，去彫文，舉孝悌，恤黎元。」「金有變」就會「畢昴為回，三覆有武」，其原因是君王「棄義貪財，輕民命，重貨賂」，致使「百姓趣利，多姦軌」。應如何加以救治呢？董

仲舒說：「救之者，舉廉潔，立正直，隱武行文，束甲械。」「水有變」就會「冬濕多霧，春夏雨雹」，其原因是君王「法令緩，刑罰不行」。應如何加以救治呢？董仲舒說：「救之者，憂囹圄，案奸宄，誅有罪，薂五日。」

董仲舒談「天」論「氣」，講「陰陽」，說「五行」，多角度論證天人感應，其主旨是為政治服務。其「天人感應」論中的「陽尊陰卑」說，使中國古代社會的「君尊臣卑」成為理所當然的、天經地義的法則、秩序，使君王擁有了得之於天的神聖的權威地位，而「災異譴告」說則有利於維護統治者的長遠利益，使王權更加持久牢固[20]。

第二節　儒家宗法觀念與王權

「王」在甲骨文中作「太」，金文中作「王」，皆像戰斧之形。古文字學家吳其昌說：「王字之本文，斧也。」林澐等先生亦主此說。可見「王」源於軍事統帥。軍事統帥以其非凡的個人氣質和才能獲得了「王」之殊榮。根據德國社會學家馬克斯·韋伯關於權威分類的觀點，「依靠個人非凡氣質或者才能的感召力所形成的超凡魅力型權威」是其中的第二類[21]。董仲舒強調君王體天悟道、仁政愛民、修身養德以及中國古代社會歷代帝王非常注重對皇子、皇孫的教育，即為獲得馬克斯·韋伯所說的第二類權威。但人有賢愚，先天差異是不容

---

20 前人論及董仲舒的「災異譴告」說，多強調其對王權的制約作用，而關於其對王權的鞏固加強作用則有所忽視。根據現代政治學理論，一個政治統治主體欲獲得持久牢固的權威，必須使社會生產在原有基礎上不斷發展，必須使百姓獲得更多的實惠，必須使整個社會秩序保持穩定，必須使國家機器和政治統治體系的各個機構保持高效、靈活運轉，必須擁有戰勝內外各種挑戰的能力。董仲舒的「災異譴告」說無疑有利於君王獲得持久牢固權威的這一權力運行過程。

21 馬克斯·韋伯：《經濟與社會》上卷（商務印書館，1997年），頁238-332；下卷，頁444-500。

忽視的客觀存在。君主專制制度所要維護的是所有君王的絕對權威，即君王群體的權威，而不是某一位君王的權威。僅使具有超凡魅力的君王擁有權威，對專制主義中央集權制度來說，是遠遠不夠的，還必須另闢蹊徑，以使君王群體的權威被人們長久地、廣泛地、心悅誠服地信奉。儒家的宗法觀念由於可以使人們對源於父權的君權產生心理上的親切感和情感上的歸屬感，因而受到了中國古代統治者的青睞。

宗法觀念是從家庭—家族—宗族的血緣關係衍生出來的維護和強化宗族內部等級秩序的一種觀念。根植於宗法觀念的宗法宗族制是一種以父系家長制為內核，以大宗小宗為準則的有關尊卑長幼關係的倫理體制。中國儒家經典「三禮」中有對宗法宗族制的詳盡論述。《禮記‧坊記》記載：「天無二日，土無二王，家無二主。」在宗法宗族制下，一家只有一個家長，家長的地位「父死子繼」。家長權力很大：一、有決定家屬居所之權；二、有決定家屬婚姻之權；三、有處罰家屬之權；四、有支配全家財產之權。這便是宗法宗族制下的「宗統」。「宗統」與「君統」在西周時期是混而為一的。周天子作為天下的「大宗」，同時又是天下的共主。周初所封諸侯與周王的關係既是小宗與大宗的關係，又是臣與君的關係。正如劉澤華先生所說：「周的分封制與血緣交織在一起，天子與姬姓諸侯的關係，既是君臣關係，又有父兄叔伯子侄關係，周天子是諸姬的大宗和宗主。」[22]隨著時代的發展，諸侯與王室的血緣關係越來越趨於淡薄。春秋戰國時期，諸侯紛爭，天子已經成為擺設。秦始皇統一中國後，廢分封，行郡縣，完全棄「宗統」而不用，過於迷信「權生威」，而忽視了血緣親情在形成權威方面的重要作用[23]。漢統治者鑒於秦亡之教訓，力求

---

22 劉澤華：《中國政治思想史‧先秦卷》（浙江人民出版社，1996年），頁35。
23 德國社會學家馬克斯‧韋伯認為，權威的形成有三種類型。其中的第一類是依靠血緣關係或者世襲等方式所形成的傳統型權威。

發揮「宗統」在鞏固、加強「君統」方面的作用，以使王權在宗法的情理外衣下制度化和普遍化。

　　使「宗統」和「君統」重新合而為一的橋樑是將社會中非血緣的各種社會關係宗法化。季乃禮先生稱之為「擬宗法化」，巴新生先生則稱之為「泛血緣化」。「擬宗法化」或「泛血緣化」的主幹是將非血緣的君民關係比擬為父子關係。西漢初年的伏生在《尚書大傳》中釋「天子作民父母」時說道：「聖人者，民之父母也。母能生之，能養之；父能教之，能誨之。聖人曲備之者也。能生之，能食之，能教之，能誨之也。為之城郭以居之，為之宮室以處之，為之庠序之學以教誨之，為之列地制畝以飲食之。故《書》曰：『天子為民父母，以為天下王。』此之謂也。」[24]韓嬰在《韓詩外傳》中釋「愷悌君子，民之父母」時也說了一番與之類似的話，「君子為民父母何如？曰：授衣以最，授食以多，法下易由，事寡易為，是以中立而為人父母也。築城而居之，別田而養之，立學以教之，使人知親尊。親尊故為父母斬縗三年，為君亦服斬縗三年，為民父母之謂也」[25]。縱觀漢以後的中國歷史，將君臣關係比擬為父子關係的記載不絕於書，「君臣如父子」的觀念可謂深入人心。據《漢書》記載，蘇武被扣匈奴後，手持漢節，牧羊於荒無人煙的北海，生活十分艱苦，「掘野鼠去中食而食之」。在這種情況下，匈奴派李陵勸降。當李陵以「人生如朝露，何久自苦如此」相勸時，蘇武義正詞嚴地說道：「臣事君猶事父也，子為父死亡所恨！」蘇武的慷慨陳詞充分反映了「宗統」對「君統」的鞏固加強作用。

　　「擬宗法化」或「泛血緣化」後的新型宗法宗族制便是「三綱六

---

24 引文中的「聖人」與「天子」、「王」同義。
25 引文中的「君子」亦與「天子」、「王」同義。

紀」。「三綱」即君為臣綱、父為子綱、夫為婦綱。「六紀」即諸父、
兄弟、族人、諸舅、師長、朋友。「三綱六紀」涉及君臣、家族、家
庭等社會中的各種人倫關係，涵蓋了公私生活的各個層面，是儒家思
想中對王權制度化和普遍化的影響最為深遠的部分。「三綱六紀」基
本上是漢代的產物，而《白虎通》則是集大成者。

在漢代儒學發展史上，有三次重要的會議。其一是漢昭帝時的鹽
鐵會議，其二是漢宣帝時的石渠閣會議，其三是漢章帝時的白虎觀會
議。鹽鐵會議是儒家思想與法家思想激烈交鋒的會議，會後儒家思想
在學術和意識形態領域「定於一尊」。石渠閣會議是儒家內部公羊學
和穀梁學熱烈討論的會議，會後重視宗法情誼的穀梁學在王權的支持
和肯定下獲得了權威。白虎觀會議是以官方權威觀點統一各家經學的
一次大會，會後結集成書的《白虎通》明確提出了「三綱六紀」的宗
法規範。下分別論述石渠閣會議和白虎觀會議。

一　石渠閣會議

漢武帝時期，公羊學居於獨尊地位。公羊學在打擊同姓諸侯王，
解決諸侯王與皇權、中央政權的矛盾方面固然起到了一定的作用，但
是也產生了諸如削弱宗法情誼之類的許多問題和弊端。精於政治的漢
宣帝有懲於此，提倡儒家思想中重宗法情誼、重禮義教化的一面，以
適應長治久安的統治需要。為借宗親關係加強統治，漢宣帝一直維持
著宗廟、祭祀的龐大開支，十分重視頌揚祖宗。元康元年（公元前65
年），漢宣帝「立皇考廟，……復高皇帝功臣絳侯周勃等百三十六人
家子孫，令奉祭祀，世世勿絕」[26]。為強化全國大家庭的宗法理念，

---

26 《漢書》卷八，〈宣帝紀〉。

漢宣帝還「徙丞相、將軍、列侯、吏二千石、訾百萬者杜陵」，設立
陵縣。在調和統治集團內部矛盾，尤其是皇室糾紛時，漢宣帝十分注
意利用宗法禮制。地節元年（公元前69年），宣帝效法「堯親九族，
以和萬國」，為在武帝時遭到打擊的宗室後代「復屬」，以使其「改行
勸善」而「自新」。元康三年（公元前63年）以「骨肉之親，粲而不
殊」，封昌邑王劉賀為「海昏侯」[27]。宣帝在一些有關修改法令的詔書
中一再強調宗法禮儀的作用。在地節四年（公元前66年）五月的詔書
中，宣帝說：「父子之親，夫婦之道，天性也。雖有患禍，猶蒙死而
存之。誠愛結於心，仁厚之至也，豈能違之哉！自今子首匿父母，妻
匿夫，孫匿大父母，皆勿坐。」[28]在五鳳二年（公元前56年）八月的
詔書，宣帝說：「夫婚姻之禮，人倫之大者也。酒食之會，所以行禮
樂也。今郡國二千石或擅為苛禁，禁民嫁娶不得具酒食相賀召。由是
廢鄉黨之禮，令民亡所樂，非所以導民也。」[29]孝悌是社會國家穩定
的根本，事親孝，才能事君忠，為此宣帝極力宣導孝悌的社會風尚。
地節四年（公元前66年）二月，宣帝下詔：「導民以孝，則天下
順。……自今，諸有大父母、父母喪者勿繇事，使得收斂送終，盡其
子道。」[30]

　　作為「《春秋》三傳」之一的《穀梁傳》比之《公羊傳》更能適
應漢宣帝的政治需求。《穀梁傳》不僅與《左傳》的偏於記事不同，
而且與《公羊傳》的議論也不同。《穀梁傳》和《公羊傳》雖然都是
以問答方式闡釋《春秋》，依據的經文也相同，但是卻因為理解角度
不同而各具特色。例如，同是解釋《春秋》中「（隱公）元年春王正

27　《漢書》卷八，〈宣帝紀〉。

28　《漢書》卷八，〈宣帝紀〉。

29　《漢書》卷八，〈宣帝紀〉。

30　《漢書》卷八，〈宣帝紀〉。

月」,《公羊傳》和《穀梁傳》就大異其趣。《公羊傳》逐詞逐字地對
「元年」、「春」、「王」、「正月」、「王正月」進行解釋,然後歸結到
「大一統」這一意思上。而《穀梁傳》只是簡單地說了句「雖無事,
必舉正月,謹始也」,便轉而就「不言即位」發表議論,宣揚「孝子
揚父之美,不揚父之惡」,「兄弟,天倫也」,「已廢天倫,而忘君父,
以行小惠,曰小道也」的宗法觀念。再如,同是解釋《春秋》中
「(隱公二年)冬十月,伯姬歸於紀」,《公羊傳》只就「伯姬」、
「歸」作詞義的說明,《穀梁傳》則從禮義教化的角度進行發揮:「婦
人在家制於父,既嫁制於夫,夫死從長子。婦人不專行,必有從
也。」總而言之,穀梁學者闡釋《春秋》側重於宗法禮義,表現出重
宗法情誼、重禮義教化的特點。正如鍾文烝《穀梁補注・論傳》中所
做的概括:「《穀梁》多特言君臣父子兄弟夫婦,與夫貴禮賤兵,內夏
外夷之旨。」

　　《穀梁傳》的這一特點,正適應了宣帝加強宗法禮儀的控制力
量,糾正一味強調公羊學所致弊端的需要。於是,宣帝於甘露三年
(公元前51年),在當時皇家藏書處石渠閣主持召開了一次大規模的
經學討論會,這便是儒學史上著名的石渠閣會議。石渠閣會議的直接
成果之一是確定了一些禮制禮儀規範,促進了經義、經學原則向具體
典章制度、禮儀規範的轉化,為利用經學理論建構社會規範體系提供
了較為具體的依據和藍本。

二　白虎觀會議

　　東漢章帝年間,為促進經學原則向禮樂制度的進一步轉化,「仿
石渠故事」,又召開了漢代、乃至整個經學史和儒學思想發展史上的
一次更為重要的會議──白虎觀會議。會議成果結集為《白虎通》一

書。《白虎通》不是直接解說經典，也不是闡述某家某派的經說，而是根據會議討論到的問題，列出四十三個條目，用不同於以往任何一家的官方權威觀點，逐條加以闡釋，從而將儒家經義、原則轉化為一整套社會規範體系。

　　《白虎通》明確提出了「三綱六紀」理論。它說：「三綱者，何謂也？謂君臣、父子、夫婦也；六紀音，謂諸父、兄弟、族人、諸舅、師長、朋友也。故君為臣綱，父為子綱，夫為妻綱。又曰敬諸父兄，六紀道行，諸舅有義，族人有序，昆弟有親，師長有尊，朋友有信。何謂綱紀？綱者，張也；紀者，理也。大者為綱，小者為紀，所以疆理上下，整齊人道也。」[31] 三綱早已有之，六紀則是新的。董仲舒曾談及「三綱五紀」，但對「紀」沒有具體解釋。賈誼言「人有六親」，但其所言「六親」講的都是血緣關係[32]。而《白虎通》中的「六紀」既包括血緣關係（如諸父、兄弟、族人、諸舅），又包含社會關係（如師長、朋友）。血緣關係與社會關係的結合，是擬宗法化和泛血緣化的反映。

東漢章帝年間，為促進經學原則向禮樂制度的進一步轉化，召開了漢代，乃至整個經學史和儒學思想發展史上的一次極為重要的會議——白虎觀會議。會議成果結集為《白虎通》一書。《白虎通》明確提出了「三綱六紀」理論，將儒家經義、原則轉化為一整套社會規範體系。

31　《白虎通》卷七，〈三綱六紀〉。

32　《新書》卷八，〈六術〉。

　　體現整個宗法思想和制度的「三綱六紀」中，「三綱」是主要的，「六紀」是從屬於「三綱」並為之服務的。「三綱」之中，又以「君為臣綱」為核心。按宗法喪服制度，服制分為五等，即斬衰、齊衰、大功、小功和緦麻[33]。斬衰是五服中最重者。「不言裁割而言斬者，取痛甚之意。」[34]子為父應服斬衰，居喪期為三年；諸侯為天子亦應服斬衰，居喪期亦為三年。對此，《白虎通》解釋說：「臣之於君，猶子之於父，明至尊臣子之義也。」[35]為強化君權君威，《白虎通》對臣子應遵循的準則做了近乎苛刻的規定，要求臣對君必須「進思盡忠，退思補過，去而不訕」[36]，應善於揚君之美，隱君之惡，歸功於君，攬過於己，並不惜以犧牲自己的生命為代價[37]。這種歸功於君、攬過於己的政治觀念，逐漸導致出「臣罪當誅，君王聖明」之類的中國古代社會歷史上的一大獨具特色的荒唐景觀。

　　《白虎通》所明確提出的「三綱六紀」，後經程朱理學的推波助瀾，深入到了社會組織的每一個細胞，其普遍化程度大大提高。朱熹說：「夫天下之事，莫不有理。為君臣者有君臣之理，為父子者有父子之理，為夫婦、為兄弟、為朋友，以至於出入起居，應事接物之際，亦莫不各有理焉。」[38]可見，朱熹所謂「理」，從本質上說，就是以「君尊臣卑」為主的各種禮儀制度。因此，張立文先生一針見血地指出：「倘若剝去『理』的煩瑣的哲學術語，實際上，『理』是『三綱

33　《儀禮・喪服第十一》。

34　《儀禮・喪服第十一》孔穎達疏。

35　《白虎通》卷一○，〈喪服〉。

36　《白虎通》卷四，〈諫諍〉。

37　《白虎通》卷四，〈諫諍〉：「人臣之義當掩惡而揚善。」《白虎通》卷三，〈京師〉：「善稱君，過稱己。」《白虎通》卷七，〈文質〉：「士行耿介，守節死義，不當移轉也。」

38　《晦庵先生朱文公文集》卷一四，《四部叢刊》本。

五常」的抽象。」[39]朱熹將符合「三綱六紀」宗法規範的稱之為「天理」，將不符合「三綱六紀」宗法規範的稱之為「人欲」，進而主張「存天理，滅人欲」。他說：「人只有個天理、人欲，此勝則彼退，彼勝則此退」，「人之一心，天理存則人欲亡，人欲勝則天理滅。」[40]又說：「天理人欲相勝之地，自家這裏勝得一分，他那個便退一分，自家這裏退一分，他那個便進一分。」[41]

朱熹「存天理，滅人欲」的思想貫穿於後來成為科舉考試標準讀本的《四書集注》中。如注《論語》時，朱熹說：「天理人欲，每相反而已矣。」[42]注《孟子》時，朱熹說：「天理人欲，不容並立。」[43]隨著科舉制度的持續演進，一代又一代的士子在朱熹思想的薰陶下步入仕途，朱熹所宣導的「三綱六紀」之理逐漸彌漫於整個社會空氣中，不斷滲透到國人的血液中，內化為國人的精神信仰和社會生活準則。中國古代社會的王權經儒教的催化，不斷膨脹，最終形成了難以遏制的洪流。

第三節　佛教、道教與王權

儒家「天人感應」理論和宗法觀念對國人精神生活的長期教化，使「王權至上」成為人們不假思索而接受的「理所當然」的教條。人們毫不吝嗇地把社會性的精神權威「道」與「聖」虔誠地奉獻給了「天」的代表——至高無上的君王。人們的宗教情結寄託在世俗的君

---

39 張立文：《朱熹思想研究》（中國社會科學出版社，2001年），頁146。
40 《朱子語類》卷一三。
41 《朱子語類》卷五九。
42 《論語集注》卷七。
43 《孟子集注》卷五。

王身上。世俗的君王成了人們信奉的最大教主。在這樣的政治文化背景下，任何宗教都不可能獲得與王權分庭抗禮的權威。佛教和道教在中國的興衰軌跡，充分地證明了這一點。

一 佛教：「不依國主，則法事難立」

佛教是世界三大宗教之一，自兩漢之際傳入中國後，對中國社會各階層都曾產生廣泛而深刻的影響，但總體來講，佛教在中國的傳播和發展，始終未能擺脫專制王權的控制。專制王權對佛教的控制主要表現於以下幾個方面：

（一）要求僧尼禮敬君親

印度原始佛教並無「禮敬君親」的教義，因此，佛教踏入中國的第一天起，就面臨著與世俗王權的衝突。在「三綱六紀」觀念根深蒂固的以王權為核心的中國社會，「不知君臣之義、父子之情」的佛教必然會受到抵制和排斥。東晉庾冰輔政時，就曾代成帝下詔，要求沙門盡敬王者。詔書指出，僧尼都是晉民，但卻「假服飾以陵度，抗殊俗之傲禮，直形骸於萬乘」，使得「尊卑不陳，王教不得一」，因而必須制定法規，讓僧尼致敬王者，執臣子之禮[44]。東晉安帝時，桓玄當權，重提庾冰舊議[45]。劉宋時期，孝武帝也制命沙門致敬人主，並付諸實施[46]。北魏明元帝時，沙門統法果帶頭禮拜皇帝，並為自己的主張辯解說：「明元好道，即是當今如來，沙門宜應盡禮。」又說：「能

---

44 《弘明集》卷一二。
45 《弘明集》卷一二。
46 《宋書》卷六，〈孝武本紀〉。

弘道者人主也。我非拜天子，乃是禮佛耳。」[47]法果的這番自我解嘲，無疑反映了宗教神權對世俗王權的依附與屈從。唐玄宗即位不久，於開元二年（714年）下詔，「令道士、女冠、僧、尼致拜父母」[48]。開元二十一年（733年），又頒佈《僧尼拜父母敕》，要求僧尼學習道士、女冠，「不自貴高」「稱臣子之禮」，並令「自今以後，僧、尼一依道士、女冠例，兼拜其父母」[49]。前後兩詔，口氣一致，態度堅決。僧侶方面無人敢出面抗爭，只得按詔令執行。唐玄宗後，「道士、女冠、僧、尼見天子必拜」[50]。僧尼稱臣之禮自此以後「沿而不革」[51]。

（二）限制佛教的法律特權

佛教傳入中國之初，曾一度獲得「專以內律治罰僧尼」的特權，然而這種特權不久便開始受到限制，以至於被取締。南北朝時，宋武帝曾下詔：「佛法訛替，沙門混雜，未足扶濟鴻教，而專成逋藪，加以奸心頻發，凶狀屢聞，敗道亂俗，人神交憤，可付所在與耆長精加沙汰。後有違反，嚴其誅坐。主者詳為條格。速施行。」[52]在詔書中，宋武帝規定，對「奸心頻發，凶狀屢聞，敗道亂俗，人神交憤」的僧徒，要由俗官（所在）和僧官（耆長）共同處理。這樣一來，佛教依內律處治僧尼罪過，不受俗官管轄的法律特權受到了有力的限制。北魏延興二年（472年），孝文帝下詔規定，比丘外出活動，必須接受俗官管理。詔書說：「比丘不在寺舍，遊陟村落，交通姦猾，經歷年歲。……若為三寶巡民教化者，在外齎州鎮維那文移，在臺者齎

---

47 《冊府元龜》卷五一。

48 《冊府元龜》卷六〇。

49 《唐大詔令集》卷一一三，《冊府元龜》卷六〇。

50 《新唐書》卷四六，〈百官志〉。

51 《宋高僧傳》卷一五。

52 《廣弘明集》卷二四。

都維那印牒，然而聽行，違者加罪。」[53]太和十七年（493年），孝文帝又下詔追述「前世英人」為佛教制定僧禁的情況，認為朝廷參與佛教管理是天經地義的，但前世的僧禁還不夠詳備，於是親自制定了《僧制》四十七條，與印度傳來的戒律、中國僧人自制的規範（如東晉釋道安所創《僧尼規範》）同為僧尼必須遵守的行為準則[54]。這樣，就從立法方面打破了佛教只依僧律實行內部自治的局面，削弱了佛教的法律特權。唐開元十九年（731年），玄宗下詔：「自今以後，僧尼除講律之外，一切禁斷。六時禮懺，須依律儀；午後不行，宜守俗制。如犯者，先斷還俗，仍依法科罪。」此詔規定，僧尼只在宗教事務方面按佛教律儀行事，其它方面都應遵行俗法。若有違犯，先趕出教門，再按俗法治罪。這實際上取消了佛教僧侶不受世俗法律約束的特權。玄宗這一政策，後世也「沿而不革」。此後僧尼犯罪，例由俗官推治。如李膺曾斷僧徒結黨屠牛捕魚一案，「各決三十」；李翱曾斷某僧不拜君親，且以錢放債一案，「量決十下，牒出東界」；陸長源曾判僧常滿、智真等同於娼家飲酒烹宰雞鵝等事，集遠近僧徒，當眾痛決三十處死[55]。唐憲宗元和年間，江州刺史李渤甚至受理僧徒間的糾紛[56]。以上事例說明，自開元十九年（731年）唐玄宗下詔後，僧尼的法律特權基本上終結了。

（三）限制佛教的經濟特權

佛教發展對王權利益和絕對權威的最大影響是減少了國家的賦稅收入和徭役來源。為了保證賦役徵收，統治者必然要想方設法控制、

53 《魏書》卷一一四，〈釋老志〉。
54 《廣弘明集》卷二四。
55 《雲溪友議》卷一一。
56 《宋高僧傳》卷一七上冊（中華書局，1987年），頁427-428。

減少僧尼數量。控制、減少僧尼數量的方法之一是限制出家人數以塞源。如北魏太和十六年（492年），孝文帝下詔：每年限「大州度一百人為僧尼，中州五十人，下州二十人，以為常準，著於令」。北魏熙平二年（517年），靈太后又下詔：奴婢不得出家，「諸王及親貴，亦不得輒啟請」[57]。控制、減少僧尼數量的方法之二是精簡僧尼以清流。東晉時期的桓玄、南北朝時期南朝的宋武帝和陳宣帝都曾做過精簡僧尼的工作，對僧尼定出幾條標準，合標準的可以繼續為僧尼，餘者「悉皆罷道，所在領其戶籍，嚴為之制」[58]。北朝也多次進行過精簡僧尼的工作。如北魏延興二年（472年），孝文帝詔令「無籍之僧，精加隱括，有者送付州鎮，其在畿郡，送付本曹」。太和十年（486年），再度檢括，對象擴大到部分有籍僧尼，規定「為行凡粗者，有籍無籍，悉罷歸齊民」[59]。從北魏孝文帝的這兩次詔令，我們可以看出，孝文帝時期朝廷已經完全控制了度僧權，並專門設立了僧籍。其檢括、沙汰工作與僧籍管理相配合，對控制佛教規模收效很大。唐代在限制佛教經濟特權方面又邁出了關鍵一步。代宗大曆末年，彭偃建議：「僧、道士年未滿五十，可令歲輸絹四，尼及女冠輸絹二，雜役與民同之。」對彭偃的建議，「議者是之，上頗善其言」[60]。不久，唐王朝實行了兩稅法。兩稅法頒行時雖未特別就僧道問題另立條文，但「天下莊產未有不稅」[61]的原則已經把僧道包括在內了。雖然佛教僧侶的納稅額可能會少一些，但這僅存的一點優惠可以說是微乎其微。教團享有的政治、法律、經濟特權中，以經濟特權為根本，因此，王

57　《魏書》卷一一四，〈釋老志〉。

58　《弘明集》卷一二、卷二四。

59　《魏書》卷一一四，〈釋老志〉。

60　《舊唐書》卷一二七，〈彭偃傳〉。

61　《北夢瑣言》卷一。

權對佛教經濟特權的限制乃至於剝奪，標誌著佛教勢力的全面衰弱。南北朝時期的北魏太武帝和北周武帝、唐朝時期的唐武宗以及五代時期的周世宗還曾以暴力毀佛的方式打擊、取締佛教，即中國佛教史上著名的「三武一宗」法難。透過「三武一宗」的暴力毀佛事件，我們不難看到，王權是怎樣像控制世俗社會那樣控制著佛教僧侶集團。

　　總之，在各個不同的歷史時期，王權對佛教的控制，內容有多有少，範圍有寬有窄，時間有長有短，強度有大有小，但其基本的趨勢足以表明：中國的佛教是在中國王權許可的範圍內活動的，超出了這個範圍，便要受到王權的控制、打擊乃至取締。在強大的王權面前，佛教僧侶們不得不低下「高傲」的頭。正如東晉時期的名僧釋道安所說：「不依國主，則法事難立。」[62]道安所言不虛！

二　道教與王權的結合

　　東漢時期，民間流行的巫術與黃老之學相結合，逐漸形成了道教。道教形成後，發展迅速，成為一支強大的民間社會勢力。道教在民間迅速發展的重要原因之一，是其中所包含的相當多的貼近民眾的世俗政治內容。這些內容在一定程度上適應和滿足了下層民眾進行反抗鬥爭的政治需要。

　　東漢自安帝以後，外戚宦官交替擅權，土地兼併日趨激烈，自然災害紛至沓來。這一切，導致東漢王朝政局動盪，人心思變。在此極不太平的政治背景下，道教經典《太平經》應運而生。《太平經》雖然披著宗教神學的外衣，但廣泛涉及了世事、治道等世俗政治內容。它客觀描述了東漢後期人民離亂、貧富懸殊的社會現實，大膽揭露了

---

62 《高僧傳》卷五。

人君不明、奸黨充斥的腐敗政治，提出了「天地施化得均，尊卑大小如一」[63]的美好社會理想。這些闡述把下層民眾的政治願望糅合於道教的宗教理論之中。借助民眾政治熱情的傳遞擴張，早期道教在民間迅速傳播發展起來。

　　由《太平經》可知，道教創始之初便有明顯的世俗政治化傾向。張陵、張角等人既是道教的宗教領袖，又是傑出的社會政治活動家。他們長期活動於民間，大規模串聯組織下層民眾，使道教在早期具有下層民眾政治群體的性質。苦難的下層民眾之所以通道入教，與其說出於宗教信仰，不如說出於迫切要求改變自身命運的強烈的政治願望、要求。撥動苦難民眾心弦的，正是早期道教提倡周窮濟苦，反對貧富懸殊，主張均平，嚮往太平的一整套世俗政治思想。從東漢末年的黃巾大起義，到東晉末年孫恩、盧循領導的農民戰爭，一連串旱天驚雷，早期道教顯示出其鼓動下層民眾反抗統治者的生機勃勃的巨大的政治能量，然而，就總的趨勢來看，道教始終未能形成在全國範圍內建立政教合一的統一國家政權的氣候。在「溥天之下，莫非王土；率土之濱，莫非王臣」的中國古代社會，王權的力量異常強大，這就決定了在中國古代社會，各種宗教只可能屈從、依附於王權，而不可能與王權分庭抗禮，更不可能凌駕於王權之上。早期道教的「侵政」、「奪政」傾向，決定了它不可避免地要遭到「五獨俱全」[64]的專制王權的嚴厲打擊。雖然早期道教卷起的下層民眾反抗鬥爭的風暴，先後導致了東漢和東晉兩個王朝的覆滅，但道教自身企圖龍袍加身，登基九五，在全國範圍內建立道教政權的政治目標最終都宣告落空。

63　王明：《太平經合校》（中華書局，1960年），頁683。

64　劉澤華先生指出，在中國古代社會，王權具有「五獨」（地位獨尊、勢位獨一、權力獨操、決事獨斷、天下獨有）的特點。參見劉澤華：《中國的王權主義》。

　　道教既不能自有政權，一統天下，又不能作為民間反逆勢力長期
容忍於王權，於是，為了在王權社會土壤中立足生根，道教不得不改
變自身。魏晉以後，葛洪、寇謙之、陸修靜和陶弘景等人，不遺餘力
地用儒家政治倫理思想對道教進行全面系統的整頓改造。

　　葛洪，字稚川，丹陽句容（今屬江蘇）人，出生於江南高貴的士
族家庭。他學識淵博，著述甚豐。援儒入道的《抱朴子》一書為其代
表作。該書分內篇二十卷和外篇五十卷。內篇二十卷集魏晉時代煉丹
術之大成；外篇五十卷論述人間得失，世事臧否。在這部書中，民間
道教被誣為「妖道」、「邪道」，下層道民起義被定性為「糾合愚眾」、
「招集奸黨」、「威傾邦君，勢凌有司」的大逆不道行為。葛洪主張對
道民造反予以堅決的鎮壓，「犯無輕重，致之大辟」「刑之無赦，肆之
於路」[65]。在長生成仙問題上，葛洪強調要「以忠孝和順仁信為本」[66]。
儒家的政治倫理道德，在這裏成為道家得道成仙的必經途徑和修煉內
容。出世的道教積極向入世的儒學靠攏，反映了宗教對世俗王權的依
附與屈從。

　　寇謙之，字輔真，上谷昌平（今屬北京）人。在北魏太武帝拓跋
燾的大力支持下，他成功地完成了對道教的改革。寇謙之所訂立的改
革道教的總原則是「專以禮度為首」[67]。凡符合儒家禮教者，則保
留、增益；凡違背儒家禮教者，則革除、廢棄。在這個總原則的指導
下，寇謙之堅決制止利用道教犯上作亂。他毫不含糊地表明，其改革
道教的目的就是要維護父慈、子孝、臣忠的倫常關係。為了把道教徒
的思想束縛在禮度的範圍之內，他還為道教制定了一套比較完備的戒
律齋儀，將忠孝等儒家道德行為準則納入其中，要求道眾嚴格遵守。

65 《抱朴子》卷九，〈道意〉。

66 《抱朴子》卷三，〈對俗〉。

67 《魏書》卷一一四，〈釋老志〉。

　　陸修靜，字元德，吳興東遷（今浙江吳縣）人。南朝劉宋時期，他制定道規，整頓道教名籍，主張「奉道者皆編戶著籍，各有所屬……令民知法」，認為只有這樣，才能使「道化流宣，家國太平」[68]。陸修靜強調用儒家治民方式加強對道教的行政組織管理，為的是把道教徹底改造成為「意在王者遵奉」[69]的新型宗教。

　　陶弘景，字通明，丹陽秣陵（今江蘇南京）人。他在道教改革中別出心裁，以人間政治秩序為藍本，精心炮製出整飭道教神仙世界的《真靈位業圖》，對道教諸神考訂品級、排定座次，置七百多位道教神靈於一個等級有序、統屬分明的龐大神仙譜系之中。他在《真靈位業圖序》中說：「神仙亦有等級千億，若不精委條領，……豈解士、庶之貧賤，辨爵號之異同乎？」[70]這就明白地道出，建立等級森嚴的道教神仙譜系，不過是借助宗教神學的力量為人間社會貴賤有別、尊卑有序的政治制度，提供合理存在的神性依據。

　　經過葛洪、寇謙之、陸修靜和陶弘景等士族道士的整頓改造，道教逐漸由民間宗教向上層官方宗教轉化。在此轉化過程中，新的道經道典不斷出現。這些新制道教典籍的共同特徵，是大量摻入儒家忠孝禮義等政治倫理內容。如《洞玄靈寶智慧本原大戒上品經》云：「夫學道之人，先孝於所親，忠於所君。」又云：「若見帝王，當願一切奉仰之道，孝如父母；若見惡人，當願一切棄凶即吉，不犯王法。」又如《正一法天師教戒科經》亦云：「奉道不可不勤，事師不可不敬，事親不可不孝，事君不可不忠，仁義不可不行。」[71]此類儒家忠孝倫理的說教，在道教典籍中俯拾皆是，隨手可擷。以道合儒，把道

68　《正統道藏》第四十一冊，頁33120。
69　《廣弘明集》卷四。
70　《正統道藏》第五冊，頁3316。
71　《正統道藏》第三十冊，頁24254。

教信徒的言論行為限定在儒家倫理綱常範圍之內，是當時道教各派在
變革自身過程中表現出來的一致的政治傾向。經過儒家思想的政治改
造，道教的叛逆精神被扼殺取締，道教的宗教意識與統治階級的統治
思想日趨吻合。道教所具有的鮮明的政治性從過去的政治反抗轉移到
對現實王權的服務和對傳統儒家統治思想的維護。道教最終成為與王
權相結合的對下層民眾進行意識形態教化的一個重要組成部分[72]。

---

72 本章主要參閱了李景明：《中國儒學史（秦漢卷）》（廣東教育出版社，1998年）；謝
重光：《漢唐佛教社會史論》（國際文化事業有限公司1990年）；黃修明：〈漢魏南北
朝道教政治化略論〉，載《歷史教學問題》一九九二年第四期。

第十二章
基層組織：中國鄉村共同體[1]

第一節　中國鄉村共同體的基本特徵

　　與中古西歐農民一樣，中國農民的生產生活空間、社會交往空間也帶有明顯的共同體色彩，那就是遍佈全國的無數鄉村。不過，由於中國與西歐的鄉村共同體幾乎完全存在於不同的政治、經濟、文化體制之中，兩者無論在外觀、內涵，還是在管理機制上，都存在著明顯的差異。中國的鄉村共同體自有其獨特性。

　　中古西歐莊園制度下，莊園與村莊在空間形態上，有的相互吻合，有的相對脫節。與此形成鮮明對照的是，同時期中國鄉村共同體在外觀上更為整齊劃一。一般來說，中國每一個地理意義上的自然村莊就是一個完整的社會基層組織，村民生於斯，長於斯，並在這樣一個地理空間範圍內世世代代從事生產和生活活動。由於這種明顯的地緣紐帶特徵，所以中國的鄉村共同體亦可稱作地緣共同體。通過地緣關係，屬於相同或不同家族、宗族的全體村民被聯繫在一起，結成各種生產生活關係。在傳統的社會生產條件下，任何孤立的家庭或村民個體都難以獨立生存，諸如生老病死、婚喪嫁娶、蓋房、治安、抵禦自然災害等大事，既是個人的事務，更是全體村民的共同事務，需要親戚鄰里的相助，至於在生產過程中村民之間在畜力、生產工具、人

1　本章參照了侯建新《社會轉型時期的西歐與中國》（高等教育出版社，2005年）一書第十章〈鄉村基層組織比較〉有關內容。

手、財物等方面的互通有無，更是尋常之事。這種村民之間出於各種
需要而自然結成的互助關係，在維繫村莊共同體的存在方面的意義非
同尋常。地緣關係是中國村莊共同體存在的不可或缺的天然因素。

從內部來看，一般說來，中國村莊共同體內部的社會基礎是宗族
和家族，是以血緣為基礎而形成的社會組織，聚族而居是中國鄉村的
普遍特點。村莊或者是以某一個宗族或家族為中心，村民主體由屬於
具有同一宗族血統的成員構成。所謂同宗同族，就是村莊與宗族同
構；或者是由若干家族或宗族構成，如此類型的村莊則是不同宗族、
家族的聯合體。但總體而言，宗族是村莊的縮影，村莊是宗族的放
大。宗族的存在，使得村莊在地緣特徵之外，更增加了血緣關係，進
而強化了村莊內部成員之間的生產生活聯繫和鄉村共同體的穩固性。
按照馬克斯‧韋伯所說：「宗族內部，族人依靠祠堂及拜祖，凝聚團
結力，因此村莊是在勢力強盛的宗族組織下的自治，宗族是村莊自主
和凝聚力的基礎。」[2]這種宗族屬性的村莊是具有高度血緣認同、價
值認同與道德內聚的小共同體，其人際關係，包括主佃關係、主雇關
係、貧富關係、紳民關係、家（族）長與成員關係都具有溫情脈脈的
和諧外表。與此同時，村莊的事務也往往被宗族勢力所左右，尤其是
掌握宗族權力的族長，既以宗族首領自居，又是村莊事務的仲裁人。

關於鄉村共同體的管理，出於維繫村莊公共事務和生產生活的需
要，中國的鄉村共同體亦表現出一定的自治性，並形成一整套較為行
之有效的村莊管理機制。而且隨著這種管理機制的運作，進一步強化
了村民之間的相互依存意識乃至共同體意識。具體地說，村莊管理的
機制、內容和形式主要有以下幾點表現：一是舉凡涉及村莊共同體內

---

2 馬克斯‧韋伯著，康樂、簡惠美譯：《中國的宗教》（廣西師範大學出版社，2004年），
 頁15。

部較為重大的公共事務，特別是關於村莊內外的公益事業、生產管理，一般多由村中各家族有威望、有影響的長者隨時組成議事會議來決定和付諸實施；二是對違反村莊公共管理的村民進行處罰，一般採用罰沒錢物、拘禁和私刑，直至「掃地出門」，趕出村莊；三是村莊內部糾紛的調解，解決村民之間、家庭內部成員之間因諸如田宅錢債、分家析產等問題而產生的爭執，是村莊管理的一項重要內容，有關這方面的仲裁所形成的契約文書，往往具有法律的效果；四是村莊防衛，主要是民間各種防火、防盜、防災，以及動亂年代的聯防等，都有一定的組織形式；五是鄉約族規，它是村莊中的習慣法，村民共同信守的規範和村莊內部所有交易處理的依據，對每個村民都有約束作用，村民依據鄉約族規，進行自我教育、自我約束和自我管理。它起著維護村莊團結穩定的作用，使村民形成向心力、凝聚力，也起著保障村莊正常秩序的作用，是村莊共同體存在的重要精神基礎。

　　然而，我們不能片面誇大這種自治性。中古西歐農民的身份是多元的，他既是王權的臣民，又是領主莊園的佃戶，還是基督教教區的教民，王權、教權和領主權既獨自履行職權，又是相互制約的不同性質的權力體系。中國鄉村共同體的管理機制明顯受到國家政權的影響，可以說，鄉村共同體是作為國家基層統治單位而存在的，其行政管理、司法審判和思想教化呈現出明顯的一元化權力體制特點。一方面，從戰國以來開始實行的「編戶」制度和鄰里制度使農民直接由中央政府控制，農民是國家的「編戶齊民」。秦漢以後，歷代王朝一直奉行鄉亭里甲的鄉官體制，將中央政府的權力觸角深入鄉村。亭長、三老、里正、甲長作為鄉村基層官員，具體負責執行國家在鄉村的行政、治安、司法、稅收，他們始終代表皇權的意志和利益，是統治者剝削壓迫農民的工具。這一體制構成鄉村管理的基本內容。另一方面，皇權始終注意對族權的控制，通過採取各種措施，包括承認家族

組織的合法性，承認族長對其族人擁有的權力，將族長納入鄉官體制之中等等，有效地將宗族權力劃入國家權力管理的範疇，實現了政權與族權的合二為一。在這個意義上說，正如宗族是鄉村的縮影一樣，鄉村實質上也是國家的縮影。

綜上所述，中國鄉村共同體是集地域性、血緣性於一體，集族權、政權於一身的特殊基層組織。在這樣一種特殊的體制下，其運作模式在一定的歷史時期或者在某些個體村莊中，可能會隨著專制政權力量的強弱而表現出兩重性，即以族權為主要表現形式的自身管理和國家的控制存在著此消彼長的辯證關係，但這不能改變其總體上受皇權嚴密控制的宏觀背景，無法改變其作為專制政權基層組織的根本屬性，很難出現中古西歐鄉村共同體那種自治性。在這種體制中從事生產生活活動的農民，也很難獲得個體獨立發展的契機，很難生長出新的社會關係和新的社會組織，即使出現，也難以打破強固的專制統治外殼。

第二節 鄉村共同體的管理

一 宗族

在中國，聚族而居有著悠久的歷史淵源，加之耕織結合的自然經濟的主導地位迄至近代以前始終沒有受到根本性的衝擊，皇權嚴格的戶籍管制等管理制度，缺乏生產性的人口流動，始終籠罩在中國大地上的宗族血緣關係，成為中國鄉村社會的普遍特點。尤其宋代以降，隨著宗法家族制的形成，皇權與族權合抱，進一步強化了村莊的宗族屬性。鄉村宗族組織林立，中國鄉村管理的家族血緣色彩越發濃重，幾乎居住在鄉間的所有百姓，都被劃為各個宗族共同體之中。這種局

面一直沿襲到中古晚期都沒有發生根本性的變化。按清人趙起士所述：「……聚族而居，絕無雜姓攙入者，其風最為近古。出入齒讓，姓各有宗祠統之。歲時伏臘，一姓村中千丁皆集。……千家之冢，不動一杯，千丁之族，未嘗散處，千載之譜系，絲毫不紊。」[3] 又據《同治蘇州府志》云：「兄弟析煙，亦不遠徙，祖宗盧墓，永以為依，故一村之中，同姓者至數十家或數百家，往往以姓名其村巷焉。」[4] 更有甚者，「一族所居，動輒數百或數十里，即在城中亦各占一區，無異姓雜處」[5]。

這種宗族、村莊幾乎一體化的現象，使得宗族在中國鄉村共同體中佔有特殊的地位，並在鄉村共同體的管理方面發揮著重要的職能。

從社會關係上看，宗族成員之間按照血緣關係，地位有著嚴格的等級區別。在宗族內部，地位最高，權勢最大的無疑是族長。族長是宗族的象徵和宗族族規的具體執行人。每個宗族成員自出生伊始，其所處的等級地位便已經按照輩分被確定下來了。凡同族之人，尊卑有序，等級有分，親疏有別，人人各安其位，充分反映了「親親、尊尊、長長，男女之別，人道之大者也」的儒家人倫等級思想[6]。族長的產生也是宗族等級性的體現，名義上族長是由族眾「公舉」，每個族眾都有選舉和被選舉權，但實際上，族長職位或按輩分年齒，或由「殷實富戶」和「族中有科名者」擔任。當選者大多出自本族中位列地主、鄉紳之人，貧困的族眾斷無被選上的可能。在這裏，宗族儼然是等級社會的縮影。受宗族血緣關係的制約，村民的社會交往範圍非常有限，基本局限在宗族內部。「一村唯兩姓，世世為婚姻；親疏居

3　趙起士：《寄園寄所寄》卷一一，〈故老雜記〉。
4　《同治蘇州府志》卷三，引〈縣區志〉。
5　《石埭桂氏宗譜》卷一。
6　《禮記・喪服小記》。

有族，少長遊有群」，「生者不遠別，嫁娶先近鄰」[7]。這極大地便利了對宗族成員的控制。

一個具有成熟形態的宗族，其內部一般都有約束所有宗族成員思想、行為的族規，有宗族成員共同的活動場所祠堂，還設有公共財產如族田、族學等。上述要素構成宗族存在和運行的客觀基礎，也是施展宗族權力的物質和精神支柱。特別是族規，是整個宗族的核心所在。按明萬曆年刊本《長沙榛山陳氏族約》記載，那裏的族規共有四綱領、二十六細目：

1 尊君：祝聖壽、宣聖諭、講禮法、急賦役；
2 祀神：禮先師、處里社、謹鄉仇、秩鄉屬；
3 崇祖：修族譜、建祠堂、重墓所、秩義社、立宗子、絹嗣續、保遺業；
4 睦族：定行次、遵約法、肅家箴、實義倉、處家塾、助農工、養士氣、扶老弱、恤憂患、戒豪悍、嚴盜防[8]。

該族約具有典型性，它非常詳細地反映了宗族事務的方方面面，牽涉到宗族成員幾乎所有的物質、精神生產活動範疇。它不僅僅是對宗族成員思想、行為加以約束的規範，而且賦予宗族社會管理、政治管理等職能，使得宗族集行政、教化和司法訴訟於一身，成為一個相對完整的社會組織實體。這種全方位立體式的管理，體現了宗族組織在鄉村中的主導地位。其職能的運轉，可以保障宗族成員在生產、生活、安全等方面的需求，也在很大程度上彌補了國家、社會在教育、

7　《白氏長慶集》一〇，〈朱陳村詩〉。
8　轉引自史鳳儀：《中國古代婚姻與家庭》（湖北人民出版社，1987年），頁218-219。

經濟、賑濟和治安等方面職能的缺失和不足，使家族組織產生出強固的內聚力，因而對村莊成員的行政控制和教化管理的作用顯著。

　　為了維繫宗族的存在及其在族眾中的權威性，宗族非常注意對族眾進行教化，約束族眾。定期向族眾宣講族規是家族活動的重要內容。所謂「其族長朔望讀祖訓於祠」[9]，「每月朔望，子弟蕭衣冠，先謁家廟，行四拜禮，讀家訓」[10]。許多宗族還建立有定期的褒貶制度，對於遵守或違背族規者分別進行表揚或批評，如南海龐氏就採用開口頭會褒貶的辦法：「每月初十、二十五日，凡本房尊長卑幼，俱於日入時為會，各述所聞，或善惡之當鑒戒；或勤惰之當勸勉；或義所當為；或事所當己者，彼此據己見次第言之，各傾耳而聽，就事反觀，勉加檢點。此即德業相勸，過失相規之義。」[11]

　　不僅如此，宗族還往往履行司法職能，通過施以種種處罰，迫使族眾嚴格遵守族權的統治。宋代陸氏家族規定：「子弟有過，家長會眾子弟責而訓之，不改，則撻之；終不改，度不可容，則言之官府，屏之遠方焉。」[12]明代萬曆年間，河北寧晉王氏族規規定，族人犯過，「輕則罰跪先祖前，重則量加責治」[13]。杭州聞氏族譜規定，對於違犯族規的人，族人可「直指其失，鳴鼓攻之」[14]。還有些族規更加嚴厲，對不遵守章法的族人在一定時間內斷絕經濟來源，迫其就範。如廬江《何氏家記》中有這樣的規定，祭祀時，「非大故不得不來，如不來一次，罰其分贍（即生活費用）一年；二次罰二年；三次罰三

9　《廣州府志》卷一五，引〈廣東新語〉。

10　蔣伊：〈蔣氏家訓〉，引《借月山房匯抄》第七十二冊。

11　龐尚鵬：〈龐氏家訓〉，引《嶺南遺書》第三十二冊。

12　《宋史》卷四三四，〈陸九韶〉傳。

13　《河北寧晉王氏族譜》。

14　《聞氏族譜》卷八。

年；四次不來，是不念祖宗的不孝之人，即永絕支贍」[15]。對於族人
違犯禮法且情節嚴重者，要受到拷打的處罰。嘉靖年間，廣東南海霍
氏家訓中規定：「凡子孫傲慢鄉里打二十」；「私接賓客不稟家長打二
十」；「私赴酒席不稟家長打二十」；「遇尊長不起立打一十」等等。在
一般情況下，「輕罪初犯責十板，再犯二十，三犯三十」[16]。至於犯重
罪的族人，則開除族籍，綁送官府。弘治（1488-1505年）時，浙江
上虞《范氏宗譜》規定，對違背家訓的子孫，「輕則會請族眾，自行
責罰；重則告官，遣其出族，不與相齒」[17]。嘉靖（1521-1566年）
時，休寧劉氏族譜對犯重罪者也要「鼓於祠，削其名，鳴於官，正其
罪」[18]。更有甚者，有些地方的族規賦予宗族生殺大權。清朝初年，
江西信豐、安福等地的地主居然立下規條，刻為碑記：「貧人有犯，
並不鳴官，或裹以竹簍沉置水中，或開掘土坑活埋致死」，同時勒逼
死者親屬「寫立伏狀，不許聲張。」[19]明末，南直隸鎮江府的趙氏宗
族，族長對族人「有干犯名教倫理者，縛而沉之江中以呈官，無不厭
眾心者」[20]。

二　鄉約

　　如果說家法族規限定在一個宗族或一個村莊內的話，鄉約──一
種村莊自我管理規範，是超越單個宗族、更適用於整個或數個村莊的
社會規範。它是村民在生產、生活中根據風俗和現實需要共同約定、

15　何崇祖：〈廬江郡何氏家記〉，《玄覽堂叢書續集》本。
16　霍韜言：《霍渭崖家訓》，〈子姪〉第一一。
17　《范氏宗譜》卷十四，〔清〕范繼昌續纂，清光緒十年（1884年）芝本堂木活字本。
18　《休寧劉氏族譜》。
19　《清朝文獻通考》卷一九八。
20　《江西通志》卷二六，「風俗」。

共信共行的自我約束規範的總和。它雖然不是由國家頒佈的法律，而只是一種介於法律與道德之間的「準法」性質的規範，但在村民的實際生產生活中的作用幾乎與國家的法律規範等同。

鄉約這種村莊管理規範正式出現於宋代。按照宋代《呂氏鄉約》的要求：「凡同約者，德業相勸，過失相規，禮俗相交，患難相恤，有善則書於籍，有過若違約者亦書之，三犯而行罰，不悛者絕之。」[21]《呂氏鄉約》的內容相當豐富，既規定了鄉黨鄰里之間關係的基本準則，又規定了鄉民修身、立業、齊家、交遊應遵循的行為規範以及過往迎送、婚喪嫁娶等種種活動的禮儀俗規。同時，根據《呂氏鄉約》，還建立了嚴密的鄉約組織和執行的措施、程序。每個鄉約組織設「約正」一至兩人。約正由同約人「眾推正直不阿者為之」，其主要職責是立公道、決是非、息訟爭、定賞罰，而且具有一定的權威。約正執行鄉約帶有一定的強制性。鄉民違反鄉約後，約正要根據其屬於「犯義之過」，還是「犯約之過」、「不修之過」，而分別處以一百至五百文錢的處罰。屢罰屢犯者要被從鄉約組織中除名。同約人每月一「聚」，每季一「會」，當眾議賞議罰。凡同約人中有明顯善惡行為的當眾賞罰，並一一記錄在案。聚會所需的酒菜由受賞和受罰的人承擔。《呂氏鄉約》的主要精神是傳統宗法思想和儒家的倫理綱常，目的是用儒家禮教「化民成俗」。因此，鄉約對村莊內的社會秩序也起著重要作用。

宋代以後，統治者們逐漸認識到鄉約對教化民風和穩定民間秩序的重要作用，開始承認並加以推崇宣導。至清代乾隆年間，鄉約已相當普及，而且涉及的內容更廣泛、更具體。如《惠安政書・鄉約篇》說：「（鄉約）以十有九章聽民訟：一曰戶婚，二曰田土，三曰鬥毆，

---

21 《宋史》卷三四〇，〈呂大防傳〉。

四曰爭占，五曰失火，六曰竊盜，七曰罵詈，八曰錢債，九曰賭博，
十曰擅食園林瓜果，十有一曰私宰耕牛，十有二曰棄毀稼穡，十有三
曰畜產咬殺人，十有四曰卑幼擅用財，十有五曰褻瀆神明，十有六曰
子孫違犯教令，十有七曰師巫邪術，十有八曰六畜踐食禾稼，十有九
曰均分水利。」[22]乾隆五十三年（1788年），洛陽一帶鄉村曾掀起一股
立約之風，禁賭禁娼，教化民風。如洛陽新安縣某鄉保根據「邑賢」
的「禁賭博以端風化」的建議，召集辛省北牌牌民「合牌公議」，立
「辛省北牌公議禁賭碑」。他們痛陳賭博危害，據《公立禁賭條約》
稱：「嗣後，如有開場盤賭者，罰磚一千；有將隙地與人開場者，與
開場同罰；有一名賭博者，罰磚五百；有輸贏類賭者，與賭博同
罰。」同時對該禁賭條約的執行也作出相應的約定：「每十家互相稽
查，隱匿者連坐。所罰之磚俱入寺充公。如不受罰，鄉保送官究處。
倘鄉保拘情不首，與開場同罰。」另外，對流娼者：「牌中若有收留
外來流娼者，照開場盤賭罰例加倍處治。」[23]這是一部較為完備的禁
賭禁娼村規民約，立意鮮明、禁條明確、執行措施嚴密。至道光年
間，洛陽一帶鄉村的村規民約不僅禁賭禁娼，教化民風，而且對農業
生產、貨物買賣管理方面也立約進行規範。如洛陽偃師安駕灘村於道
光十年（1830年）所立「偃邑安駕灘合村公議禁止賭博牧放碑」載：
賭博禁規三條：「一開賭者，罰錢拾仟文；一參賭者，罰錢伍仟文；
一匿賭者，罰錢三仟文。」牧放禁規三條：「一騾、馬、牛、驢，罰
錢伍佰，夜間加倍；一羊隻，罰錢壹佰，夜間加倍；一凡本村牛羊，
自臘月十五日起至正月十六日止，許在地牧放，以外俱照罰規。」[24]

---

22 《惠安政書・鄉約篇》

23 〈辛省北牌公議禁賭碑記〉，原立於洛陽新安縣鐵門鎮省莊華岩寺舊址，現藏於洛
　　陽千唐誌齋博物館。

24 〈偃邑安駕灘合村公議禁止賭博牧放碑〉，現藏於偃師商城博物館。

在諸多鄉約中，內容最全面的恐怕要數湖南新化鄉約了。「新化風俗，嚴禁條，別流品。每村路旁皆有嚴禁差役乘轎坐馬碑，有嚴禁窩竊、私宰、強捉、聚賭碑，有嚴禁放牛馬羊豕雞鴨踐食禾穀碑，有嚴禁強丐、惡丐、容留生面、無火夜行碑，有倡首捐建石橋、木橋、瓦亭橋碑，有倡首捐修石路坡路碑，有公立交叉路口左行某處碑，有公禁墓山遷葬、公禁墓山伐樹碑，有公設義渡、贍義渡碑，有公禁貧嫁生妻碑，有公禁男賣為奴、女賣為婢碑。凡有關風俗者，一一申明約束。」[25]直至民國初年，許多鄉村還在沿用鄉約，如山西「某某村公議禁約如下，不准販賣金丹洋菸，不准聚賭窩娼，不准打架鬥毆，不准遊手好閒，不准忤逆不孝，不准兒童無故失學，不准偷竊田禾，不准毀壞樹木，不准挑唆詞訟，不准纏足，不准放牧牛，不准侵佔別人財產」[26]。因此，鄉約具有自治性、合法性、契約性、自律性、鄉土性、地域性和一定的強制性等特點[27]。

鄉約存在和發展的原因首先源於鄉土社會，符合鄉土社會的生活實際，因而它的存在和發展具有廣泛的思想基礎和現實的可能性。其次是歷代統治者的認可與推崇，鄉約雖非國法，但它廣泛的民眾基礎及「軟調整」功能，迎合了統治者「國泰民安、萬世永昌」的願望。因此，歷代統治者認為鄉約的存在與發展，可以使政府不用付出代價便可收到顯著的統治效果。

但鄉約產生於民間自發的相互監督，不具備完全意義上的強制力。要想實現它的功能，必須有宗族的支持。實際上，鄉約的組織形式、裁決方式等等都類同於家族組織和族長獨裁。所以，在鄉村社會

25　湖南《新化縣志》。

26　柳詒徵：《中國文化史》下冊（中國大百科全書出版社，1988年），頁842。

27　張廣修：〈村規民約的歷史演變〉，載《洛陽工學院學報》（社會科學版）二〇〇〇年第二期，頁25。

裏，一直不變的是宗族組織。多數鄉約是在鄉村中依血緣關係或地緣與血緣相結合的關係組織起來的，鄉約組織具有明顯的宗族性。如隆慶六年（1572年）的《文堂鄉約家法》，把鄉約與家法族規混同起來，從而使鄉約組織與家族組織交叉重疊，它的規範和原則帶有濃厚的血緣宗族色彩。

三　衿紳

　　紳權代表了中古晚期中國鄉村共同體中的又一重要權力體系，專指享有政治特權的社會階層。廣義上的紳權，在中國歷史上很早就有。魏晉時期的「士族」，宋代時期的「形勢戶」，都是紳權在不同歷史時期的不同具體表現形式。從四世紀到十世紀大約七百年時間，中國的政治舞臺被三十個左右的士家大族所獨佔，形成所謂「上品無寒門，下品無士族」的局面。隋唐以降，社會的震盪，特別是科舉制度取代門閥制度，士族勢力逐漸式微，以科舉博取功名的新官僚集團代替了舊式的士族貴族集團，一個新的政治特權階層——衿紳出現了。

　　衿紳作為一個階層，形成於明代，又稱縉紳或鄉宦。按照字面的含義，「衿」，「學子之所服」；「紳」，大帶，士大夫束在腰間。可見衿紳的原意泛指在地方上有一定社會地位和影響的士大夫和在學的讀書人。由於進士肯定可以做官，舉人和監生一般也有做官的可能，政府各級官吏也實際上主要由取得科舉功名的讀書人構成，所以，衿紳概念的主要內涵也就轉意為官，或與官有關的人員。明清以來，舉人、監生、秀才身份改為終身制，加之官僚隊伍的不斷膨脹，衿紳的數量和實力相應得到發展，形成一種重要的社會勢力。具體地說，衿紳主要包括三類人員：一類是現任的官員；二是卸任官員，甚至被罷黜職務而歸鄉的官員，所謂的「致仕」和「坐廢」之官；三是府州縣學的

生員、國子監的監生、鄉試及第的舉人以及會試及第的進士中少數未任官者。前兩者是目前居官或曾經做過官的人，後者是獲得做官資格或有可能做官的人，屬於「準官員」。不過，就對社會基層的鄉村的影響而言，衿紳主要指後兩類。衿紳特權蔭及家族，其父兄子弟，「親親戚戚」也因此常常被稱為紳士。總之，在明清時期，衿紳就是士大夫階層，是一種政治地位的標誌。

顯然，衿紳階層的本質在於其享有的政治特權。如果說衿紳政治上的發跡源於科舉仕途，則其經濟上的發跡又是以政治特權為依託。政治上的特權帶來財富，財富的取得又進一步鞏固其政治特權，兩者緊密結合，相存相依。從理論上說，衿紳不一定都是地主，因為科舉只是成就了其政治地位，並沒有使其同時成為地主。但實際上，幾乎所有的衿紳都是地主，他們多為當地首富，擁有大片良田美宅，而且衿紳佔有土地的多少都與其在政治上享有的權利大小成正比。如此，衿紳又成了地主的同義語。衿紳地主經濟的膨脹，既靠一般的地租收入，更憑藉他們的特殊身份所具有的特殊權力。

在明代，衿紳可以按照法律的規定，免於向國家提供徭役和繳納地租。洪武十年（1377年），明太祖朱元璋特降詔令說：

> 食祿之家，與庶民貴賤有等。趨事執役以奉上者，庶民之事。若賢人君子，既貴其身而復役其家，則君子野人無所分別，非勸士待賢之道。自今百司見任官之家，有田土者輸租稅外，悉免其徭役，著為令[28]。

嘉靖二十四年（1545年）又規定：京官一品免三十丁，二品免二

---

28 《明太祖實錄》卷一二。

十四丁，至九品免六丁。連學校生員也免除差徭二丁。明中葉以後，
實行「論品免糧」或「論品免田」政策，即豁免享有政治特權的田主
應向朝廷繳納的地租，從一品到九品，分別免三十石到六石不等。生
員無力完糧，可以奏銷豁免。隨著整個中央王朝綱紀的敗壞，政治腐
敗的加劇，衿紳階層的權力越發不受限制，他們通過種種非法手段，
不斷擴大特權，加快聚斂財富的步伐。衿紳地主並不滿足於政治權勢
本身帶來的既得利益，他們還利用詭寄、投獻、分花等非法手段，私
自擴大蔭戶數量，與國家爭奪小農，擴充自身勢力，倚勢恃強，橫奪
民財。在社會財富本已分配嚴重不均的情況下，貧富分化更加嚴重。
事實上，衿紳地主的財富積纍過程總是伴隨著廣大農民，包括大批「中
戶」、「富戶」的不斷破產。因為衿紳可以通過合法、非法的形式免除
徭役租稅，而國家征派的總額卻沒有減少，被免除的這部分必然轉嫁
到庶民百姓身上。其結果就是，一方面，「彼官宦族黨奴僕坐享高
腴」；另一方面，「穴居野處無不役之人，累月窮年無安枕之日」[29]。

　　政治上享有的特權，經濟上的巨額財富，使得明清時期的衿紳幾
乎在每個地區都構成一個特殊的階層。在庶民百姓面前，他們是特權
者，按照「貴賤有等」的原則，他們在各個方面都與庶民百姓區別開
來，以顯示他們特殊的身份和地位，所謂「居鄉禮儀」。明洪武十二
年（1379年）詔令規定：「致仕官居鄉里，惟於宗族序尊卑如家人
禮，若筵宴則設別席，不許坐於無官者下。如與同致仕者會則序爵，
爵同序齒。其與異姓無官者相見，不必答禮。庶民則以官禮謁見，敢
有淩侮者論如律，著為令。」[30]在公共場合，他們絕不與庶民百姓平
起共坐。婚喪之家，招待衿紳須專設一堂，稱為「大賓堂」；出門坐

29　陸世儀：《復社紀略》卷二。

30　《明太祖實錄》卷一二六。

大橋，前面有扇蓋引導。連生員出門，也有專人張油傘前導。至於衿紳之間，情勢則大不相同。他們相互應酬往來，彼此匹配婚姻，形成一個封閉的社交圈子。在這個圈子裏，衿紳雖有地位高下、勢力大小的區分，但作為整體，卻是能夠禮尚往來，彼此相互庇祐，因為將來權勢地位的此消彼長，誰也說不定。

　　衿紳階層還以其特殊的身份在臺前幕後左右鄉村及地方事務。其中官紳共治是衿紳在鄉村事務管理中發揮重要影響力的一個重要表現。鑒於衿紳的整體勢力，地方官絕不敢怠慢。明清時期，鄉里保甲多「欲籍紳士以為榮」，每遇大事，即「請得本街紳士數人，盛設飲饌」，以致鄉俗戲稱鄉保為「響飽」[31]。地方官為保住官位，或為取得好名聲，爭取更廣闊的仕途，也必須取得衿紳在籍、不在籍官員之家的支持。在明清時期，地方官因為得罪衿紳而丟掉烏紗帽的不在少數。所以，地方官到任的第一件事就是要拜訪當地的衿紳，聽取他們的主張，曲意結交。康熙年間，徐永言做無錫縣令，縣裏有打官司的事，徐永言必按照其留居縣城的前任李繼善和另一位邑紳秦某的意見處理，因此人們說縣裏有三個官。這種情形，在清初成書的《醒世姻緣傳》中也有生動的反映。晁思孝在華亭縣擔任知縣時，「一身的精神命脈，第一用在幾家鄉宦身上，其次又用在上司身上」，拉攏鄉宦可以「腳跟牢固」，即使貪贓枉法，「下面也怨他不動」。如此情景，官紳勾結委實是見怪不怪了。至於當地要舉辦一些公共事業，如善堂、積穀、修橋補路、興修水利、賑災救濟等，照例由衿紳來領導。

　　不排除有衿紳在鄉村社會的組織與管理中發揮積極作用。如有的衿紳在當地「倡率義舉，正己化俗，不說昧心人情，不包攬公家事，不侵佔人田園，不強買人產業，不挽雜低色銀，不藉端害人，不謀奪

31　李光庭：《鄉官解頤》卷七，〈鄉保〉。

人風水，不肯勒人價值，不輕聽僕從言，不肯欺雇工佃戶，不畜羊豕
踐食禾苗，不許僕從生事，不強賒貨物，有利益於地方之事，極力開
陳，民間有真正冤抑，不避嫌疑，極力公行表白」[32]。其行為能夠起
到「使弱者心平，強者氣沮……誼全姻睦」的社會效果[33]。可是，敢
在地方強奪民財、包攬詞訟、草菅人命的，也正是這些官紳人家。清
人趙翼《廿二史札記》專有「明鄉官虐民之害」條，文中揭露：「縉
紳居鄉者，亦多倚勢恃強，視細民為弱肉。上下相護，民無所控
也。」衿紳居官在外時，總要利用權勢在家鄉兼併土地，到離官還鄉
時，更是橫行鄉里，為禍更烈。官紳人家欺男霸女，私設公堂，虐待
以至打殺佃戶、奴婢的案例俯拾即是，「非法犯分，靡所不為」。但這
些劣紳往往以各種名目逃避掉法律的制裁。

　　中國衿紳階層的產生途徑、發跡的基礎，以及在地方的作用說
明，他們與中古晚期英國的鄉紳階層幾乎沒有多少相同之處。衿紳實
際上是專制王權下官僚體制與地主制相結合的產物，是中央政治權力
體系向鄉村基層垂直延伸的結果。衿紳的身份是雙重的：亦官亦紳，
但官是基礎和前提，其特權之源和特權維繫之本是皇權。衿紳可以是
中央政權的利益爭奪者，但絕不是異己或制衡力量，通常既是皇權的
延伸又是皇權的維護者。

四　村民在村莊共同體生活中的地位

　　在鄉村社會中，由於宗族在村莊共同體中的特殊地位，居住在鄉
間的幾乎每個村民都受宗族倫理關係的影響，本姓宗族成員之間自不

32　石成金：《家寶全集》第三集「功德卷」，〈鄉紳不費錢功德〉。
33　汪輝祖：《牧全書》卷一七，〈治訟〉。

待言，即使異姓之間，也普遍盛行假血緣關係，如村莊中的所有人彼此之間都是以親屬稱謂來相互稱呼。如此，所有村民幾乎毫無例外地被籠罩在各個宗族共同體之中。在這樣一種共同體裏，村民的生活自然也帶有明顯的宗族屬性。

受宗族勢力的影響，村民之間的社會關係、法律關係都直接或間接地體現出家族倫理關係。而且這種關係進一步延伸到地主與農民包括自耕農、佃農和奴僕之間的關係之中。他們之間也是按照嚴格的宗法等級確定關係的。如明朝規定：「佃戶見田主，不論齒序，並行以少事長之禮。若係親屬不拘主佃，則以親屬禮行之。」[34]這種少長關係，實際上是上下關係、尊卑關係、貴賤關係的同義語。這種身份性佃戶到清朝還存在，如江南各地「佃戶例稱佃僕」[35]，江南大戶「將佃戶隨田轉賣，勒令服役」；鳳陽大戶「將佃戶稱莊奴，不容他適」[36]。「俗以佃為僕」說明佃僕和地主既是尊卑長幼關係，又是貴賤等級關係，在此基礎上形成嚴格的人身隸屬關係。地主對佃僕有人身支配權，不准佃戶私自外出傭工，也不准隨意遷徙，佃僕子女婚配也受到一定程度的限制。

與宗族中存在的嚴格等級性直接相關的是村民在鄉村共同體事務中的權利問題。身為族人，他們必須服從宗族的權力，恪守族規，尊奉族長，沒有像族長、房長們那樣的權力，不能平等參與村莊事務管理。村莊事務並不是由村民以群眾集議、以民主決策的方式解決，而是由凌駕於全體族人之上的族長解決。家族長有絕對的甚至是唯一的裁決權，所憑依的是體現族長意志的宗法族規。

34　《明洪武實錄》卷七三。

35　《崇明縣志》卷六，〈習俗〉。

36　《江南通志》卷六五，〈藝文〉，徐國明：《特參勢豪勒詐疏》。

從表面上看，許多族規中有族事由族人「公議」的條文。如桐城汪氏規定：「若事關祠宇墳墓，及合族之大利害，必約集族眾商議，各告所長。」[37]石埭桂氏規定：「宗族間務需誠實溫和，公平正大，凡會議戶役等事，無分長幼，大家酌以其是者行之。」[38]有的家族的家法還規定，家族成員之間，「戶役要均平，宗族務期合力，同舟共濟，公私兩全。不得倚富而欺貧，不得恃強而淩弱」[39]。顯示出宗族內部既公正民主，又脈脈溫情。但實際並不如此，不是每一個族人都能參與宗族事務。普通族眾在宗族事務問題上，並無權利可言。桂林陳氏規定，只有下述族人才有資格參加「族議」：族長、世系最高者、歲入五百元以上者、罷官在籍者、生員等[40]。嘉靖二年（1797年），安徽某村根據莊稼長勢於某日「活議」租額，「督導與執事會同族長、文會約定分數，時租收幾分，硬租收幾分」[41]。這裏彙集了身居特權階層的各方人士，卻唯獨沒有當事的佃戶和普通族眾。貧苦族人連參與「族議」的資格都沒有。事實上，真正決定宗族事務的是族長，一切都由族長說了算。宣統年間湘潭陳氏規定：「凡房人事有不平，無論大小，先鳴本房長處分；如處分不當，許鳴族首，憑族理處，不可動輒興訟。」[42]族長處理的方式，一般調解在先，以期息爭止訟；調解無效，就打開祠堂，請神祭祖，由族長正式坐堂審理。祠堂成了法庭，族長也成了實際上的法官。審理過程中，一般都由族中紳士陪審，但只作為族長的同道或陪襯，沒有否決權，族人可獲准旁聽，但沒有任何發言權。整個審理過程實際上是為了警示和教育族人。

---

37 《桐城商嶺汪氏家譜》卷首，〈家訓〉。

38 《石埭桂氏家譜》卷一，〈族規〉。

39 《民國雁問薩氏家譜》卷首。

40 《民國桂林府陳氏家乘》卷七，〈族事例〉。

41 《棠樾鮑氏宣忠堂譜》卷一九，〈義田〉。

42 《宣統湘潭白沙陳氏支譜》卷首上，〈家訓〉。

　　由於無權參與鄉村共同體事務的管理，村民自然無法保護自身權益，對任何侵犯自身權益的行為，既不能討價還價，據理力爭，更不能直接求助官府。明代許多族規規定，族內的鬥毆、戶婚、田土等一般事務，都要由族長解決，不得擅自驚動官府。康熙年間《蕭山新田施氏族譜》規定，族內發生糾紛，必須「就宗長宗賢調停處息，毋得執拗，毋相結論」[43]。乾隆時彝陵陳氏「家範」規定：「凡同宗有釁，無論事之大小，皆當先請族正長來祠問明理處，萬難解釋，然後可白於官。倘未經評，率先控告，公同議罰。」「凡房人事有不平，無論大小，先鳴本房長處分，如處分不當，許鳴族首，憑族理處，不可動輒興訟。」[44]族人如果不經過宗族，就將事務提交到官府，族長則不問青紅皂白，有權重責。因此處於宗族之下的村民受到宗族的嚴密制約，沒有自主行動的自由。相反，「橫逆之來，當虛懷忍讓。或產業相干、口角相仇，不許竟煩官府，力逞刁奸」[45]。村民只能忍讓。由於村民沒有據理力爭的權利，所以對豪強田主過分侵奪、壓迫與約束表現得十分軟弱。以地租為例，在中國鄉村，農民繳納的正租已經相當沉重，最常見的是主佃對分制，甚至有主佃八二分或七三分。據陳振漢估計，明末清初的正租額占到收穫量的百分之五十至八十，地租侵佔農民的必要勞動達到了一個驚人的程度[46]。然而佃戶還要遭受各種臨時和額外的差遣役使，「又有擅將佃戶為僕忿行役使，過索租粒，盤箕磊利，甚有喚其婦女至家服役，佃戶不敢不從者」[47]。「見田

43　《蕭山新田施氏族譜》。

44　〈徽州江氏農譜〉，引自《溪南江氏家譜》。

45　〈徽州江氏農譜〉，引自《溪南江氏家譜》。

46　陳振漢：〈明末清初（1620-1720年）中國的勞動生產率、地租和土地集中〉，《經濟研究》一九五五年第三期。

47　《長沙縣志》卷二〇，政績欄內，載康熙二十二年（1683年）。

貨郎圖

此圖生動地反映出鄉村中的商販買賣，農民日常用品多是從這種貨郎手中購得。南宋李嵩作，藏於臺灣故宮博物院。

主如主人，而佃戶如奴僕，有事服役不敢辭勞。」[48]地主對佃戶的欺壓，由於掩蓋在倫理關係中，往往不會受到法律制裁，即使能夠制裁，量刑也是較輕的。而佃戶、雇工、奴僕對地主的反抗，都以犯上而治罪，除地主本人予以的直接懲治外，官府的強制也是隨時可至的。「少犯長，卑犯貴，民犯官」，當時都是大逆不道，是絕對不允許的；而「長役少，尊壓卑，貴凌賤，是理法之正」[49]。正是這種恣意役使和侵奪，使中國農民難有財富的持續積纍，難有擴大再生產的投入，甚至連簡單再生產的過程也常常被打斷。

實際上，村民不僅在村莊事務管理中沒有地位，人身受到宗法倫理、國法家規的束縛，沒有爭取和維護經濟自主的權利，就連想些什麼和私下議論些什麼都受到禁止。許多家法族規明令禁止族眾言及朝政昏明，官長得失，士紳優劣。連私下談論的權利都被剝奪，自然也就談不上對村莊內外公共事務的參與了。村民的社會交往也受到嚴格

---

48 《湖南省例成案》河防卷一。

49 韓大成：《明代社會經濟初探》（人民出版社，1986年），頁82。

控制，一些可能導致「不軌」的可疑行為被列為嚴禁之列。例如：凡是未經族長許可的結隊夜出，擅自集會，聚眾飲酒，進廟燒香，結交遊僧野道，以及留宿生面人等，輕者由族長責治，重者由族長稟告官府制裁。總之，所謂中國的鄉村管理，就是將村民的一切行為控制得牢牢的，只能規規矩矩坐在家裏，吃飯種田，生兒育女，當會說話的牛馬。

第三節　政府的行政管理

一　鄉里保甲組織

　　如果說宗族、鄉約和衿紳代表了鄉村共同體內部管理的基本要素，其中或許還多少包含一些所謂的「鄉村自治」因素，鄉里鄉官制度則代表了國家在鄉村的權力體系，而且通過這樣一種權力體系，將鄉村共同體納入專制國家的基層管理系統，使小農處在國家組織的嚴密控制之下。

　　中國歷代王朝一直非常注意對鄉村的有效管理。早在戰國時期，就實行了「鄉亭之制」，秦王朝沿襲戰國之制，兩漢則繼續沿襲秦制，鄉亭制度不斷完善。《漢書・百官表》云：「大率十里一亭，亭有長，十亭一鄉，鄉有三老，有秩，嗇夫，遊徼。有秩掌教化，嗇夫職聽訟，收賦稅，遊徼徼循禁賊盜。」再據《宋書・百官志》引漢志所述：「五家為伍，伍長主之；二伍為什，什長主之；十什為里，里魁主之；十里為亭，亭長主之；十亭為鄉，鄉官主之。」可知鄉亭制度集教化、司法和治安於一身。這種一元的鄉村組織模式基本被其後的歷代王朝所承襲。

　　漢末魏晉南北朝時期，民族遷徙，戰亂不止，政權更迭頻繁，中

央和地方的國家權力式微，以豪強地主和世家大族為代表的地方勢力急劇膨脹。期間，鄉里鄉官制度或被家族組織取而代之，或名存實亡，這種家族組織的合法性和族長對其族人操有的行政、司法和教化的權力也得到了國家的承認。但唐宋以後，國家又恢復了鄉里鄉官制度，收回了對農村基層政權的控制權。唐代的鄉官制度在形式上較之以前有相應的調整。唐朝法令規定：「凡百戶為一里，里置正一人，五里為一鄉，鄉置耆老一人。」[50]里正相當於一個村的負責人，職務和地位並不高，但職權頗廣，行動頗為活躍，「里正之任，掌按比戶口，收手實，造籍書」[51]，即負責核查戶口，隨時將變動情況向上報告。里正同時負責對外遷人員的管理，對外遷人員履行嚴格的審批手續，然後決定是否給予「過所」。唐代實行均田制度，但具體的操作實際上也掌控在里正之手。「應收授之田，每年起十月一日，里正預校勘造簿，縣令總集應退應授之人，對共給授。又條，授田先課役後不課役，先無後少，先貧後富，其里正皆須依令造簿通送。」[52]由此，授田要依據里正的調查情況。最後，里正還擔負徵斂賦役的職責，對於那些交不起貢賦租稅者，「里正撮來，當與死棒」[53]。可見，里正還有對村民的懲處責罰之權，在鄉村管理方面顯然起著重要作用。他們是統治者剝削壓迫農民的工具，「是直接統治人民的政權機關」[54]。在百姓的眼裏，里正的形象委實醜惡。「去時里正與裹頭，歸來頭白還戍邊」[55]；「里胥迫我納，不許暫逡巡」[56]；「里正追庸調，

---

50 《通典》卷三三，〈職官・州郡鄉官〉條。

51 《唐律疏義》卷一二，〈戶婚律・里正不覺脫漏〉條。

52 《唐律疏義》卷一二，〈戶婚律・里正不覺脫漏〉條。

53 劉復：《敦煌掇瑣》，瑣七〇。

54 翦伯贊：《中國通史綱要》第二冊（人民出版社，1979年），頁156。

55 杜甫：〈兵車行〉。

56 白居易：〈重賦〉。

村頭相催祺」[57]。然而，在縉紳階級面前，里正完全是另一個樣子。在敦煌發現的白話詩裏有極為形象的描述：「富饒田舍兒，論請實好事。度種如片田，宅舍青煙起。槽人飼肥馬，仍更賣奴婢。牛羊共城郡，滿圈養片子。窯裏多埋穀，尋常願米貴。里正追役來，坐著南廳裏，廣設好飲會，多須勸遣醉。……縱有重差科，有錢不怕你。」[58]就這樣，豪強地主需要繳納的賦役，在一片「勸遣醉」中輕易被里正免掉了。這些負擔必然以各種名目轉嫁到農民的身上。

　　明代前期，通行里甲制度。十戶為一甲，十甲為一里。甲首和里長負責「催徵錢糧，勾攝公事」。所謂催徵錢糧，即征派本里的田賦與雜役；所謂勾攝公事，主要指拘捕罪犯，追究逃亡農民和防範民戶逆反。反對官府的人一經查出，必受嚴懲，其本人連同祖父、父親和十六歲以上的兒子、孫子、兄弟一同處死[59]。在這種嚴酷的政治鎮壓中，里甲充當了爪牙的角色。

　　明代中期以後，由於土地兼併嚴重，農民不斷逃亡，里甲制度敗壞，引起服役制度改革。對鄉村基層的管理形式隨之再次發生改變，按福建巡撫耿定向所說：「我高皇定籍，十戶為甲，甲有首。……近因戶簿分散，里圖錯居，始通之為保甲。」[60]保甲制度興起。此時的保甲職權範圍大大減少，只負責維持社會治安，所謂「嚴保甲以稽查奸細為第一義」[61]；「保長乃專司盜逃奸宄，不與乎其它者也」[62]。明代晚期保甲取代里甲，反映出社會嚴重動盪，農民「易動難安」的現實，客觀上有利於農民獲得更多的行動自由；對統治者來說，則意味

57 劉復：《敦煌掇瑣》，瑣三〇。

58 劉復：《敦煌掇瑣》，瑣三四一八。

59 侯建新：《社會轉型時期的西歐與中國》（高等教育出版社，2005年），頁197。

60 耿定向：《耿天台先生文集》卷一八。

61 《天啟實錄》卷九。

62 黃六鴻：〈甲保三論〉，載《清經世文編》卷七四。

著控制基層人民更加困難。但這並不說明國家自動取消了對農民的超經濟強制,相反,一旦統治得到鞏固,必然會極力限制或剝奪農民的這種自由。

自康熙四十七年（1708年）,清代保甲制度通令化一:「凡保甲之法……十戶為牌,立牌長,十牌為甲,立甲長,十甲為保,立保長。自城市達於鄉村。」[63]每家門口都要掛個牌子,標示戶主姓名、職業,家中男丁數。官府不僅力求將全國人產無一遺漏地編入保甲,而且賦予該組織廣泛的管理職能。所謂「什伍其民,條分縷析,令皆歸於約長,凡訟獄、師徒、戶口、田數、徭役,一皆緣此而起」[64]。

總之,從戰國秦漢到明清,上下兩千餘年,鄉里組織的稱謂、職能有所變更和調整,但它始終是皇權的重要組成部分,是官府對農民進行統治的重要工具。

二　宗族、鄉約與鄉里保甲的關係

從表面上看,宗族、鄉約和鄉里保甲似乎構成中國鄉村管理的幾個不同權力體系。宗族是源於村莊共同體血緣屬性而自然結成的社會組織,同時擁有處理解決宗族內部事務的權力;鄉約是村莊共同體出於管理需要而形成的管理規範,宗族和鄉約都帶有一定的村民自治特徵。至於鄉里保甲,則是國家設置的基層政權組織,是國家權力在基層社會的具體表現形式。它們似乎始終並行不悖,對村莊從不同的角度獨立履行不同的管理職能,但實際情況遠非如此簡單。

從歷史上看,中國社會自農村公社崩潰以後,「社」的傳統仍以「里社」、「私社」等形式殘留下來,但由於中國以皇權為中心的官僚

---

63 《大清會典》卷九,〈戶口〉。

64 陸世儀:〈論治邑〉,見《保甲書》卷九,廣存。

集權制度的較早出現，公社中的某些原始民主傳統很快被否定，並被納入專制制度國家的基層管理系統。在漢代，里正和三老雖然與公社時代的推舉傳統淵源有關，但此時已經基本蛻變成官府在鄉村的代言人。西晉以後，里、社完全分離，里作為國家基層組織保留下來。此時的鄉黨已不能視為村社組織的殘留，而是國家控制農民的機構。隨著十六國——北朝各游牧部落南下，北朝及金朝的社制有所恢復，同時國家利用「社」這一組織形式的企圖也有所加強。例如，金朝把農村基層行政單位命名為「村社」；元代則為「里社」制度，推舉社長，勸課農桑，調息爭訟，舉辦社學，防奸查非，但即使在這種情況下，村社也從來沒有成為抵抗統治者和農民參與公共事務的合法手段。明朝建立後，取消了元的里社，建立里甲制，最終拋棄了原始社邑的殘破外殼，也可以說，「封建政府最後一次把社納入直接控制下的努力就此結束」[65]。

　　當然，不排除在特定歷史時期，以宗族為代表的勢力取代國家基層權力的現象。如漢末魏晉南北朝時期，受戰亂割據形勢的影響，以豪強地主和世家大族為代表的地方勢力急劇膨脹，以致篡奪了中央和地方的國家權力，如東晉的世家大族政權，北魏前期實行的宗主督護制。其間，鄉里鄉官制度或被家族組織取而代之，或名存實亡。但唐宋以後，國家又重新恢復了對農村基層政權的控制權，其基層組織的管理者又成為包攬一切的人。在唐代，里正雖然只是一里的管理者，但其工作幾乎涉及了政治、軍事、經濟以及社會生活的各個方面。宋代以後，隨著宗法家族制的形成，實現了皇權與族權的合抱，進一步強化了國家對基層鄉村的控制。如果說有什麼變化，也只是這種控制加入了家族血緣色彩。

---

65 寧可：〈述「社邑」〉，《北京師範學院學報》一九八五年第一期。

　　大體而論，國家的基層政權和宗法族權並不構成根本的對立，相反，二者的結合卻有著歷史的淵源。其真正的含義在於，國家政權是族權的靠山，族權是國家政權的補充。在春秋以前，農村政權主要掌握在由原始社會末期延續下來的具有濃厚氏族血緣關係色彩的共同體首領手中。因此，血緣關係得以同政治統治權力相結合，西周宗法制即是這一權力結合的典型表現形式。宋代以後，國家基層政權和族權合抱，兩者更是構成互為表裏的權力體系。宋代規定，擔任鄉里官職的只能是主戶中的前四等。明代的里長也規定由「丁糧多者」擔任。明清時期，受科舉和學校制度發展的影響，衿紳數量迅速增加，形成特定的社會集團和強大的社會勢力，進而在鄉里佔據舉足輕重的地位。通過鄉里保甲制度使衿紳直接參加鄉里的治理，就成為國家政權與紳權緊密結合的重要形式。衿紳或擔任保長直接管理鄉村基層事務；或物色符合自己利益和意願的代理人，在背後操縱鄉里事務。事實上，在許多情況下，家族組織中的族長、房長就是里正、甲首，是一身而二任的。

　　出於統治上的需要，歷朝統治者對宗族的權力一般都採取認可態度，並把宗族內發生的糾紛交給宗族處理。宋代程頤說：「若宗法立，則人知遵祖重本，人既重本，則朝廷之勢自尊。」[66]明王朝時，明確授予族長在家族內外爭執中的調停權。例如王孟琪在《講宗約會規》中說：「族中有內外詞訟，除本家兄弟叔侄之外，宗長令各房長老於約所會議處分不致成訟外，倘本族與外姓有爭，除事情重大付之公（官）斷，若止戶婚田產，閒氣小忿，則宗長便詢所訟之家與本族某人為親，某人為友，就令其代為講息。曲在本族，押之賠禮，曲在外族，亦須委曲調停。」[67]清朝更是有意鼓勵和利用家族組織。康熙

---

66 邱睿：《朱子家禮》卷一，〈通禮雜錄‧祠堂〉。
67 王孟琪：《講宗約會規》。

《聖諭十六條》，把「和鄉黨以息訟」與「完錢糧」、「弭盜賊」相提
並重。雍正年間定例，「議准聚族而居，丁口眾多者，準擇族中有品
望者一人為族正」，「其間凡同氏譜之未通者，則官為通之，單丁指戶
不成族者，則附以大族」。並明確規定族長及宗族內頭面人物對於
「勸道風化及戶婚田土競爭之事」[68]有調解和裁判的權力。乾隆時江
西巡撫陳宏謀也稱：「族房之長，奉有官法，以糾察族內子弟。名分
既一定，休戚原自關，比之異姓之鄉約保甲，自然便於覺察，易於約
束。」[69]

　　據此，一方面鄉里保甲的實權始終操縱在宗族地主手中，另一方
面，國家政權也順理成章地實現了對族權的控制。清人馮桂芬對此說
得明白：「保甲為經，宗法為緯。」[70]

　　而宗族對國家政權也是非常配合。許多「族規」、「家法」規定，
「完納錢糧，成家首務，必須預為經畫，依期完納」[71]。嘉靖時，禮
部尚書姜寶（丹陽人）就提出「家法之行，永賴國法」的主張，認為
如果不以官法行家法，「似乎不能行之久遠」。為此，他將姜氏宗族的
家法報請明中央王朝批准[72]。族規本是宗族對本族人實行控制的工
具，是民間私法，但一經中央政權認可後，就成了國家法律的補充，
既強化了管理族人的權威性，又順應了國家統治的需要，並被納入國
法體系。即使到近代，國家政權與宗族相互串通的格局依然存在。一
九三三至一九三四年，林耀華對福建的義序調查發現，「當時的縣衙

68　《大清會典事例》卷一四。

69　《皇朝經世文編》卷五八，陳宏謀〈選舉族正族約檄〉。

70　馮桂芬：〈復宗法議〉，載《校邠廬抗議》卷下。

71　錢杭、謝維揚：《傳統與轉型——江西泰和農村宗族形態》（上海社會科學院，1995
　　年），頁116。

72　姜寶：〈請建立義莊疏〉，見《古今圖書集成・明倫匯典》「家範部」卷一〇二，宗族
　　部。

門與鄉村的關係，只徵收賦稅，其方法則假手於祠堂，所以官府從來是勉勵祠堂的組織」，「宗族的族長和鄉長，乃全族的領袖，兩人同心合力，共掌族政。族長的任務稍為偏重祠堂祭祀與族內事宜，鄉長職務則偏於官府往來，在外代表本鄉。地保任務在於奔波，報告並庶務事宜，臨時案件發生，由地保請命於族長或鄉長。官府派差來鄉，先見地保，由地保引見族長鄉長」，「官府把納糧稅契事交給祠堂，祠堂按房支徵繳納官府，官府不自費力」，「官府與鄉村的衝突，可以說等於零。族人存有姦人，官府則惟祠堂是問，這可見全族族人的集體責任。官府任意擒人，祠堂亦有權申辯」[73]。

可見，國家政權承認、鼓勵宗族組織，與宗族迎合國家政權可謂「齊家」與「治國」並行不悖，宗族與國法相輔為用，兩者相得益彰。但從根本上說，最大的受益者是國家政權，它通過借助族權，鄉里基層政權組織既實現了對鄉村進行司法、監察、軍事、治安、行政、賦稅、徭役、兵役和思想的嚴密控制，使鄉村的一切無不在國家政權調控之中，又使得族權正式成為統治體系鏈條中的一環，不致獨立於國家政權之外。這是中國鄉村共同體的管理與政府的行政管理上的一個重要特點。

清人張望對鄉里、宗族結合的格局的效果說得很清楚：「……以一邑之大，民之眾，上與下不相屬，政令無與行，威惠無與遍。……於是里有長，鄉有約，族有正，擇其賢而才者授之，然後縣令之耳目股肱備也。縣令勤於上，約與正與長奉於下，政令有與行矣，威惠有與通矣。」[74]中央官府同鄉里的關係，猶如「身之使臂，臂之使指，節節而制之，故易治」[75]。

---

73 林耀華：《義序的宗族研究》（三聯書店，2000年），頁58-59。

74 張望：〈鄉治〉，見《保甲書》卷三，廣存。

75 劉洪：〈里甲論〉，見《皇朝經世文編》卷七四。

魏晉磚畫：二牛犁地　　　魏晉磚畫：耙地

　　中國個體農戶的小農經濟自戰國時期形成，除了偶而鄰里之間的互助之外，基本上都是這種個體家庭生產，沒有生產協作組織。這種生產方式和這種生產力水準一直持續到清末。

三　王權與鄉村共同體的關係

　　「王權至上」是中國傳統政治、文化的總體框架。以王權為中心，中國的權力體系具有以下特點：其一，一切權力機構都是王的辦事機構或派出機構；其二，王的權力是至高無上的，沒有任何有效的、有程序的制衡力量；其三，王的權力是無限的，六和之內，萬事萬物，都屬於王權的支配對象；其四，王是全能的，統天、地、人為一體，所謂大一統[76]。這種權力體系彷彿一個「天蓋」，嚴密地籠罩著整個社會，直達社會所有成員。因此對中國鄉村共同體的考察，王權是必然涉及的一個基本因素，也是最為重要的因素。

　　綜上所述，從管理角度看，中國的鄉村共同體存在著以宗族為核心的族權、紳權和國家基層政權組織兩個系統。從靜態角度分析，它們分別代表了鄉村共同體自身管理和國家政權的行政管理兩個並行的系統，也有著相對的職能劃分。鄉村共同體因族權和紳權的存在，似乎具備了一定的「自治」形式和外觀。但在統一的王權權力體系下，

---

76 劉澤華：《中國的王權主義》引言部分（上海人民出版社，2000年）。

鄉村基層政權組織是王權的自然延伸，屬於王權權力體系在鄉村的機構；至於族權、紳權，在得到國家的承認和鼓勵後，也順理成章地實現了與國家政權的合抱，成為王權權力體系鏈條中的一環。由此，中國的鄉村共同體完全變成專制王權馴服的工具。鑒於該問題前面已經有了說明，下面將著重從戶籍制度和意識形態等角度進一步剖析王權與鄉村共同體的關係。

其實，所謂王權與鄉村共同體的關係，說到底即是王權對鄉村共同體的控制。這種控制的強弱又直接取決於王權對村民人身、精神控制和支配能力的大小。取得了對村民的控制權，就等於控制了鄉村共同體。恰恰在這一點上，王權的意志不僅通過層層權力體系直達社會所有層面，而且有效地實現了對人身的佔有與支配，其中最重要的舉措之一是戶籍制度。

戶籍制度不僅僅是一種行政管理制度，同時又兼具經濟管理、司法管理、道德教化等職能，戶籍制度的核心是對「民」的佔有與支配。《商君書‧畫策》云：「能制天下者，必先制其民者也。能制強敵者，必先勝其民者也。故勝民之本在制民，若冶於金、陶於土也。」戶籍制度正是制民、勝民的工具。歷代專制君主都把戶籍制度視為治國之要務。戶籍又稱為黃籍或黃冊。「黃籍，民之大紀，國之治綱。」[77]

戶籍制度起源於戰國時期。據《史記‧秦始皇本紀》記載，秦獻公十年（前375年），「為戶籍相伍」。《商君書‧境內》云：「四境之內，丈夫子女皆有名於上，生者著，死者銷。」[78]地方官吏的一項重要任務就是檢查核對戶籍。《管子‧立政》提出要「三月一復，六月

---

77 《南齊書‧虞玩之傳》。

78 《商君書‧境內》。

一計，十二月一著」，並規定農民不得自由遷徙，「伍無非其人，人無非其裏，里無非其家。故奔亡者無所匿，遷徙者無所容」[79]。擅自逃亡者，要受到嚴厲的處罰，「逃徙者刑」[80]。秦始皇十六年（前231年），「初令男子書年」；三十一年（前216年），「使黔首自實田」[81]。這樣，包括每一個人的年齡和土地佔有狀況的戶籍制度從此建立起來，成為「庶事之所自出」的依據。大一統的專制國家建立後，小農也就迅速成為國家的「編戶齊民」。漢承秦制，西漢政權繼續用戶籍制度控制人民。舉凡姓名、年紀、籍貫、爵級、膚色、身長、家口、財產，都要在名籍上一一載明。以後，歷代統治者莫不以戶籍制度作為控制人民的工具。唐朝的手實、計賬，明朝的黃冊等，概莫能外。

　　小農一旦成為國家的「編戶齊民」，就納入政府嚴密的人身控制之下，在一個固定的地方著入戶籍，被編制在什伍保甲之中。著籍是國家向農民索取賦稅和徭役的前提，農民著籍後即不得自由遷徙，否則以逃戶「論處」。如此，在整個中古社會，專制政權不惜一切手段直接控制盡可能多的編戶齊民，將其世世代代固定在某塊土地上。一是檢核戶口，如實行大索貌閱法、輸籍法、通括戶口、檢括戶口等，其目的都是要把隱田漏戶清理出來，以便專制國家能夠對小農實行直接的經濟剝削和政治統治。二是千方百計地限制或禁絕百姓流徙。如乾隆五十五年（1790年）令將流徙於粵東雷、廉等府島嶼上的貧民，「逐一遞回原籍」，搭蓋的草寮房屋，「概行燒毀」[82]。三是對已成事實的流民實行就地著籍，強迫流民重新附著於土地。乾隆四年（1739年）規定：「貧民入川墾地者，聽其散居各府州縣佃種傭工，為糊口

79　《管子・禁藏》。

80　《管子・治國》。

81　《史記・秦始皇本紀》。

82　《大清會典事例》卷一五八，〈流寓異地〉。

之計，該督撫將姓名、籍貫，開造移詢各原籍，限文到三月內備造清冊，回覆川省核實稽察。其非良善者逐回」，「其散往各州縣佃種者，責令佃主出結，貿易者市鄰出結，依附親故者親故出結，寄宿寺廟者留宿地主出結，仍與土著同編入保甲，互相覺察，如有生事可疑之人，許原出結人呈報，並許鄉保鄰右人等首報，仍令該地方官不時稽查」[83]。四是借助宗族力量。在許多地區，宗族勢力是國家政權推行戶籍制度的有效輔助手段。例如，清代湖南新化縣各鄉族把「容留生面」與「窩竊」、「私牢」、「無火夜行」等一起列為禁例，違者處之。如此一來，流徙者的處境反而更加惡化，往往不驅自歸。從《詩經》的「溥天之下，莫非王土；率土之濱，莫非王臣」到《左傳》的「封略之內，何非君土；食土之毛，誰非君臣」，正是專制國家對土地和人民擁有最高所有權與統治權的真實寫照。有學者據此認為，無視傳統中國的「編戶齊民」性質而大談特談小「共同體」，把傳統中國說成是一個宗族自治或村莊自治的社會是非常偏激的。傳統中國是一個專制國家對編戶齊民實行超強控制的「大共同體本位」的社會[84]。

就這樣，統治者利用戶籍制度，有效地控制了農民的人身自由，農民從生到死，被牢牢地固定在一塊地方，其個人交往活動只能囿於閉塞、狹小的天地而「安土重遷」，從而實現了統治者要求的所謂「國泰民安」。

與此同時，向農民灌輸統治者的正統思想，加強對農民的精神控制則是統治者採取的又一重要措施。從秦漢到明清，處於專制君主統治之下的農民，必須是逆來順受、俯首貼耳的「順民」。歷代君主深知，馬上可以打天下，但不能馬上治天下。採用嚴刑峻法的高壓政

83 轉引自侯建新：《現代化第一基石》（天津社會科學院出版社，1991年），頁292。

84 秦暉：〈共同體・社會・大共同體——譯滕尼斯「共同體與社會」〉，《書屋》二〇〇〇年第二期。

策，雖能取得一時安定之效果，但無法使農民長期「安分守己」。為此，用代表統治階級利益和願望的意識形態去教育感化農民，麻醉其精神，瓦解其鬥志，就成為擺在專制君主面前的重要課題。

自漢武帝接受董仲舒「罷黜百家，獨尊儒術」建議後，戰國時代勃興的「百家爭鳴」學術氛圍，至此銷聲匿跡。此後，歷兩千餘年之久，儒學始終是中國社會文化的正宗。孔孟儒學的主旨是規範人倫關係，包括君臣關係、父子關係、兄弟關係、夫婦關係和朋友關係這五倫。在這諸種關係中，父子關係是基礎，其它關係都是由此引發出來的。這些關係的抽象形式就是「禮」，禮是用來「經國家、定社稷、序民人、利後嗣者也」[85]。禮的核心是「忠孝」，忠用來規範君臣關係，孝用來規範父子關係，所謂「父慈子孝」和「君使臣以禮，臣事君以忠」。父權是君權的依託，君權是父權的延伸、昇華和歸宿。宣導「孝」的目的是要使「人人親其親，長其長，而天下太平」[86]。可見，儒學的核心就是通過宣導孝道，移孝事君。正如《孝經》所說：「君子之事孝親，故忠可移於君。」又說：「故以孝事君則忠。」在孔子看來，孝子和奴才是一致的，「其為人也孝悌，而好犯上者，鮮矣；不好犯上，而好作亂者，未之有也」[87]。這樣，「孝」與「忠」，家與國，便融為一體。所謂「天下之本在國，國之本在家，家之本在身」[88]。

西漢中葉，董仲舒把孔孟儒學發展為「三綱五常」、「三從四德」這樣的信條，以至於每個人的生老病死、婚喪嫁娶都要恪守其禮，否則就是叛臣逆子，大逆不道。經唐、北宋諸學子的發揚，宋明之時，

---

85 《左傳・隱公十一年》。
86 《論語・八佾》。
87 《論語・學而》。
88 《朱子語類》卷十二。

「嗣孔孟之統」的程朱理學成為社會的統治思想。從明太祖朱元璋起，程朱所解釋的四書五經成為欽定的教科書，科舉考試也以此命題和作標準化答案。天下士子欲求功名顯達，無不追蹤程朱足跡，熟悉朱熹對四書的解釋，不敢越雷池一步。儒家所宣揚的家族政治化與宗法制所體現的政治家族化，成為中國政治文化結構的重要特質，兩者互為表裏，緊密依託，綱常名教成了集國法與家法於一身的最高權威。

在這樣的專制統治下，農民自然只能身處封閉的政治、文化環境之中，既不會產生權利意識和政治參與意識，對社會的公共事務和公共權力也必然缺乏必要的關心和興趣，實際上也沒有權利這樣去做。按照馬克思所說：「他們不能以自己的名義來保護自己的利益，他們不能自己代表自己，一定要別人代表他們。他們的代表一定要同時是他們的主宰，是高高地站在他們之上的權威；是不要任何限制的政治權力，這種權力保護他們不受其它階級的侵犯，並從上面賜給他們雨露和陽光。」[89]同樣，專制王權體制下的中國傳統農業社會不可能孕育出地方自治制度，或者說，從未形成村民自治的政治結構，因為這種「自治」與當時的專制權力體系是完全不相容的。蕭公權對此認為：「地方自治對於鄉村控制的體制來說是一種不能容忍的概念，在鄉村裏出現的任何地方首創精神或村莊活動，要是能被官方容忍，那就是因為它們有助於加強對鄉村的控制，或者政府認為無需對之進行干涉。」[90]吉伯特‧羅茲曼也認為：「清朝以前很久，一種理性的官僚制形式已使所有行政運作整齊劃一，取代了地方上的獨特做法並徹底排除了地方自治的一切權利。」[91]

---

89 馬克斯：《資本論》第一卷（人民出版社，1964年），頁830。
90 轉引自吉伯特‧羅茲曼著，國家社會科學基金比較現代化課題組譯：《中國的現代化》（江蘇人民出版社，1998年），頁78-79。
91 吉伯特‧羅茲曼：《中國的現代化》，頁78。

第十三章
基層組織：中國中古城市

第一節　中國中古城市的產生

一　建城

與西歐中古工商業城市「自下而上」「興起」不同，中國中古時代的城市可以說是由統治者「自上而下」「建立」起來的。

中國的中古時代，上限可溯至春秋戰國之際，下限可延至明末清初，長達二千餘年，比歐洲中古時期（5-15世紀）在時間上長了一倍多。在這個漫長的時期裏，在這個版圖廣大的國家中，社會政治上的變化極其曲折複雜，起義和戰爭不斷，統一和分裂頻仍，王朝更迭，外族入主，使整個中古時代的中國政治歷史顯得格外的驚心動魄、豐富多彩。歷史舞臺中心的活動者也多以權力和政治作為自己行為的出發點。城市，從某種意義上說，就是中國統治者為滿足自己政治需要和目的而「建立」的。

統治者是將城市作為政治統治中心或統治堡壘建立起來的。特別是在秦漢以後中央集權君主專制之下，國家和皇帝要維持對龐大版圖內每個角落的絕對統治，必須從上至下建立一套完整的統治體系。這套統治體系必須是有形的，而不是觀念上的，它要能使國土上的任何臣民都能直接感知國家的存在，服從皇帝的權威。一方面，需要有一個威嚴而又神聖的地方，作為絕對至上的政治權力中心的駐所，由此便有都城的出現和動遷；另一方面，當權力中心的代表派駐各個地方

時，這些官員也必須有自己的駐所，由此便有所謂省城、府（郡、州）城、縣城之類地方城市的產生。毫無疑問，中古時代中國的城市體系主要是這樣一些政治性城市構成的，這個城市體系是中國政治統治體系的有形載體。

除了作為各級行政中心和官員駐所的城市外，有些城市最初是作為對內鎮壓或對外戰爭的軍事堡壘出現的，它們的政治意味更加不言而喻了。

既然城市是政治活動的產物，那麼城市的興與廢、盛或衰，在很大程度上就會取決於政治格局的演變和統治者的意志。中國統治者在「政治戰略上的特殊考慮，甚至幾乎可以憑空建起有規劃的城市」[1]。由於政治需要，我們便看到，在中國版圖上，許多歷史上顯赫一時的城市到後來湮沒無聞，許多原本不見經傳的小城卻能在突然間崛起。在美國漢學家芮沃壽看來，中國統治者在征服過程中，並不把城市當作進入新疆土的基本單位，而是以農村為中心來擴張農業，只有當一個地區被歸化後，才「建立」一些村寨作為統治中心。在這個基礎上發展起來的城市，往往也只是用一些不經久的材料建造，哪怕是都城，也並不打算使它「萬古長存」[2]。這說明，統治者大都看到了城市作為政治中心可能會有它的「臨時性」，因而不願下大力氣建設，越在古代越是如此。如東周時期，城市建設遍及華北，但那些作為列國國都的城市，卻是常遷常毀，又常重建。而秦始皇統一中國後，則將列國所有的內城外城，一概下令予以拆除[3]。

隋朝再度統一中國時，也有類似做法。它在征服南陳王朝、攻克

---

1 牟復禮：〈元末明初時期南京的變遷〉，載施堅雅主編，葉光庭等譯：《中華帝國晚期的城市》（中華書局，2000年），頁123。

2 芮沃壽：〈中國城市的宇宙論〉，載施堅雅：《中華帝國晚期的城市》，頁37-38。

3 芮沃壽：〈中國城市的宇宙論〉，載施堅雅：《中華帝國晚期的城市》，頁42、47。

南京之後，害怕南京成為南方政權的象徵，因而下令毀城，用犁頭翻耕了原來城內的土地，並在舊城址旁邊另建一座較小的新城，以作行政之用[4]。

　　甚至到了中古時代後期，也有統治者根據政治需要「建立」或毀掉城市的情況。元朝忽必烈在統一全國之後，就曾下令「墮天下城郭」，對原有城市進行了無情的破壞，並聲稱這種做法是為了「示天下為公之義」。這一蠢行，實則是來自草原的游牧民族尚不知城市對政治統治的重要性。然而這些蒙古統治者很快就意識到了不妥，於是不僅保留了大多數現存城市，而且又改建、新建了一批城市，特別是對大都、上都進行了大規模的建設，幾乎是建造了兩座新城[5]。

　　即使是城市形態和城市的地域結構，也集中體現了統治者的要求。中國古代城市建設與西歐中古城市大有不同。西歐城市大多為自然形成的聚落，除了大致的手工業區、市場區、社會活動區之類劃分外，其街區、街道、房舍多是雜亂無序。而中國城市則顯然經過了統治者程度不一的規劃。城市的外緣形態即城牆和城牆所圈定的城市輪廓也好，城市內部的空間結構即街道佈局和功能區的劃分也罷，統治者都使其賦予了政治意義。中央王朝往往通過對城市規模、形態和佈局的刻意追求與嚴格統一，藉此象徵皇權的力量、中央政令的通達和國家之強盛[6]。城市街區和建築在佈局時，還注意考慮其軍事和政治職能的發揮：城郭多呈四方形，大街多為四方網格狀，直角相交，這些都便於管理；城門上有城樓，便於瞭望敵情；城牆外沿有壕溝環繞，名曰「護城河」，軍事上有防禦作用。

4　牟復禮：《元末明初時期南京的變遷》，頁135。

5　史為民：《元代社會生活史》（中國社會科學出版社，1996年），頁193-195。

6　李孝聰：〈唐代城市的形態與地域結構〉，載李孝聰主編：《唐代地域結構和運作空間》（上海辭書出版社，2003年），頁249。

統治者的駐所，還特別考慮其方便、安全等因素，以及他們心中的風水、吉凶等觀念。在都城裏，皇宮和政府機構多佔據要害部位，或在制高點上，常常既有安全考慮，又有中國傳統的「面南而治」觀念的支配。如秦咸陽皇宮位於偏北的咸陽原上，西漢長安皇宮位於偏北的龍首原上，東漢洛陽皇宮位於全城中央，隋唐長安皇宮位於龍首原上，北宋開封皇宮位於全城中央，元明清北京皇宮位於全城中央偏南處。地方城市中，治所及官邸也多考慮地形有利和便於行使統治權力。如明清時代的成都城，衙門居於全城的中央；太原城，衙門居於城中央偏東處；西安城，衙門居於城東北隅，這都是為了佔據有利地形，便於控制全城[7]。

二　首要職能：政治與軍事

儘管許多新近研究提出了不同看法，但一般地說，中國中古城市大多是作為政治統治中心建立的，最先體現的是政治或軍事職能，而且這也是它們最重要的職能，而後才生發了工商中心、社會中心、文化中心等職能。這是中國中古城市與西歐城市相比較最大的不同點之一。雖然有的政治中心選址在工商業較為發展甚至發達的聚落、市鎮，但它在作為行政中心出現之前並不被人們視為城市。統治者在選定一個地方做行政中心時，無疑有多種考慮。但無論怎麼說，首要考慮的肯定是政治和軍事因素。

正如著名歷史地理學家譚其驤先生早已指出的那樣，中國都城的選址主要出於軍事、政治、經濟三方面的考慮[8]。中古時代的幾大都

7　馬正林：《中國城市歷史地理》（山東教育出版社，1999年），頁86-87。

8　邱國盛：〈再論古代北京發展成為中國首都的原因〉，《北京社會科學》二〇〇四年第三期。

城長安、洛陽、開封、南京、杭州、北京，它們作為全國統治中心地位的確定，首先無疑是出於軍事和政治需要。長安、洛陽，在地理上居於全國南北中心位置，而其略略偏西，反倒使這兩座城市能「據山河之險」，在軍事上攻守進退極為方便。南京，位於長江下游岸邊，是後來興起的江南經濟區的天然中心，何況它還具有地理上的天然優勢：其一是距江淮、中原等傳統政治中心較近；其二是此地北面、東面為山，西面為江，地勢險要、「虎踞龍盤」，易守難攻。杭州雖然偏安一隅，但在金軍大兵壓境的情況下，卻不失為一塊絕好的棲身之地，所以「臨安」反而成了久安，這是特殊局勢下的軍事要地。北京自元設大都後成為中國的政治心臟。元、清設都於此，是要借助其離蒙古族或滿族母土較近的憑靠；明朝設都於此，則有加強該城政治軍事地位以對付北方游牧民族進犯的初衷。

北宋定都開封，也同樣出於政治目的。趙匡胤陳橋兵變、黃袍加身之後，曾有遷都長安或洛陽之意，認為那裏可以倚靠山河之險，政治上較為安全。後來與百官討論，他最後服從多數人意見，承認了開封的首都地位。影響這一決策的最重要因素有三：一是交通和漕運優勢。開封已通過水路與江南連接了起來，每年可利用漕運將幾百萬石糧食運至，這就能保證宮廷、文武百官、軍隊以及部分市民的基本用糧，而在此時的長安則難以做到。二是政治、地理上的優勢。此時開封已作過五代時期梁、晉、漢、周四代的都城，初步成為全國的政治中心，割據勢力已基本承認了中原王朝的正統地位。從地理上看，開封處於全國的中心位置，從這裏出兵向南向北，都很方便，故而後來北宋很快就能實現對全國的統一[9]。三是此時的開封已經擁有上百萬人口，是全國最大的工商業中心，具備了作為都城所應有的經濟服務

功能，與政治中心的地位能相匹配。

不過，在有的研究者看來，即便中國有這樣巨大的都城，可也沒有一座大城能「像羅馬和君士坦丁堡支配羅馬各個時期的歷史那樣單獨支配過中國的文明，也沒有一座大城，像巴黎與倫敦代表英法兩國文明那樣單獨代表過中國的文明」。這確是一個很有意思的問題。

對此的一種解釋是，中國作為一個政治文化地區歷史太久遠了，版圖太遼闊了，不可能由一個城市單獨來支配[10]。

於是，在中央集權君主專制體制之下，中國的統治者便致力於建立一個能伸展到全國每一個角落的政治管理體系。這種嚴密的行政管理體系以地方層級體現。從整個中古歷史看，秦漢兩代主要實行郡縣兩級管理制，漢末至隋初為州郡縣三級管理制，隋和唐前中期為州（郡）縣二級制，唐末和宋代為準三級制，元為省路府州縣五級制，明清為省府（州）縣三級制[11]。這是大體上的演變，其間當然也有一些小的變化或補充形式。而作為各級行政中心的城市選址，當取決於這一地點是否有利於有效地行使行政管理職能。要達到這一目的，就得考慮多方面的因素。

其一如區位因素。即城市所處之地能否使自身成為所轄行政區的核心，它們或處在地理上的中心位置，或為交通門戶便於控制，或軍事要地，或河流要津。無論怎樣選擇，目的都是要使該城能夠迅速有效地實行對本行政區的管理。

其二有地形地貌。即城市坐落之地，在軍事上最好能憑藉山河險要，易守難攻。有研究者認為，中國古代城市選址時，北方平原地區多擇崗丘高地；南方山巒眾多，地當要衝的河谷低地則是城市坐落的

---

10 牟復禮：《元末明初時期南京的變遷》，頁113。

11 成一農：〈唐代的地緣政治結構〉，載李孝聰主編：《唐代地域結構和運作空間》（上海辭書出版社，2003年），頁9。

首選。河畔城市常有「陰陽」之謂，古代中國地方首府中帶「陽」字者不下八十個，帶「陰」者不足十個。座落在河之北者為陽，除北岸有當陽的自然優越性外，還因為中國文明是自北向南推進，移民先到達北岸，河流可以提供抵禦南方蠻族等敵對勢力的一道屏障[12]。

其三曰經濟供應。即城市當位於本地區最為富裕之地，腹地廣大，輻射寬遠，對周邊地帶吸引力強，在物質上能取得周圍農村和附近地區的最大支持，滿足治所官衙和大小官吏員僕的各種物質生活需要。

在中古時代的中國城市體系[13]中，較低層次的行政中心城市即府（州）城、縣城有較大的穩定性。特別是縣城，由於幾千年來縣作為基層區劃單位比較穩定，因此縣城的位置變化也較小。而最高行政區劃單位則變化頗大，如秦朝為郡，漢末是州，唐朝分道，元代以來建省，因此其治所也移遷頻繁。只不過，上一等級的官府常設在兼作下一等級的地方首府之中，因此，所有的省會又都是府城和縣城，所有的府城幾乎都兼作縣城。大致從漢代起，地方性的行政中心普遍築城成為定制。《漢書・高帝紀》稱：「六年（前201年）冬，十月，令天下縣邑城。」師古曰：「縣之與邑，皆令築城。」從此以後，縣級以上城市無不築城[14]。如長沙城就是在此時建起來的。酈道元《水經注》說：「漢高祖五年（前202年）以封吳芮為長沙王，是城即吳築也。」

---

12 章生道：〈城市的形態與結構研究〉，載施堅雅：《中華帝國晚期的城市》，頁90、94-95。

13 關於中國封建時代城市體系的特徵，顧朝林有全面而精到的論述。他認為，秦漢時期是以政治中心為主的城市體系；魏晉南北朝隋唐時期是政治中心和經濟中心互相促進的城鎮體系；五代宋元時期是以經濟中心為主的城鎮體系；明朝和清前期是以大城市為中心包括周圍中小城市群和農村小城鎮經濟網。參見顧朝林：《中國城鎮體系》（商務印書館，1996年），頁46-131。

14 馬正林：《中國城市歷史地理》，頁86。

蘇州盤門城牆

　　地方城市之重要性如何，也要依所在府縣政治管理上的重要性而定。如到清代雍正時，府縣重要性之標準被概括為「沖、繁、疲、難」四個字。大抵是：「地當孔道者為沖」，「政務紛紜者為繁」，「賦多逋欠者為疲」，「民刁俗悍、命盜案多者為難」[15]。四字全占為最重要，占三字為「中」，一字甚至無一字為「簡」。派遣官員時，得根據其個人的資歷和才學情況。

　　中國中古城市的一大政治功能，就是如何實現對廣大農村的統

15　臺北故宮博物院編：《宮中檔雍正朝奏摺》第十輯，轉引自任立達主編：《中國古代縣衙制度史》，（青島出版社，2004年），頁5。

治。馬克思有一說法，稱無論在政治上還是經濟上，在中國都是城市
占絕對統治地位：政治上是城市（住在城市裏的君主、官員和地主）
統治農村，經濟上是城市剝削農村。與中古西歐明顯地存在城鄉分
離、城鄉對立不同，中國古代體現得更多的是城鄉一體化，城市和鄉
村是不對稱的兩極，城市作為統治者，把鄉村納入了自己的管轄範
圍，使鄉村完全依附於自己。另一方面，城市也對鄉村完全敞開，城
鄉居民的互相流動極為頻繁，從而使城市普通居民找不到絲毫「城裏
人」的優越感。除了某些特有的建築如官衙、文廟、塔觀外，城市的
普通民居也不比鄉間民居更巍峨、更有特色。更要指出的是，這是一
種體現農業社會品質的城鄉一體化，與現代城市作為現代社會的象徵
能夠帶動農村的發展不可同日而語。

三　經濟功能

城市作為國家政權的各級行政中心，作為皇宮的駐地，作為官員
的駐所，必然聚集著大量的政治活動人員，以及附屬人員。城市作為
受到軍事保護的處所，又必然能吸引大量農村的富人到此居住。城市
在發展了它的社會中心功能、文化中心功能後，必定還吸引著大量的
社會精英人士，如各種讀書赴考求功名者。這些非生產性人員，實際
上構成了中國中古城市裏的主體居民。維繫他們的生存，也就是維繫
城市的生存。基於這一點，每個城市自然都需要有一定的經濟功能。
即便是都城的選擇，也必須考慮經濟因素，考慮周圍地區對都城的物
資供應能力。研究者認為，這種經濟考慮主要表現在兩個方面。一是
都城多位於富庶的農業地區。在這方面，長安、南京、杭州等都城的
優勢體現得比較明顯。如長安所在的關中平原就是當時天下最為富庶
的農業區域。《史記》說：「關中之地，於天下三分之一，而人眾不過

什三，然量其富，什居其六。」[16]南京處在經濟開發逐漸加強的長江流域下游，三國開始被選為都城。杭州也是富庶之城，因而這個南宋的「臨安」都城才能夠成為「永安」，「直把杭州作汴州」。二是選擇的都城交通要相對發達，能較為便利地從各地運來各種生活物資。洛陽之所以很早就被當成陪都或都城建設，其中一個重要原因就是因為這裏位於「天下之中」，有利於集聚貢賦、儲運物資[17]。

與大部分西歐中古城市主要是生產型不同，中國中古城市則以消費型為主，城市的經濟職能主要是為本城市居民以及進城人員提供消費服務。如手工業生產中，大多為城市居民的上層提供高級手工業產品和奢侈品。那些官營的手工業作坊，其產品直接為國家機器的運轉服務。而手工工匠們自身的衣食用等各類消費品也需從城市市場上購得。如商業，其職能主要是面向城市居民以及外地和附近進城人員的日常生活和奢侈生活，以及作為在一定範圍內流通的商品的集散地。西歐中古城市那種作為周圍農村剩餘農產品與城市手工業品交換場所的職能，周圍農村居民相互交換剩餘農產品的職能，在中國古代城市裏處於很次要的地位。從總體上看，中國古代城市的經濟職能中，商業上的職能重於手工業方面的職能；在手工業中，服務型的手工業重於生產型的手工業。這符合中國城市的消費型本質。

這種消費型本質以都城最為突出。如宋代東京作為全國政治中心，權貴雲集，人口眾多，因而為他們服務以及為國家機器服務的工商業特別發達。手工業方面，除了官營作坊外，私有作坊大致可包括火藥製造和其它武器製造業、印刷業、水磨加工業、金屬製造業、織染業、緙絲、裁造和刺繡、曲酒加工業、製藥、造船業、陶瓷業、制

---

16 《史記》卷一二九，〈貨殖列傳〉。

17 邱國盛：〈再論古代北京發展成為中國首都的原因〉，《北京社會科學》二〇〇四年第三期。

鞶業、文具製造業等門類。商業方面，一方面是貿易交換活動比較發達，有傳統的定期市場交易、夜市、瓦市，有入中貿易和交引鋪等新形式。另一方面則是日常店鋪商業頗為興旺，如各種金銀鋪、醫藥鋪、書肆、邸店、食品店、酒店、茶行和茶肆、肉行和魚行、水果行等[18]。我們從《清明上河圖》中，可以看出開封的商業和交易一派興旺的景象，但不能判斷其手工業有多發達。

　　為了城市居民消費的需要，城市的交易市場也特別多。即使如城市發展一度出現曲折的元代，其城市市場也有專門的分工。市場可以分為兩類。一類主要經營日常生活用品，供應城市居民的一般生活需要。這類市場包括米市、面市、菜市、果市、牲口市、魚市、家禽市、鞋帽市、紗布市、雜貨市、柴炭市、草市、木工泥瓦市等。另一類主要經營珠寶珍玩等高級商品，滿足權貴富豪的奢侈生活需求。有的城市還有專門的「人力市場」，以滿足城市居民對零散勞動力的要求，如大都（北京）就有五個這樣的「窮漢市」。除固定市場外，城內還有許多遊動商販、叫賣小販，為那些不願去市場的人服務。因此，一些官宦或富人的妻妾和家人反而養成了「倚門買魚菜之類」的習慣[19]。

　　從表面上看，清代前期北京工商業達到了較高的水準。北京作為帝王貴族官僚和地主商人最集中的統治中心，一方面需要大量的消費品，另一方面更被統治者所控制。因此，北京的商業比手工業發達，官商比私商強大，為統治者所享有的手工業比為勞動者所需要的手工業發達，官營手工業比私營手工業發達[20]。

18　周寶珠：《宋代東京研究》，目錄頁2。

19　史為民：《元代社會生活史》，頁202-205。

20　李華：〈明清以來北京的工商業行會〉，載南京大學歷史系明清史研究室編：《明清資本主義萌芽研究論文集》（上海人民出版社，1981年），頁227。

　　隨著城市人口增多和工商業的發展，城市的經濟職能有越來越加大的趨勢，「商業溢出了城市」。但按施堅雅的理論，正是因為沒有「按需要」建立新的城市，從而使那些經濟職能溢出了原有城市[21]。此外，在那些未設有官府、不是行政中心的地方，即使其經濟功能十分突出，在當時人的眼中也未必被看作城市，不然，何來明清時代著名的商業四「鎮」（河南朱仙鎮、湖北漢口鎮、江西景德鎮、廣東佛山鎮）之說？

第二節　國家對城市的統治和管理

一　城市管理機構

　　與西歐中古城市主要實行市民自治或自主管理不一樣，中國中古城市既然是統治者建立的，既然是國家政治體系的核心部分，既然主要是統治機構和統治者的駐所，那麼國家就通過自己設置的機構和官吏對城市實行直接控制和管理。除少數達官貴人可以對市政管理有所干涉外，城市普通居民對城市事務一概沒有發言權。

　　對都城的管理，以魏晉南北朝為例，有中央管理機構和地方管理機構兩大方面。中央管理機構包括：（一）治安與保衛系統，官員包括中護軍（領外軍，負責京師地區安全）、中領軍（主要承擔宮城保衛任務）、都官尚書（使命之一是監察百官非違及城郭治安事）、四中郎將（領兵拱衛京師）、衛尉（負責城門、宮門的防守和巡查）；（二）市政管理系統，有主管消防的（尚書省），主管供排水的（尚書水部郎、都水臺），主管建築的（司空、起部尚書、少府、材官將

21　施堅雅：《中華帝國晚期的城市》，頁25。

軍、營構大匠）。這些官員下屬的吏、員、兵、役更是成千上萬。地方管理機構中也有治安管理系統，負責者有司隸校尉、城門校尉、京兆尹、都部從事等[22]。

至於地方城市，每個城市的管理當局實際上就是所駐府縣官衙，城內的一切事務都由它們統管，官衙的最高長官也就是所在城市的最高長官，官衙組成人員也就是城市管理當局的組成人員，官衙對城市的行政管理手段基本上等同於對所轄行政區的管理手段。其機構之多，其人員之眾，沒有一個城市不被牢牢控制在官府手中。

州治、府治所在即州城府城，應該是中國中古時代地方城市中的主幹。以州為例，州設刺史，為一州行政長官，也掌管司法。州衙門可謂龐大，設長史一人、司馬一人、錄事參軍事（秘書官、掌符印）、司功參軍事（人事及文教官員）、司倉參軍事（稅務、供儲及市肆管理官員）、司戶參軍事（戶籍婚姻等）、司田參軍事（管均田等）、司兵參軍事（武裝管理）、司法參軍事（司法管理）、司士參軍事（管理公共工程等），市令（市署主管官員）等。當然，在每一個官員之下又有眾多的吏役[23]。

以最低等的縣級官府為例。有學者考察，清朝雍正時縣衙的官吏員役，包括知縣、佐貳（縣丞、主簿、典史）、幕友（書啟師爺、刑名師爺、錢穀師爺）、六房（吏、戶、禮、兵、刑、工及東庫房、承發房）、衙役（皂班、壯班、快班、禁卒、門子、弓兵、仵作、糧差、鹽差、穩婆）、學官（教諭、訓導）、巡檢、驛丞、稅課司大使、醫官、陰陽官、僧官、道官、獄吏、各類家丁等等[24]。

---

22 任重、陳儀：《魏晉南北朝城市管理研究》（中國社會科學出版社，2003年），頁48-64。

23 朱寰主編：《亞歐封建經濟形態比較研究》（東北師範大學出版社，2002年），頁217。

24 任立達主編：《中國古代縣衙制度史》，頁7-28。

　　從本質上說，官衙對城市的管理與對鄉村的管理並無二致，只是城鄉之間因具體情況不同而略有表面差異而已。在官衙的諸多職能中，最重要的兩項是司法判案和徵收賦稅。除此之外，官衙對城市還有一些特殊的管理職權和管理措施。

　　治安管理。城中官宦人家、富貴人家多，因而城市管理機構的責任之一就是保衛這些權貴富豪。這是每個城市當局最重要的職能之一，因而官衙的最高長官實際上也就是本地治安的第一負責人，其下還設置有眾多的機構，擁有大量的人員具體實施。城市制定了大量的治安法規，如魏晉南北朝時期，就有門禁制度、宵禁制度、過所制度（檢查）、武器管制制度、禁防盜賊制度、監獄管理制度、交通管制制度（道路專用、道路戒嚴、警員執法等）[25]。

　　街道管理。這其實是治安管理的一個方面，略有差異而已。出於治安的需要，當局常有許多特別的措施。魏晉南北朝時，城市中普遍設都亭，大城市裏每街設一亭，縣城最少設一亭。都亭長的主要任務是監視行人，禁備盜賊，維持城市街區治安[26]。在唐代，普通人家的大門被禁止面街。對侵街打牆、接簷造舍的行為，皆嚴加處分，目的一是整肅街容，二是防止藏奸。街道禁夜更是極為普遍的了。負責管理街道的職官，除了駐城的府縣官吏外，如唐代最常見的還有金吾和街使。金吾為軍官，主管全城各街巡視，手下有眾多衛兵。街使則專職管理街道，有時由金吾兼之。相似的還有功德使，專司僧、道住區治安[27]。到宋代，對侵街的處罰更加嚴厲。而對街道衛生的管理則更為講究，甚至還有達官貴人路過前先灑水吸附灰塵的做法[28]。

---

25 任重、陳儀：《魏晉南北朝城市管理研究》，頁93-105。

26 任重、陳儀：《魏晉南北朝城市管理研究》，頁72。

27 楊鴻年：《隋唐兩京考》（武漢大學出版社，2000年），頁173-206。

28 周寶珠：《宋代東京研究》，頁94-95。

市場管理。市場的規模依城市的規模而定，自秦漢以降，一城數市極其普遍，政府對市場的管理極為重視。如在魏晉南北朝城市市場管理系統中，除官衙長官為市場最高管理者外，具體的市場管理官吏大體可分為市令、市丞和市吏三個層級。管理的內容有規定開市的日期，開始和罷市的時間，市場交易秩序包括專市制度、度量衡的統一、物價管理、交易憑證，以及市場稅的徵收等[29]。到唐時，大城市裏專門設有市坊，市場交易活動多集中在此進行。如長安城有東市、西市兩個市坊，洛陽城有北市、西市、南市三個市坊。設有專門的市署機構對市場進行管理。兩京（長安、洛陽）設有「都市署」，其市令均為太府卿之屬官，並且還受兩京尹（知府）節制，可見其重視程度。兩京之外，有市之處多有市吏。唐規定：「中縣戶滿三千以上，置市令一人，史二人，……諸縣在州郡下，並置市官。」[30]有些市吏還有印。市署的管理，包括規定營業時間，查驗入市開肆人員，負責街道和橋樑的修繕，處理以劣充優、短斤少兩、亂漲價、出賣違禁品等行為，打擊哄抬物價、欺行霸市[31]。

消防管理。火災是人口密集的城市之大忌，古今中外莫不如此。中國自戰國以後，城市消防除一些消防法規外，還有些不成文的規則。如盜火拼行時，往往先行救火；消防有功者獎，不力者則受處分；失火者重罪；遭遇水火，人須救之，萬事皆須讓道；駐軍必須參與地方救水火之災；遇火不能亂；救火者專行等。在消防措施方面，有造池蓄水防火，鼎鑊盛水以備不虞，杜絕易燃物品，設置懸鼓報火警，組冠貨源等[32]。如宋代東京人口密集，房屋相連，火災頻繁發

---

29 任重、陳儀：《魏晉南北朝城市管理研究》，頁180-202。

30 《冊府元龜》卷五〇四。

31 程薔、董乃斌：《唐帝國的精神文明》（中國社會科學出版社，1996年），頁148-151。
　　楊鴻年：《隋唐兩京考》，頁109-115。

32 任重、陳儀：《魏晉南北朝城市管理研究》，頁221-228。

生，危害極大，故而朝廷官府直接制定防火制度和措施，包括成立專門的消防隊（潛火隊），嚴格實行燈火管制，黏貼防火警示語，在火災高發處採取安全措施，查辦違法和失職者，處分趁火打劫者，嚴懲防火和破壞救火者，不斷改革落後的救火辦法，可以越界調動軍隊去救火，為救火採取關閉城門等特殊措施，救火隊伍可不循例，不給官吏讓道等[33]。這種細緻程度恐怕連自治的中古西歐城市也未必能做到。

市政管理。如城市建築的管理就十分細緻。房舍作為社會等級的體現和象徵，必須以其主人的身份而建造，任何人不得違制。即使是官衙的營造，也有嚴格的規定。而在公用事業方面，排水、給水、公共衛生、環境保護、道路交通都是官府的職責。加強糧食管理，組織糧食的供應和儲存，更是歷代城市當局的一件頭等大事。連殯葬都要管理。如宋代開封府實行殯葬改革，將火葬改為土葬，在城外遠郊專門劃出墓區，稱漏澤園，意思是皇帝的恩澤要漏及黃泉之下的百姓枯骨[34]。

慈善事業。包括賑災、撫恤、濟貧、贍老、撫幼、安置流民等，城市當局都責無旁貸。如宋代東京，開封府直接設立和管理福田院、居養院等收養鰥寡孤獨的慈善機構，有安濟坊等濟貧機構。

二　城市里坊制度

城市有大有小。小的城市之各種管理雜務，基本上由所駐府縣衙門及所屬官、吏、員包攬。在中等以上的城市，城內又劃分成若干街區，稱里或坊，作為官府嚴密控制下的居民聚居單位，這是一種依據

---

33 周寶珠：《宋代東京研究》，頁85-92。
34 周寶珠：《宋代東京研究》，頁97-105。

街區區劃以實行有效管理的城市基層行政管理單位，和西歐中古城市多將行會當作城內的基層政治和社會組織很不一樣。

城市里坊制度開始於周代，到戰國時有較大發展，各國都城內建築那種棋盤式方塊的劃分，被史家認為是里坊制的雛形[35]。至秦漢時，長安城有一百六十個里，里有里牆，設里門，設里正、里監門、祭尊、街彈等里吏。里內房屋佈局顯示了經過規劃的痕跡。東漢以後又出現了坊。北魏時，也將城中居民之「里」稱為「坊」。北魏遷都洛陽後，一次就在洛陽築成了三百二十個坊，每坊約一平方里。「京師東西二十里，南北十五里，……廟社宮室府曹以外，方三百步為一里，里開四門，里置里正二人，吏四人，門士八人，合有三百二十里。」[36]這時，一些大坊、特大坊也有達到一千戶人家的。里坊的治安管理機制以縣尉為首腦，帶有中央直接統率的軍事化管理性質，直至唐代[37]。

隋煬帝將坊改成里，設里司，「官從九品下」，地位相當於最下級的官員[38]。唐初又改為坊。唐代是坊市制的巔峰時期。兩京（長安、洛陽）城市規模巨大，各自的坊數都達到了一百個以上[39]。地方城市也設有眾多的坊。如幽州城有二十六坊，蘇州城有六十坊，揚州城至少有二十六坊，敦煌縣城至少有十三坊，成都城至少有十二坊等[40]。

唐時，城中每坊一里見方，建有坊牆、坊門，對出入實行限制，而且坊門不准面向大街。坊內設十字街，將坊內劃為四個建築區，分

---

35 王維坤：〈試論中國古代都城的構造與里坊制的起源〉，《中國歷史地理論叢》一九九九年第一期，頁85。

36 《洛陽伽藍記》卷五。

37 任重、陳儀：《魏晉南北朝城市管理研究》，頁106-152。

38 宋敏求：《長安志》卷七，〈唐京城〉。轉引自周寶珠《宋代東京研究》，頁68。

39 楊鴻年：《隋唐兩京考》，頁207-213。

40 李孝聰：《唐代城市的形態與地域結構》，頁266-267。

置官房、民舍、苑囿或祭祀場所。坊有坊正，負責開啟坊門、處理坊內事務等[41]。

坊牆的建造，是唐代前期城市封閉式管理的突出特徵。這也是其時政治和社會狀況的反映。自魏晉以來世家大族的莊園出現，形成自給自足的自然經濟單位，影響了城市內的商業活動，門第等級思想在城市形態上表現為規劃建造功能不同的坊區，用坊牆封閉成棋盤格狀，以實現嚴格的階級和身份的劃分。更重要的是，這種坊牆封閉的坊市制城市規劃的目的，是為了適應隋唐王朝「律令制」國家的法律制度，便於登記戶籍，是對城市實行有效管理的一種措施。因此，其出發點仍然是政治統治的需要。不過，這是一種人為禁錮，城市居民不可能永遠被限制在定時、定點的坊區內活動。突破坊牆，促使坊市制鬆弛或崩潰，必定隨著社會穩定、城市物質和文化生活進一步豐富而到來[42]。

宋代仍設坊，但坊牆已被毀掉，成敞開型。坊之上新設廂。由此在都城開封等形成府、廂、坊三級，廂數八到十個，坊達一百以上。各類廂吏，均由軍人充任，廂巡還是兵制的一部分，可見其軍事性質。巡廂後又向都廂轉化，都廂權力更大，廂官地位更高，甚至還和知府產生了矛盾。無疑，廂的建立強化了對人民的統治[43]。

元代大都城，城內共有五十坊。其它城市坊的多少，根據城市的大小而定，較小的縣城有時只有兩個坊。有的城市在坊以外還有「隅」的設置。元初的鎮江就有七隅二十七坊，後來隅幾經歸併，到至順二年（1331年）合為二隅。隅設隅正，坊設坊正，「凡官府排辦

41 李孝聰：《唐代城市的形態與地域結構》，頁251。
42 李孝聰：《唐代城市的形態與地域結構》，頁249、250、251。
43 周寶珠：《宋代東京研究》，頁69-77。

造作、祗應雜務、羈管罪人、遞運官物、閉納酒課、催辦地錢」[44]等事務，均由他們負責，地地道道一基層小吏。

進入明清以後，坊的行政區劃作用已大不如前，但其作為城市社區單位的名稱沒有變，大小城市多有坊的劃分。一般來說，城市的地域佈局為：城中為坊，坊的周邊為四隅，城門外的城郭為關廂。行政建置則有坊、牌、鋪，或者坊、鋪。明代的北京有五城之劃分，城下設坊，整個北京共三十六坊。到了清代，坊的作用更為下落，連坊名都逐漸被人們遺忘，但坊仍然是劃分城市社區的單位，並有固定的轄區。這時，不僅坊的數量有逐漸減少的趨勢，它所固有的行政區劃功能在某些地方也不復存在，坊已不被人們所重視，衰落的跡象十分明顯[45]。這種結果，自然是城市發展和統治者對城市的管理逐漸鬆懈造成的。

對城市里坊制度發展和演變的過程作出考察，有助於我們深化這一認識，即中古時代的中國城市始終處在國家控制之下，是國家政治體系中的基本單位，任何城市都毫無政治獨立性可言。

中國中古城市為什麼沒有自治權呢？著名歷史學家姜伯勤先生作了深刻的分析。他認為，從政治制度的歷史積澱看，中國統一的中央集權體制在對舊有城市牢固控制外，也將一切新升格的市鎮納入行政系統；另外，中國早就有皇家軍隊的存在並駐守在各地，因而不需民間有自行裝備的防衛集團。從法權來看，中國古代城市中的社會團體從來沒有被賦予自治的司法權利。中國地緣性紐帶的村社組織早被破壞，殘存的是血緣宗法紐帶，缺乏「瑪律克」傳統，因而行會受到官府控制，沒有獨立的城市法庭。中華法系中刑法發達而民法不發達，

44　《至順鎮江記》卷二，〈地理・城池〉。轉引自史為民：《元代社會生活史》，頁200。
45　劉鳳云：〈明清城市的坊巷與社區──兼論傳統文化在城市空間的折射〉，《中國人民大學學報》二○○一年第二期，頁112-113。

司法受行政干預，皇帝是最大的立法者和最高審判官。司法與行政合一的城市政權，實際上成了皇帝司法權的最基層的支點[46]。

三　國家對市民的管制和打壓

與西歐中古城市相比較，中古時期中國城市中的居民成分要複雜得多。就籍貫來源而論，有移住城市的農村居民和外地人口，也有土生土長的城市原籍人口。在一些較大的工商業中心城市，還有許多外國人，如唐代的長安、宋代的開封、泉州。在各個朝代的都城，更有全國各地前來的大量就學、趕考、從業人員。

從居民的身份和職業構成看，更是五花八門，三教九流。如唐代城市居民大致包括各種官吏、地主、軍人、知識界、宗教徒、貧民、遊民、藝人、妓女、奴婢和各種依附者，以及工商業者。工商業者包括了官府作坊的工匠、城市作坊的工人、個體手工業者以及出售商品或以營利方式為生的商人[47]。特別要指出的是，普通市井居民中有不少人無固定職業。據考察，唐代城市裏就有許多賣卜、看相、行醫、賣藥、販賣書籍、鑒定文物古董、替人抄書、為喪家唱歌、車夫、搬運、日傭工、耙糞工、歌舞者、雜耍等不入流的人員[48]。

就社會地位來說，中國古代城市的居民有統治階級和被統治階級兩部分人員的截然劃分，這和西歐中古城市完全不一樣。統治階級成員當是城市當局和官員的服務對象，但其內部亦有層次等級之分，因此城市當局對他們也有一定的規範或管理、監督的權力，督促其行為符合禮制，符合其所在的身份等級。顯然，這是為了維持統治階級內

---

46 朱寰主編：《亞歐封建經濟形態比較研究》，頁218-219。

47 張澤咸：《唐代工商業》（中國社會科學出版社，1995年），頁26。

48 程薔、董乃斌：《唐帝國的精神文明》，頁177-190。

部的既定秩序。譬如房舍的高矮，門樓的寬窄，車轎的大小之類，都有嚴格的規定，任何私自超標犯禁的人，即使是官達上品，都有可能被認為是違反理制、僭越綱常而被官衙所稽查。當然，雖然統治階級人數佔了相當大的比例，但他們並沒有構成城市居民的主體[49]。

　　對待城市的普通居民，官衙則完全代表國家實行絕對統治。因此在中國古代城市裏，根本就不存在西歐中古城市那樣的市民自由、市民權利、市民自治之類的概念。工商業者雖有利益要求和權利要求，但這種要求只能由各人直接向官府訴求。因此，工商業者雖有一些共同利益，但這種利益由於官府的壓制而找不到共同表達方式，因此在中國中古社會不可能出現城市共同體或市民共同體。城市居民同農村居民一樣，都是皇帝的臣民、國家的子民而已，政治上處在官府的絕對管制之下。由於城市居民居住更集中，並與各級統治者共居一城，因而他們在人身活動上所受的限制可能比農村更多、更嚴厲。如門禁制度、街禁制度、宵禁制度這樣一些城市特有的治安管理制度實行時，普通的城市居民無疑首當其衝。而在另一方面，官府不認為普通市民有何特權，市民也無力量、無資格提出並維持某種特權，因而無論是外來人員遷入城市，還是城市居民要遷出城外，並沒有設置制度上的障礙，不會受到限制和攔阻。這樣，城市的居住權是開放性的、流動性的，更不利於市民結成共同體，也更有利於統治者的統治。而且，從經濟上說，除了政府對工商業實行直接管理，在某些領域實行專營外，民間並沒有形成像西歐中古城市裏那種壟斷性的行業組織和章程，市民們從事工商業活動的自由度和選擇性相對要更大些，這從某種意義上更有利於城市工商業的迅速發展。

　　雖然城市是開放性的，但國家對城內居民的管理和控制卻是極其

49　馬繼武、於雲瀚：〈中國封建時代的城市人口〉，《學術研究》二〇〇四年第一期。

嚴厲的。凡屬城內居民，都被按社會身份嚴格管制在官府所劃定的里坊內。如北魏太祖道武帝營建平城時，便是「分別士庶，不令雜居，伎作屠沽，各有攸處」。當戰爭等社會動盪時期大量流民湧入城市時，也給城市管理造成了極大困難。因此，官府便會整飭里坊，強化控制。北魏孝文帝時便有這種情況。他遷都洛陽時，就有人建議「使寺署有別，四民異居」，反對不同等級的人雜處[50]。

由於城市的發展，居民增多，統治者的管理措施也會有一些變化。如在唐代，開始用「坊郭戶」名稱來專指城市工商業者，與所謂「鄉村戶」相區別。到宋代，城市工商業居民都被稱為坊郭戶，單獨列級定等。王安石將「坊郭戶」列為十等，「鄉村戶」列為五等，這一做法一直沿用到南宋滅亡。東京的坊郭戶達十萬以上，人口總數超過百萬[51]。總之，不論城市人口的流動性如何，城內居民始終是官府控制下的在冊「編戶」。而且，官府還用那種類似種姓制的「市籍制」來輕賤和控制「市人」（市民）。當市籍制崩潰後，官府又用「戶牌制」和「戶甲制」，以連環保、連坐形式牢牢控制城市居民[52]。

在這種嚴厲的管制之下，雖不排除城市居民因個人權益受侵害從而有一些反抗舉動，但很難見到城市居民聯合起來為了所謂共同利益抗議或反對官府的事情。馬克思關於中國小農像一堆馬鈴薯，被國家統裝在一個麻袋裏的說法，同樣適合中國城市的居民。相反，常有一些上層市民為了獲得更多的利益或更高的地位而主動向官府投靠，或與官吏勾結，以個人身份來取得某些特權，或尋求某種保護。譬如有些商人為了依賴和勾結官府，往往用金錢向政府捐納官銜或功名，於是，我們常可以從一些相關名冊中，看到一些商人名字前常冠以「從

50 《魏書》卷六〇，〈韓麒麟傳附孫顯宗傳〉。
51 周寶珠：《宋代東京研究》，〈序言〉頁3。
52 朱寰主編：《亞歐封建經濟形態比較研究》，頁286。

九品」、「監生」之類字樣[53]。而宋代坊郭戶有十等之分，說明城市居民間的貧富差距較大，因而凡年收入在兩百千錢以下者皆可免輸役錢。但那些坊郭上戶則利用與官府、官吏更易接近的條件，與後者相勾結，抵制稅役的徵收，由此還引起過皇帝的不滿[54]。

官府及官員對城市工商業者也有種種經濟上的壓制、索取和掠奪，具體做法不一而足，譬如專營。某些獲利性很大的行業，某些民生的必需品如鹽、鐵等，大多由官府專營，或者由官府或官員指定的商賈經營，具有極大的壟斷性，也就排斥了其它人從事這一行當的可能性。又譬如索賄、索捐。雖然這是官商勾結的一種做法，但在某種程度上也是對商人和商業的一種侵奪，是一種權力尋租現象。所謂「三年清知府，十萬雪花銀」，這銀從何來？除了對普通百姓的百般搜刮外，同時也有富商巨賈的賄賂與捐獻。雖然這種賄賂和捐獻會給商紳們帶來更大的回報，但也表明了他們對政治權威的一種扭曲的認同和服從。

城市工商業者經濟上最大的負擔是重稅。統治者雖然在特殊時期能夠採取一些寬鬆政策，雖然在平時也不至於竭澤而漁，但工商業者所承受的稅收負擔是極重的。如北宋初年，曾制定商稅則例，把應納稅值商品名目頒佈於天下，使商人能依例納稅，杜絕稅務官員非法私增。但稅收範圍之廣、名目之多、數額之高，也是令人咋舌的。商稅的正稅有「過稅」和「住稅」幾種，附加商稅則包括頭子錢、市例錢等[55]。

勒索也是官府常見的一種掠奪方式。唐代白居易《賣炭翁》詩句

53　李華：《明清以來北京的工商業行會》，頁239。

54　谷更有：〈唐宋時期從「村坊制」到「城鄉交相生養」〉，《思想戰線》二〇〇四年第六期，頁107。

55　周寶珠：《宋代東京研究》，頁297-301。

「半尺紅綃一丈綾,系向牛頭充炭直」,就是揭露宮中內侍對賣炭人的勒索。在宋代,對京師工商業者勒索最為厲害的做法是「宮市」和「科配」。宮市是指宮廷派人到市場採購物品時,以價錢不合理等為由敲詐和誣告商人,商人們忍無可忍,甚至掀起了反對勒索的罷市鬥爭。科配指官府可以向商鋪強制性地採購所需之物,它所揀退處理之物,又可向商鋪配給轉賣。科配的價格常常低於市價,商家獲利極小,更有甚者,是官府採辦經常將所需之物收市,使商戶難以經營[56]。

總體來看,中國中古城市的工商居民是軟弱的,但他們也偶而發動過某些反抗運動,如唐德宗時有長安的「罷市」運動,宋代有抵制官府科索的鬥爭。宋熙寧年間斬馬刀局數百名工匠在京城起義,殺死了作頭和監官。明代城市平民「盜礦」、反礦監的鬥爭,反「稅監」、「織造太監」的鬥爭,更是此起彼伏[57]。

第三節　中古後期城市政治的局部變異

一　城市民眾組織的出現

儘管中古時代中國城市的建立是政治活動的產物,城市最初的、最主要的功能是政治統治功能,但隨著時代的前進,隨著社會經濟的發展和人口的增多,在以往那種政治中心職能的基礎上,城市作為經濟中心、文化中心、社會活動中心的職能越來越突出,即使是主要由官府、官吏和地主掌控的政治和社會生活,現在也越來越多地摻入了民間的因素,民眾的參與程度加大,城市居民的自主意識漸有出現。

---

56 周寶珠:《宋代東京研究》,頁301-306。
57 朱寰主編:《亞歐封建經濟形態比較研究》,頁286。

中古後期出現的這種變化，預示著城市生活的一種新品質，我們不妨將其看作中國城市傳統政治的一種變異，當然這種變異尚不能促使新品質全面地替代舊品質，因此只能是局部的、非主流的。

這種變異首先表現為處於非統治地位的居民在城市社會和經濟生活中越來越活躍。宋代以後，隨著城市工商業經濟的發展，以往那種封閉管理式的里坊制度漸趨鬆弛，統治者對城市居民的控制有所減弱，城市居民有組織性的自主活動開始多了起來。一個突出表現就是城市居民中各種社團組織漸漸興起。據有的研究者考察，這些組織可分為工商業組織、文人結社與市民社團、民間秘密結社三大類。前兩類是公開的、合法的。工商業組織最多、最重要，名稱有行（同業者的組織）、市（同業商人的組織）、團（宋代某些城市中的工商業者組織）、作（手工業者的組織）、幫（明清工商業中的雇工組織）、商幫（按地域或經營品種組成的商人集團）、會館（在外地的同鄉商人組織）、公所（清初出現的以行業命名的組織）等，還有借用社、殿、堂、公會、公墅等名稱的組織。文人和市民的結社包括文人結社、藝人社團、市民互助性社團和宗教性社團（如明代杭州的勝蓮會、月會，北京、南京的聖母會）等。民間秘密結社不為官方所允許，有各種江湖幫會（明清時期大量出現，如父母會、一錢會、大刀會、抬天會、子龍會、小刀會、關聖會等）、城市無賴結社（如宋以後的丐幫）、秘密宗教（如摩尼教、明教、白蓮教、香宗、彌勒宗、白雲宗）等，成員主要為下層民眾，包括城市流民、貧民、手工業者[58]。

---

58 于雲瀚近年對城市社團有較多研究。參見其論文〈古代城市中的工商業組織及其活動習俗〉，《民俗研究》二〇〇〇年第四期；〈古代城市中的「社」與「會」〉，《昌濰師專學報》二〇〇〇年第二期；〈古代城市中民間社、會的基本特徵〉，《人文雜誌》二〇〇一年第一期；〈古代城市中民間社、會的組織與活動〉，《山東師大學報》二〇〇一年第二期。

　　就政治生活而言，這三類社團各有不同。各種秘密結社直接介入
了政治生活，甚至還要直接危及中央王朝統治，因而國家和官府是堅
決不允許其存在的，必要時還進行嚴厲鎮壓。第二類社團完全停留在
社會生活層面，其活動大多有利於社會穩定，實際上成了政治統治的
一種輔助機制，因而不僅能得到官府的容許，甚至還能得到一定的鼓
勵。不過，這種社團已暗含著民間的某種自主能力，對統治體制可能
形成潛在衝擊。至於工商業組織，作為合法存在之物，在經濟生活這
一社會活動層面上的作用日顯重要，因此勢必會對政治生活秩序產生
一定影響。我們可選擇會館和行會這兩種最具代表性的工商組織做一
些分析。

　　會館是城市中外籍人士的同鄉組織。由於明清時代國家的高度統
一，超越地區需要的國內市場體系比較穩固，從而使商品在全國範圍
內的流動性加大，商務人員的地理流動增多，因而各地城市中的這種
會館普遍出現。如清代的北京，會館將近四百所，大致包括三大類。
一是接待進京應試趕考的「試館」，占百分之八十以上；二是在京外
地商人的同鄉組織；三是手工業工人單獨建立的組織，雖不多，但帶
有反抗雇主、保護自身的性質，因而頗為重要，可惜關於他們的材料
極難找到。實際上，清代北京的工商業幾乎完全掌握在地方行幫商人
手裏，如銀號業、成衣業、藥材業，都是清一色的浙東商人；香料
業、珠寶玉器業，以廣東商人地位最為顯要；膠東商人則完全把持著
北京的估衣、飯莊、綢緞等行業。聲勢最為顯赫的是山西商人，不但
壟斷著票號、錢莊、當鋪、顏料、染坊、糧食、乾果、雜貨等重要行
業，而且還滲透著經濟的各個部門[59]。

　　若從政治層面分析，可以對會館得出這麼幾點認識：其一，會館

<hr>

59　李華：《明清以來北京的工商業行會》，頁227-229。

的出現，本身就表明國家統制下的城市工商業是向全國開放的，本地居民並不具有本城工商業經營的專有權，換句話說，也就是城市市民沒有獲得對本城事務的管理權。那些管理城市的當地官府，不會站在本城居民的立場上去阻止外來商人進入本城，它們作為國家的代表歡迎至少也是容許外地商人來本城從事工商業。其二，表面上看，會館雖不是直接的政治組織，但它有互濟互助的社會性功能，有保護同鄉商人的政治性功能，因而實際上具有一定的政治性質。這一特性在本質上有利於城市乃至國家政治秩序的穩定和社會安定，因而能夠為統治者所容忍。其三，官府或官吏有時還能通過會館獲得經濟上的好處，會館因此也是政治上的保護傘，從而形成一種互利關係。如有些會館就是工商業者和官僚共同建立的，所謂「官總其成，商司其冊」[60]。會館既然能為官府提供服務，自然就能受到官方的保護，它也就具有極強的依附性。其四，雖然會館不會對既成政治體系構成直接威脅，但它充任了一定的社會和政治角色，形成了一定的社會和政治勢力，如遇上適宜的政治氣候和環境，就有可能對既有的國家統治秩序形成一定的瓦解力和衝擊力。

行會是城市中同行業人員的組織。中國城市中行會的出現，大致開始於唐宋時期，明清時代行會已在城市工商業中普遍存在。中國中古行會產生的背景和原因以及作用，與西歐中古城市行會無大差異，最初都是為了保護本行業人員利益不受侵犯，傳授生產技術，維持對本行業的壟斷性等，並「在祭祀、價格制度、品質管制、城市治安等方面有微弱的自治色彩」[61]。中國城市行會產生還有一個特別的因素，那就是為了抵制牙行的敲詐勒索。牙商本是捐客、經紀人，牙行

---

60 光緒十八年〈重修臨汾會館碑記〉。轉引自李華：《明清以來北京的工商業行會》，頁237。

61 朱寰主編：《亞歐封建經濟形態比較研究》，頁218。

北京紹興會館舊址

多是依仗官府勢力的，甚至就是官府設立的，充當牙人的多是地主惡霸、流氓無賴之徒，且又多為世襲，因而越到後來越加欺行霸市。工商業者苦不堪言，自行組織起行會與之作鬥爭便是一種有效的做法。與西歐城市行會不同的是，中國行會仍然只停留在經濟和社會組織層面上，它沒有取得政治上的自治權，更沒有成為城市中的基層行政管理組織。但它既然承擔了一定的社會協調功能和經濟調節功能，其存在必定有一定的政治意義，「起著補充官府行政空白的作用」[62]，而且要比會館等組織更為重要。有的研究者認為，中古晚期城市中出現的所謂「市民運動」，有的就是行會出面組織的。

問題是，在中國這樣一個傳統政治極度成熟的社會裏，行會在社會政治方面潛在的積極性總在被抑制中，而其保守性越到晚期卻體現得越明顯，並且越來越傍上了官府，利用官府力量來扼殺內部的新生因素和對立因素。例如，當行會內部違規的事件頻繁發生時，行會組織便試圖通過官府，用行政命令的手段來「重申」前規，並把行規刻在石碑上。清初以來，這類事件大量發生[63]。另如，行東與幫工之間

---

62 朱寰主編：《亞歐封建經濟形態比較研究》，頁218。
63 李華：《明清以來北京的工商業行會》，頁240-242。

的勞資糾紛時有所聞，明清時代行東們的「東家幫」與雇工們「西家幫「之間的對立也極為常見。這時，行會又成了行東們勾結官府鎮壓工人鬥爭的一種組織。所以，要把行會看成為一種能對現有政治體系產生強大衝擊力的社會政治力量，那是不恰當的。雖然西歐中古行會自身也有許多舊因素，這些因素也大大束縛了社會經濟的進一步發展，但與之相比，中國的城市行會不但也有這些與生俱來的傳統因素，而且它還在某種程度上成了統治勢力的幫兇，甚至用落後和保守還不足以概括它的特質。

二　經濟發達地區新市鎮的興起

　　到中古晚期即明清時代，在經濟發達的江南地區，在那些離省、府、縣城較遠的地方，出現了很多工商業經濟特別興旺的新市鎮。如明代中後期，江南擁有千戶以上直至萬戶人家的市鎮達五十多個，在這些市鎮中，居民主要從事工商業以及運輸服務業。此外還有一些宗教和文化活動人員以及無職業的純消費人口。從社會結構看，市鎮居民除了屬於統治階層的地主官吏以及市豪行霸，作為基本階級的工商業者及其少量農業人口外，還隨著某些資本主義性質的作坊手工業出現，形成了由原始資本家和早期無產者所構成的新的階級關係[64]。

　　可以看出，這些新市鎮是與傳統政治城市很不同的一種「異類」，它們的興起過程與西歐中古城市頗有相似之處，那就是先有「市」後成「鎮」。然而命運卻很不一樣，它們既沒有像西歐城市那樣獲得自治權，沒有確立商人法、市民憲章以及市民免稅、商業自由等特權，市民也沒有能結成共同體，而是長期停留在皇權經濟的附庸

---

64 陳忠平：〈明清江南市鎮人口考察〉，《南京師範大學學報》一九八八年第四期。

地位，政治上更是無地位可言。個中原因，傅衣淩先生分析得最為深刻：（1）在中國自給自足經濟占支配地位的歷史背景下，這些市鎮的經濟既有工商業性質，又具有農業性質。市鎮裏的手工業生產，相當多的部分仍屬於農家副業的性質。而且農民們租役負擔極重，擴大再生產的能力很小。而控制市場的商人們，主要從流通過程中攫取利益，故而又疏遠生產。這樣，市鎮工商業經濟的社會基礎十分脆弱，不易於獨立發展。（2）從這些市鎮人口的社會構成看，工商業者中，有不少是原為鄉居的經營地主或商人地主。他們的剝削方式仍奠基於租佃關係之上，並且和高利貸結合在一起。因此，市鎮不可能成為傳統經濟的對立物而走向獨立發展，這是中國不易於走上類似意大利城市發展道路的一個重要障礙。何況市鎮周圍的農村仍完全是自給自足性質，市鎮經濟活動自然難以擺脫自然經濟的窠臼。（3）市鎮經濟的商品化程度不可高估，資本主義萌芽只是稀疏地出現，有些市鎮甚至是地方大族根據自身需要而主動創立的。創市者有地主，有官僚，也有宗族集團，市鎮的支配權、管理權不屬於工商業者，而是屬於地主階級。市民經濟的成長受到嚴重壓迫，市鎮也不可能成為新秩序的建立者。即使那點脆弱的新生產關係萌芽，也要受到地主階級的嫉恨。在十六至十八世紀的江南市鎮，就不斷發生手工工人被殺害的慘劇[65]。

　　誠然，這種新市鎮是經濟發展中的一種新氣象，但由於其自身的性質，也由於它們在整個中古中國只是零星的幾個「孤島」，因而其出現不可能對原有政治制度產生多大影響。

---

65 傅衣淩：《明清時代江南市鎮經濟的分析》，載南京大學歷史系明清史研究室編：《明清資本主義萌芽研究論文集》（上海人民出版社，1981年），頁301-306。

第十四章
中國中古賦稅制度

第一節　中國賦稅理論

中古賦稅理論可有層次之分，其中，經過累世傳承而貫穿整個時代，並反映這個時代賦稅制度基本特徵和基本精神的那個層次，我們稱為中古賦稅基本理論。

一　理論

中國中古賦稅基本理論即《詩・北山》所謂「溥天之下，莫非王土；率土之濱，莫非王臣」，以及我們經常討論的宗法制、家天下理論（下文稱《詩》、宗法制和家天下理論）。不過論者在引用和討論時從未重視甚至忽視了它們的經濟作用。更重要的是，即使涉及經濟問題，論者也不去聯繫賦稅徵納，這自然很難將它們看作一種賦稅基本理論了。

其實，古人很早就將這種理論與賦稅徵納聯繫起來。《管子・輕重》篇即云：「先王知其然，故塞民之羨，隘其利途，予之在君，奪之在君，貧之在君，富之在君。」[1]管子作為一代名相，無疑接受了去戰國時代不久的西、東兩周的宗法制、家天下理論。在這種理論的支配下，他顯然將國家視為君之私產，因此在他看來，「予、奪、

1　《管子・輕重》六〈國蓄〉。

富、貧」之權也就由君主獨享，而對於國家來說，這些權利集中表現在土地分配和賦稅徵納上。如果說「予、奪」之權主要體現在土地上，那麼「富、貧」之權也就主要體現在賦稅上。這樣，管子便將宗法制、家天下與賦稅徵收聯繫起來。而徵收的依據便是《詩》、宗法制和家天下理論。戰國之後，每個朝代幾乎都有類似的言論。例如，韓非子說，「邦者，人君之輜重也」[2]；荀悅說「天下之財歸之陛下」[3]；陸贄說「夫以土地，王者之所有」[4]；曾肇說：「一財之源，一地之守，皆人主自為之」；[5]陳亮言：「兵皆天子之兵，財皆天子之財，官皆天子之官，民皆天子之民。」[6]這些言論的思想根源無疑都來自這一理論，而關於處分財源、土地的主張無疑也都觸及了徵稅問題。其實，從《詩‧北山》的「溥天之下，莫非王土；率土之濱，莫非王臣」，經《左傳》的「封略之內，何非君土；食土之毛，誰非君臣」，以及秦始皇的「六合之內，皇帝之土，人跡所至，無不臣者」，到《白虎通義》的「溥天之下，莫非王土；率土之濱，莫非王臣。海內之眾，已盡得使之」等，無不暗含著天子隨意徵稅的信息，從而透露出這些源出相同而表述略異的言論所具有的賦稅基本理論的性質。

在制度批判的意義上，古人的言論也較多觸及了徵稅問題，從而進一步將《詩》、宗法制和家天下的理論與徵稅實踐聯繫起來。葉適在論及治國用人之道時指出：「一兵之籍，一財之源，一地之守，皆人主自為之。」[7]這裏也暗含著君主隨意徵稅的信息，而聯繫上下文的意思可見，作者對這種徵稅的任意性是持批判態度的。皇帝所以對財源、

---

2 《韓非子‧喻老》。

3 荀悅：《申鑒‧時事二》。

4 《陸宣公集》卷二二，〈均節賦稅恤百姓第六條〉。

5 曾肇：《曲阜集》卷一，〈上哲宗論君道在立己知人〉。

6 《陳亮集》上卷，〈上孝宗皇帝第一書〉。

7 《葉適集‧水心別集》卷一〇，〈始議二〉。

土地隨意處置，概因《詩》、宗法制和家天下理論而形成的對國土、民眾的專有。黃宗羲在與《詩》相反的意義上轉引了《詩》的表述，將激情凝注筆端，譴責皇帝「視天下人民為……囊中之私物」[8]；「視天下為莫大之產業，傳之子孫，受享無窮」[9]。

這裏所引古人的言論無疑證明了《詩》、宗法制和家天下的賦稅基本理論的作用。但須指出，這些言論僅僅是將《詩》、宗法制、家天下和賦稅徵納聯繫起來，卻未指出前者即為賦稅基本理論。相反，他們對二者之間的關係還比較模糊，還不知道前者怎樣對後者發生作用。因而所謂聯繫，還限於客觀的層面，而未上陞到主觀分析的高度。

如果說上面所引還僅僅透露出皇帝可隨意徵稅的信息，那麼，東周以來歷朝的分封，則是對《詩》、宗法制、家天下理論的貫徹，而且這一貫徹使這些理論更具直觀意義。漢初分封以軍功為依據，屬行「非功不侯」、「非漢之功臣不得王」的原則，因此異姓功臣受封者甚多。但不到數年，異姓諸侯多有反叛，遂盡取其地以封子弟親屬，而改行「非漢之同姓不得王」的原則了。但同姓之中，猶有親疏，因此進一步滅其疏者，而以異其子孫。另外須知，漢代還開始了分民的先河。古代只有分土，並不分民。漢初，諸侯即依大小等次配以數量不等的民戶。文帝時因流民回歸故里，戶口增加，列侯大者可得三四萬戶[10]。可以說，自此才真正開始貫徹「王土」、「王臣」的精神。隨著中央權力的逐漸回收，諸侯權力日漸削減，七國之亂後，僅剩「君國子民」之名，而無治國理民之實，僅食其邑入而已。但是西漢後期諸侯雖不參與治國，卻還享有封土。至東漢，連封土也沒有了，僅得其名，受廩祿。而魏晉以後，所謂封建，更屬形式。受封者或寄宿京

8　黃宗羲：《明夷待訪錄・原臣》。

9　黃宗羲：《明夷待訪錄・原君》。

10　《漢書》卷一六，〈高惠後功臣表〉。

師，或雖得爵名，卻仍須採樵以自給，甚至連襲封也不存在了。唐宋以來，大都有封無建，「設爵無土，署官不職」[11]。正因為如此，許多人認為封建的實質已不復存在，認為「唐自中葉以來，唐子弟之封王者不出閣，諸臣之封公侯者不世襲，封建之制，已盡廢矣」[12]。雖然明代因「藩屏帝室」的需要又有使分封制呈現死灰復燃的跡象，但歷史的主流是分封制違反發展的趨勢而必然走向滅亡。所以這種分封只在太祖時實行，其後馬上廢除，而自此以迄清末的數百年間，不復有分封的現象。

上述諸朝的分封，大多僅僅使受封者就食於封土，賦斂於封戶。所謂「食封」，正是指這樣一層意思。說這種分封使《詩》、宗法制和家天下的賦稅基本理論更具直觀性是指分封的直接目的即食租衣稅，這本身便證明了《詩》及宗法制、家天下的賦稅基本理論價值，而不需要任何文字予以解說。如果說明代的分封因「藩屏帝室」的需要而使這些理論的表現有欠直觀，那麼漢、唐特別是唐代的分封，則純粹是一種食封，僅有食租衣稅的意義了。唯其如此，我們才容易理解《詩》、宗法制和家天下的賦稅基本理論的直觀性。

在我們看來，《詩》、宗法制和家天下理論無時無處不影響和制約皇帝和國家的財政活動，無時無處不作用於臣民的納稅心理和行為。一般情況下，這種影響或作用是隱蔽的，潛在的，因而是難以察覺的。因此如上所述，在徵稅過程中，皇帝或稅吏無須向納稅人說明徵稅的理由，而納稅人也不去質疑他們的行動，反而認為事情本該如此。這樣，如果將中國中古賦稅史看做一條長長的河流，那麼，賦稅基本理論便是這一長河隱動的潛流。河面所以有浪花飛濺，是因為有

11　《唐會要》卷四六，〈封建〉。

12　《文獻通考》卷二七六，〈封建考〉。

潛流在運動，支撐並推動著河面的湧進。中國中古社會的賦稅基本理論在徵稅過程中正是起著這種潛流的作用。

二　特徵

從比較的角度觀察，中國中古賦稅基本理論具有兩個鮮明的特徵，一是與政治理論二位一體，而由於政治理論在其中佔據主導地位，賦稅基本理論沒有獨立性；一是缺乏徵稅理由的論證和說明，僅代表皇權的單方面意見或意志，我們稱之為不完全理論。

先看第一個特徵：

如上所述，中國中古社會的賦稅徵收正是依據《詩》、宗法制和家天下的理論進行的，因而我們說《詩》、宗法制和家天下是一種賦稅基本理論。但在我們看來，它們也是一種政治理論，而且首先、直接和主要地表現為一種政治理論。

西周建立後，周公「兼制天下，立七十國，姬姓獨居五十三人」[13]，初步實施了宗法制分封，創建了以「家天下」為核心的政治體制。這時的君主，無論大小，皆以君父自居。國與家，君與父二位一體，親屬關係即政治關係，構成了當時社會的基本特徵，宗法觀念成為社會的基本觀念。進入春秋時代，有人對西周宗法制分封進行研究，以詩的形式概括和提出了「溥天之下，莫非王土；率土之濱，莫非王臣」[14]的流傳千古的經典表述。這一表述錄自當時作為宮廷樂歌因而經常在天子面前演唱的《詩・小雅》，所以，不管作者的身份如何，創作的意圖和表達的思想首先是政治性的，即對西周政治實踐的

13　《荀子・儒效篇》。

14　《詩・北山》。

概括和總結，對天子統治合理性的解釋和論證，對後世人民的教育和
訓化，也是對歷代皇帝或王朝的啟示與昭告。一言一蔽之，是關於一
種政治理論的闡述和說明。應該指出，這一經典表述是宗法制、家天
下的具體說明，而宗法制、家天下則是這一經典表述的抽象概括。正
是這種政治理論，確立了中國中古社會幾千年歷史的堅實的思想政治
基礎。

《詩》、宗法制和家天下作為政治理論意義的重要表現，是自春
秋以迄中古末世，一直作為意識形態領域的中心話語為人們所講說、
談論，並作為主流政治理論受到人們的複製、闡釋、論證和宣揚。

反映西周建制的《周禮》是對西周推行宗法制分封的記錄和研
究。此書問世以後，很快受到人們的重視。王莽攝位，曾以周公自
居，並模仿周制立政，而《周禮》便因此被視為《國典》；西魏宇文
泰建制，以之為藍圖；唐朝李世民作《六典》，視之為摹本；北宋王
安石變法更據為理財的寶鑒。在這裏，《周禮》首先作為政治理論資
料為人們所用，其中雖也包含了經濟內容，但這些內容隱而不顯，僅
僅作為政治理論的一個組成部分而存在。

《周禮》之外，春秋經傳幾乎無一例外地宣揚了《詩》的思想。
作為經傳原典的《春秋》自不待言，就是注釋《春秋》的諸傳書，也
無不如此。以「大一統」為其政治思想主旨的《公羊傳》曾反覆提及
「王者無外」、「君國一體」的理論。而所謂「無外」、「一體」，都是
指君主至高無上擁有一切，因而不過是對《詩》的不同表述。就是這
樣一部著作，在秦漢之際成為學者們競相研討的顯學，形成了公羊學
派。西漢以後，公羊學研究仍然長盛不衰。特別到了清代，隨著今文
經學研究熱潮的興起，公羊學者更大師輩出，蔚為大觀。另外，作為
春秋三傳之一的《左傳》也作了同樣的表述。「昭公七年」說（前535
年），「封略之內，何非君土，食土之毛，誰非君臣。」與《公羊傳》

相比，這簡直是對《詩》的複製了。

　　東漢《白虎通義》是儒術分化後各流派存異求同的產物，在當時意識形態領域享有很高權威。它宣稱天子為絕對至上的「一」，「以天下之大，四海之內，所共尊者一人耳」[15]，並再次重申了《詩》的表述：「溥天之下，莫非王土；率土之濱，莫非王臣。海內之眾，已盡得使之。」[16]《白虎通義》尤其強調君對民的佔有：「君有民眾，何法？法天有眾星也。」[17]顯然，《白虎通義》仍然企圖通過證明國土、民眾的歸屬而鞏固天子的統治。這時的朝代雖不再是風雨飄搖的東周，天子亦非搖搖欲墜的周王，但《白虎通義》所致力的仍然是鞏固王朝統治的政治理路。

　　秦漢以後，曾圍繞宗法分封制進行過多次大規模討論。例如在唐代，太宗即位之初，即向群臣提出了這樣一個問題：「朕欲使子孫長久，社稷永安，其理如何？」[18]這是一個事關李氏王朝長治久安的重大問題，由此引起了關於分封或建宗的曠日持久的大討論。討論的內容，是仿照古代封建藩衛，尋求一種理想的統治方式。討論的目的，在於鞏固李氏王朝的統治。而討論的結果，是太宗採納了顏師古「封建親戚，以為藩衛」、「遠近相持，親疏兩用」、「眾建宗親而少力」[19]的折中方案，建立了一種與西周形有異而實相同的分封制。在宋代，理學家也曾進行過這種討論。討論的內容，在於論證一種理想的社會模式。理學家們大多眷戀井田制下的田園生活，崇尚宗法制下的社會關係，主張重建井田制和宗法制，實現人類社會的最高理想。在這

15　《白虎通義·號》。
16　《白虎通義·封公侯》。
17　《白虎通義·五行》。
18　《唐會要·封建雜說》。
19　《帝範·建親》。

裏，理學家們所探討的核心實際上仍然是一個統治方式問題，因而性質仍然是政治的，其中雖也涉及了經濟因素如井田制，但與稅收無關，而且這種涉及完全是為政治服務的。張載的理想制度是「天子建國，諸侯建宗」，家國同構，君父合一。認為「大君者，吾父母宗子，其大臣者，宗子之家相也」[20]。朱熹雖然基於當時的歷史條件，認為井田制很難推行，但仍然肯定「封建井田，乃聖王之制」是經濟制度的最高理想。理學思潮的形成，歸根到底是儒學遵循自身內蘊涵的邏輯不斷深化和昇華的結果。所以，理學家崇尚宗法嚮往井田是順理成章的。值得注意的是，與理學思潮分庭抗禮的事功思潮的思想家代表陳亮在這一點上與理學家幾乎如出一轍，他主張「操其要於上，而分其詳於下」，同時肯定「兵皆天子之兵，財皆天子之財，官皆天子之官，民皆天子之民」[21]。在這裏，《詩》、宗法制和家天下理論不僅控制了正統派思想，而且影響了非正統派思想，充分反映了其巨大的理論威力。有的理學家甚至身體力行，一方面上書皇帝，請行井田，另一方面親率子弟在家試行。甚至認為「井田至易行，但朝廷出一令，可以不笞一人而定」[22]。

　　宋元以來，程朱理學風靡一時，居學術主流。至明中葉，情況始有變化，心學漸隆。心學雖以力矯程朱理學弊端而肇其始，其政治理想與程朱理學仍無二致。王陽明反覆證明「心」與外在事物的統一性，提出了萬物一體的理論。通過這種理論觀察社會，又形成了「天下一家」的政治模式。雖不否認這種政治理想在明中葉特定歷史條件下具有一定的社會批判意義，亦不否認對儒家傳統仁政理想的重構作用，但就本質而言，與「宗法制」、「家天下」的傳統思想仍無不同。

---

20 《正蒙‧乾稱》。

21 〈上孝宗皇帝第一書〉，《陳亮集》上卷。

22 《經學理窟‧周禮》。

因為「萬物一體」的主宰和「天下一家」的家長仍然是君主。由此可見，王陽明的這一理論是在新的歷史條件下對宗法制和家天下思想觀念的闡釋。同時代的東林黨人與王陽明雖有不同的政治境遇，卻有相同的政治主張。王氏心學一派系領受皇恩的執政群體，而東林黨人則是受皇權排斥以致最終被趕盡殺絕的官場失意文人。耐人尋味的是東林黨人對皇帝始終忠貞不貳，所宣揚的與心學家們如出一轍。東林黨人代表人物楊漣說：「竊惟生殺予奪，皇帝御世之大權也。」李應升說：「皇上元首也，臣子其腹心手足也。」趙南星說：「皇上為天之子，萬幫黎民皆皇上之子。」由此可見《詩》、宗法制和家天下理論的根深蒂固。

而且，《詩》、宗法制和家天下並非僅僅停留在理論上，也貫徹落實在分封的政治實踐中。春秋戰國以降，漢、唐、明等朝就實施了分封。

當然，這種分封並不是每個王朝都在推行。但是，不推行並不意味著已經摒棄《詩》、宗法制和家天下理論。首創皇制的嬴政「欲以宇內自私」，「尺土一民，始皆視為己有」，「而以天下奉一人」[23]。如果說這裏的轉引還僅僅是史家的評論，而不足以反映當時秦始皇的心態和家天下的實際狀況，那麼，秦始皇在琅琊所作的石刻：「六合之內，皇帝之土，人跡所至，無不臣者」，則是他作為中華大家長的思想的直接表露。像這樣，雖未進行政治分封卻仍將國家視為己有的皇帝和王朝還可舉出許多。所以，不僅分封的不同形式不能說明統治者是否摒棄了《詩》、宗法制和家天下理論，即使貫徹了戒絕分封的國策也不能說明統治者摒棄了這些理論。事實上，在長達二千五百年的中古社會，統治者未曾一刻放棄過這一理論。而越是戒絕分封，土地和人

23　《文獻通考·自序》。

民便越是集中在一人手中，且仍舊封長建宗，視國為家，視人為子。

綜上可見，《詩》、宗法制和家天下的確首先、直接和主要地表現為一種政治理論，那麼我們如何認識基於一體的賦稅基本理論和政治理論之間的關係呢？

在中國中古社會，皇權高於一切，擁有了皇權也就意味著擁有了一切，特別是擁有了全國的一切物權。在這裏，皇權的性質當然是政治性的，而物權原本也是政治性的，並且與皇權的政治性是一致的。但在中國中古社會特定的政治環境裏，政治性的物權必然轉化為法律上的物權，也就是說，皇帝擁有了全國的最高所有權。正是基於政治權力或地位的至關重要性，專制制度建立後，皇帝關注最多的是皇位的代代相傳和王朝的長治久安，而要達到這一目標，他必須組織御用文人建立和強化君主政治理論，宣揚君權神授和皇位的至高無上，並同時推行愚民政策和奴化教育。這樣，《詩》、宗法制和家天下便勢必成為中古社會意識形態領域的中心話語和主流政治理論了。既然擁有政治權力或地位意味著擁有相應的一切，皇帝便沒必要當然也無意識建立什麼賦稅或財政理論。再配合宗法制、家天下理論的宣揚和實踐，儘管無論皇帝、官員還是作為納稅人的平民百姓對賦稅徵納的道理模糊不清，賦稅的徵斂也無一例外地獲得了成功。這與西方不同。在西方中古社會，不說封建割據時期，即使在傳統意義上的專制時期，王權處在巔峰狀態，為了取得徵稅的成功，國王也必須認真研究賦稅理論，以便在議會上或徵稅時應對納稅人或納稅人代表的質疑。但在中國，這些都處在人們意識所及的範圍之外，都是不可想像的事情。

如上所論，《詩》、宗法制、家天下是中國中古社會歷代王朝聚斂課徵的賦稅基本理論，同時又是立國行政的政治理論。作為政治理論，它們受到了歷代文人政客的無數次論證、闡釋、引用、複製、發揮和張揚。也許正是由於這一原因，人們在思想文化領域的所見所

聞，充斥著「溥天之下，莫非王土；率土之濱，莫非王臣」的教化和宗法制、家天下的宣傳。隨著時間的推移，這些教化和宣傳產生了明顯的效果，最終以思想觀念的形式固定下來。在這樣的社會氛圍裏，政治理論的功能掩蓋了賦稅基本理論的作用，而賦稅基本理論的作用又只是在潛在的狀態下發生，所以，人們自然很難將它視為一種賦稅基本理論，或者說忽視了它作為賦稅基本理論的價值。但在皇帝和臣民的潛意識裏，這種賦稅基本理論始終發揮著重要作用。這種作用得以發揮的邏輯可以從兩方面去理解：一方面在皇帝看來，天下或國家是他李家或他張家的，他當然有權從臣民那裏獲得稅收；另一方面在國民看來，百姓的土地，工匠的作坊，商賈的貨攤市肆，都由皇帝賜予，所以將部分收入上繳是理所當然的。這樣，無論從哪個方面看，徵稅都是順理成章、天經地義的。《詩》、宗法制、家天下正是在這樣的情況下以這樣的方式發揮了賦稅基本理論的效能。

現在可以作出結論了：所謂政治理論和賦稅基本理論，都是通過《詩》、宗法制和家天下得到表現的，而正是通過《詩》、宗法制、家天下，賦稅基本理論和政治理論才連為一體，或者更確切地說是同體或二位一體。但是，這種二位一體並不意味著兩者具有均等的外在表現，也就是說，作為政治理論的表現是主導的，活躍的，顯揚的；而作為賦稅基本理論的表現則是依存的，靜態的，隱藏的。正是從這種意義上講，中國中古社會的賦稅基本理論沒有自己的獨立性。

再看第二個特徵。

與西方相比，中國中古社會的賦稅基本理論僅僅說明了土地和子民歸屬的事實，而沒有說明為什麼擁有這種歸屬就可以徵稅。或許有人認為，土地與子民歸屬皇帝不就是徵稅的理由嗎？還需說明什麼？問題似乎沒有這麼簡單，如果事情發生在西方，則國王必須作出這種說明。按照這種歸屬的邏輯，皇帝須首先讓稅民承認他們是他的臣

子，因為所謂「王臣」，還僅僅是皇帝的單方面意見。雖然平時無人對這種宣稱提出質疑，但當接觸實際的時候，特別是在涉及他們的經濟利益的時候，臣子們便不像平時那樣無動於衷了。如此，則賦稅的徵收便難以進行。而且，這還是制稅過程的第一階段，這個階段未達目標，接下來的任務便無從談起。在中國，皇帝不去說明徵稅的理由，事情反倒好辦了，臣子們會認為，事情本來就如此，何須多言。

《詩》說，土地和子民歸於國王，宗法制的理論認為歸於家長。而國王和家長原本即指同一個角色，因為國王是中華大家庭的家長，性質上與家族的家長和家庭的家長無異。有學者認為，在中西中古社會，土地歸王或歸帝所有都是一種「法律的虛構」[24]，這無疑是正確的。但同是「法律的虛構」，中西兩方卻存在顯著的差別。在西方，「法律虛構」的情況只是在一定程度上存在，所謂一定程度，是指「虛構」的表述就某些地區而言是符合實際的。有的地區則長期處於這種法律「虛構」的範圍之外，如法國羅亞爾河以南地區，多半為自主地。德國、意大利的某些地區也存在自主地。這種自主地如按領主附庸關係逐層上溯，則最終只及某一領主而不是國王。對於這些土地，國王顯然沒有「虛構」的統屬權。也就是說，在這些地區，「虛構」的表達可能高估了國王的實際控制程度。而中國，情況則大體相反，土地所有權表現為皇帝具有最高所有權的混合性的多級所有權形式。在這種形式下，皇帝的所有權是實實在在的，無論何人佔有，皇帝都可以某種事由予以剝奪或沒收。這樣的事例可以說不勝枚舉。所以「虛構」的表達又似乎低估了皇帝的實際控制程度。也就是說，在「法律虛構」的大範圍下，西方的國王和中國的皇帝對土地的控制程度是不同的。至於國民，西方可以說基本不歸國王佔有。這裏的國民

---

24 馬克垚：〈生產資料所有制問題〉，《史學理論研究》一九九七年第一期。

必須與領主附庸關係中的臣民分開來理解。在中古社會，似乎沒有哪個國王曾像中國皇帝那樣向世界宣佈國內民眾都屬於國王本人，而且事實上，也沒有哪位國民承認自己的人身歸屬國王。例如，諸侯與國王的關係，人們多認同國王的「平等者」中的第一人的地位。即使是農奴，也僅僅在他所居住的莊園上依附於領主，而在莊園之外，即對於其它領主而言，則有似一個自由人，幾乎擁有自由人的一切權利。這就是西方學者所說的農奴制的相對性[25]。即使在王權相對強大的英國，國王也不能將國民視為己有。在封君封臣制中，君臣關係雖在締結時規定封臣是封君的人，但這種規定僅僅強調一種保護與被保護的關係，而且，這種關係僅僅局限於與封君結成君臣關係的人；例如，國王作為封君，只是與那些同自己結成了君臣關係的人即國王的直接封臣保持這樣一種關係。而作為封君的國王，這種封臣不過幾十個，最多不過百餘人，不像中國那樣具有普遍意義。

前已論及，中國皇帝每次徵稅都無須向作為納稅人的臣民說明為什麼徵稅，而納稅人也都認為繳稅理所當然，天經地義。但在西方，國王要徵稅，必須對納稅人申明理由，即必須說明徵稅的依據。而且恰恰是這種說明構成了徵收賦稅的必要前提。沒有這一前提，國王當然不能徵稅。而有了這一前提，還須經納稅人或納稅人代表的同意，即必須符合他們認同的徵稅原則。這裏實際上涉及賦稅基本理論中另一個重要問題，即稅權問題。筆者曾論及中西方稅權歸屬的差異，認為在西方，稅權很早就作為一個問題提出來，且納稅人同國王爭奪稅權的鬥爭貫穿整個中世紀。但在中國，人們可以譴責官府甚至皇帝「苛政猛於虎」，可以揭竿而起，鋌而走險，卻始終沒有作為一個問

25　F. 布洛克和 F. W. 梅特蘭：《愛德華一世統治時期之前的英國法律史》，（F. Pollock and F. W. Maitland, The History of English Law Before the Time Edward I , vol.1, London 1926），頁415。

題提出來，從根本上控制賦稅的徵收[26]。而由於稅權由皇帝執掌，便無須說明徵稅理由，自然也不會引起爭論。而不去說明徵稅理由，展開徵納雙方的論爭，中國中古社會的賦稅基本理論也就必然顯得簡單淺薄，因為只有通過理由的申述，理論中的概念才得以提出並得到闡明；只有通過論辯，邏輯方臻嚴密，理論才能加強。在西方，基於不同的體制，徵納雙方不得不經常考慮賦稅問題。由於稅權在很大程度上控制在納稅人或由納稅人代表組成的權力組織中，國王徵稅便必須說明理由，而理由的說明，構成了西方賦稅基本理論的一個重要組成部分。又因為往往圍繞徵稅理由形成長期的、有時是大規模爭論，西方賦稅基本理論便不僅顯得複雜，而且具有一定的深度。

大澤鄉起義

由於《詩》、宗法制和家天下以及《詩》的眾多的複本和釋義僅僅說明了土地和子民的歸屬權，而沒有說明何以擁有這種歸屬權就可徵稅；更沒有規定每次徵稅須說明理由或依據，所徵稅款將作何用；

---

26 馬克垚主編：《中西封建社會比較研究》（學林出版社，1997年），頁411。

還由於這種基本理論僅僅代表了皇帝的意見或意志，而徵稅行為則是徵稅者和納稅人雙方的事情，是一種雙向活動；更重要的，是皇帝向國民收取財富，理應爭取他們的意見，並將這些意見的一般精神納入基本理論。於是，比照西方國家，我們認定這是一種不完全理論。在我們看來，它所缺失的關於徵稅理由的論證或說明，從而聽取納稅人意見並爭得他們同意，恰恰是這一理論中最重要的部分。

第二節　賦稅機構

賦稅機構包括制稅與管理兩部分。由於制稅具有很強的隨意性，歷代似乎不存在也不需要西方那樣專門的制稅組織。在管理上，由於主要採取帝室財政與國家財政分理的方式，各朝一般有兩套管理系統。

一　制稅機構

制稅機構問題，實際上是在與西方的比照中提出來的，中國實際上沒有專門的制稅機構，具有一定身份或職位的人大約都可以參加制稅。一種新的稅制或稅則的是否採納，須先奏明皇帝，卻不一定提交具有一定規模的會議討論，若得批准，自可得到實施，否則，即使再科學、再精妙，也只能胎死腹中。綜觀中國賦稅史，每次重大的賦稅改革似乎都是先由個人提出，再由皇帝採納而後推行。唐代兩稅法即由楊炎提出得唐德宗准奏後而實施，明代一條鞭法也是在浙江巡撫龐尚鵬調查地方試行情況認為可行而奏聞皇帝並獲准後推廣；清代攤丁入畝的改革也大致經歷了同樣的程序。這中間，當然不排除皇帝曾「廣開言路」，或者經過了一定的討論甚至爭論，但它的作用也僅在於通過陳述或論證某一稅法的優劣來影響皇帝，而完全不能決定這一

稅法的命運。也就是說，稅法的實施不是取決於本身的優劣，而是取決於皇帝的意志。

正因為沒有專門的制稅機構，便必須有某種替代這種機構發揮作用的形式。由上面的論述可知，這種形式既不是宰相或丞相，也不是財政部門的首長，而是凌駕於這些高官之上的皇帝。正是皇帝，在制稅中起著決定性作用。

中國賦稅財政史還有一種突出現象，這就是一種稅制一旦產生，往往數朝沿用，具有很強的穩定性。兩稅法自中唐實施後，即經宋、元以及明前期一直襲用，其間即使有變化也都屬細枝末節，無關大局。這樣，所謂制稅機構的作用便大多表現在對既定制度的沿襲上。而一種稅法得到數朝沿用自然因為有它的長處，例如可以保證或基本保證實現財政的目標。但這屬於徵稅的技術問題，與這裏討論的主題關係不大。而從稅權執掌的角度講，這種稅法在最初實施過程中，無疑是皇帝起了決定性作用，在後來承襲的過程中，同樣是皇帝起了決定性作用。而這種作用與決定採用一種新的稅法是一致的。這樣，無論是因襲，還是革新，皇帝都扮演了制稅機構的角色。

其實在隋唐以前，皇帝並未參與整個制稅過程。但自宋代開始，情況不同了。由於較多瞭解了財政的官吏營私舞弊，皇帝開始密切關注賦稅的徵收與管理。宋代的皇帝不但親自參與有關財計的各項重要制度的制定，親自主持大臣們有關財計的重要會議，而且還經常過問財計的盈虧虛實。太宗於淳化元年下詔規定：「三司自今每歲具見管金銀、錢帛、軍儲等簿以聞。」[27]真宗、仁宗、英宗三朝則進一步命三司使主持編訂《會計錄》，詳錄有關財計的重要資料，以便使皇帝全面了解財政運行情況。為了進一步加強皇帝駕馭財政的能力，也為

---

27 《宋史》卷一七九，〈食貨志‧會計〉。

了皇室用財的方便，北宋前期又設置了內藏庫，其財賦由皇帝親自掌握。由於宋代是專制制度進一步升級的標誌性朝代，宋代建立以後，專制制度具有一些新的特徵，比如宰相制度發生了重大變化，而財政專權的加劇，是政治制度升級的必然結果。

在皇帝扮演財政機構的條件下，稅項立廢、稅額增減等制稅的一應事務，必由皇帝制定。中國歷代稅項立廢，稅額增減主要是通過皇帝的詔令頒行的。漢代高祖、惠帝的什五稅一、口賦、算賦、更賦；武帝的鹽稅、鐵稅、酒稅、市稅等等；和帝亦曾罷免「鹽鐵之禁」；唐代名目繁多的雜稅；宋代的「雜變之賦」等，無一不是通過皇帝的詔令設立的。這些詔令的出臺過程由於文獻無證而難以詳知，但皇帝定制甚至在不明優劣的情況下輕易採納某一稅法則是可以肯定的。宋元以來特別是從元開始，情況不同了。由於資料遺存日多，我們有可能了解到一些定制的具體細節。元代是游牧民族在征服的基礎上建立起來的，但它的統治卻照搬了漢人的制度和經驗。關於元代稅制的起源，有這樣幾條資料很具典型性：其一說，元初定天下，有人建議將漢人殺絕，使草木暢茂，以牧場取代耕地。耶律楚材因奏曰，以天下之廣，四海之富，何求而不得，建議以漢法徵地、商之稅，取酒醋鹽鐵山澤之利。太宗說，「誠如卿言，則國用有餘矣，卿試為之」。後來，「諸路所貢課額銀幣及倉庫米穀簿籍具陳於前，悉符元奏之數。上笑曰：卿不離朕左右，何以能使錢穀流入如此？」[28]其二說，一二三六年，「帝議裂州縣賜親王、功臣。楚材曰：『裂土分民，易生嫌隙。不如多以金帛與之。』帝曰：『已許，奈何？』楚材曰：『若朝廷置吏，收其貢賦，歲終頒之，使毋擅科徵，可也。』帝然其計，遂定天下賦稅……」[29]其三，關於太宗撲買課稅的措施，耶律楚材曾多次

諫阻，言「貪利之徒，網上虐下，危害甚大」。但太宗極力堅持，至
使楚材「聲色俱厲，言與涕俱」。太宗大怒，「爾欲搏鬥耶？」終不能
止[30]。這三條資料都反映了皇帝對臣下意見的處理情況，兩條是採納，
一條是否定。就是在這種君臣嬉笑怒罵舉手投足間，事關民族國家大
計的稅制便確立下來，其輕易與簡單，在世界歷史上可謂罕有其匹。
何為賦稅？賦稅是國家之根本，生民之所繫。但就是這種關乎國家生
存命運的制度被皇帝玩弄於股掌之間，這種現象，也只有在專制政體
下才會出現。自宋元開始，皇帝的專權可謂步步升級。朱元璋即位伊
始，便迫不及待地誅殺丞相胡惟庸，並借機立下規矩，廢丞相之制，
說：「國家罷丞相，設府、部、院、寺以分理庶務，立法至為詳善，
以後嗣君，其毋得議置丞相。臣下有奏請設立者，論以極刑。」[31]從
此一手控制六部，直接掌握財權，「權不專於一司」而專於一人。而
借助「胡藍之獄」，廣造冤案，明代終於以數萬餘鮮活的生命矗立起
專制的龐然大廈。

但是，無論權力怎樣集中，也不能缺少臣民的意見或建議，這與
西方沒什麼不同。關鍵在於決策的方式，正是這種決策方式，決定了
中西方稅制的根本差異。這種差異表現在制稅上，在西方，起決定作
用的是一種權力集體，而在中國，則為皇帝一人。

二 管理機構

中國中古財政機構是在悠久的古代財政機構的基礎上繼承發展來
的，所以一開始就顯得非常完備，門類齊全，分工細密，職權大體分
明。由此，形成了國家財政和皇室財政兩大收支管理系統。在二千餘

30 〈耶律楚材傳〉，《元史》卷一四六。
31 〈職官一〉，《明史》卷七二。

年的中古社會裏，兩大管理系統除東漢及唐大曆年間有過短暫的合併
之外，在絕大多數時間裏是並立的。

　　如何看待中國古代帝室財政與國家財政分理的現象？在筆者看
來，分理當然優於合理，但須有一個條件，即將帝室財政限制在一個
合理的用度之內，且皇帝必須嚴格遵守財務制度，力避兩者混用，尤
其不去侵吞國家財政。所以，就體制本身來說，雖然分理的初衷是首
先保證帝室的用度，但如果由此形成對這一用度的限制，則這種制度
安排仍然具有可取之處。但事實卻非如此，通觀中國財政史，混用的
事情經常發生，而且主要是帝室財政或皇帝侵吞國家財政。

　　在漢代，武帝因軍需不足曾將鹽鐵由徵稅改為專賣，從而將部分
皇室收入轉歸國家財政，這是兩者混用後朝著有利於國家財政儲積的
一端發展。但這種情況畢竟很少發生，主要還是帝室侵吞國家財政。
更為重要的是，帝室財政在很多情況下大於國家財政，史載：「孝元
皇帝奉承大業，溫恭少欲。」然而就是這樣一位「溫恭少欲」的皇
帝，其「都內錢四十萬萬，水衡錢二十五萬萬，少府錢十八萬萬」，
「少府水衡見錢多也」[32]。皇帝將大部分收入劃歸帝室，猶佔用國
財，所謂分理，豈非虛設？

　　在唐代，第五琦為度支鹽鐵使時，曾將金帛盡儲於大盈庫，使宦
官主其事，以便帝室取給，用度多少，有司亦無從知曉。建中初，楊
炎曾與德宗議定，每年由度支撥給大盈庫精緞三十五萬匹。但貞元
初，德宗便說「宮中用度殊不足」，致使宰相李泌不得不「請歲供宮
中錢百萬緡」，增加支撥額，但「願陛下不受諸道貢獻及罷宣索」[33]。
此百萬緡即所謂「貞元額」，當時德宗即親口答應以「貞元額」為限，
不再額外宣索。但事實上，這種宣索從未停止。所以史載，德宗又

32　《漢書》卷一○（中華書局本），頁3264。
33　轉引自陳明光：《唐代財政史新編》（，中央財政經濟出版社，1991年），頁286。

「數有宣索，仍敕諸道勿令宰相相知。泌聞之，惘悵而不敢言」[34]。德宗之後，皇帝通過「宣索」和接納「進奉」向國家財政調取財物更變本加厲。由於鹽利沒有年度預算的限制，鹽鐵轉運使每以「羨余」為名，恣行進奉。如王播在憲宗、穆宗和敬宗三朝掌鹽務，曾幾次以巨額「進奉」，得皇帝歡心。此外，度支、戶部以及其它中央財政專使也另有進途，其額亦不在小數。例如元和間，王遂以光祿卿充供軍使，調度兵食三百萬，事畢，進奉羨余一百萬。而皇帝竟視各部門進奉為常例。如憲宗曾問：「戶部比有進獻，至卿獨無，何也？」須知，這些進奉的錢物，都屬國家財政收入，正如李絳回答憲宗時所說，「戶部所掌，皆陛下府庫之物，給納有籍，安得羨余。若自左藏輸之內藏，以為進奉，是猶東庫移之西庫」[35]。而帝室財政的增加，便必然意味著國家財政的削減。

　　宋代財政，前後各有特點。在北宋，帝室財政極為寬裕。當時，各錢監年鑄錢一百七十萬，全部供給帝室。皇祐中，歲入綿二百六十五萬餘；治平間，一百九十三萬餘，儲積之巨，更勝前代。北宋皇帝，大都採取了擴大內藏的措施。太祖欲積金帛二百萬，用以收取幽燕；太宗將封樁庫等改建內藏庫，使帝室財政空前擴大；神宗增建庫藏，竟至帝室庫藏達三十二處之多；徽宗大肆搜刮，聚財更難計其數。這樣日積月累，陳陳相因，至靖康時，金人檢視宮中庫存，絹，五千四百萬匹；大物裘緞，一千五百萬匹；金三百萬兩，銀六百萬兩，而另庫所存金銀珠寶還未計其內。一定時期的社會或國家財富乃一定量，帝室財政的極裕，必然造成國家財政的嚴重匱乏，因此後者不得不常常靠前者的接濟維持局面。而國家的事業又不能全然置諸不

---

34 轉引自陳明光：《唐代財政史新編》（，中央財政經濟出版社，1991年），頁286。
35 轉引自陳明光：《唐代財政史新編》（，中央財政經濟出版社，1991年），頁286。

問，於是帝室財政較前代具有不同的特徵，這就是經常用於賞賜、軍費、恤災、助三司經費等帝室費用以外的支出。用於助三司者，如「天聖以後，兵師、水旱費無常數，三歲以賚軍士，……調絹百萬匹，銀三十萬兩，錦綺、鹿胎、透背、綾羅紗縠合五十萬匹，以佐三司」。用於軍費者，如景德元年，「內出銀三十萬兩付河北轉運司貿易軍糧」；寶元元年（1038年），「出內藏庫錦綺綾羅一百萬，下陝西路市糴軍儲」；皇祐二年（1050年），「出內藏庫絹一百萬，下河北都轉運司權易大名府路安撫司封樁錢市糴軍儲」。用於恤災者，如嘉祐元年，「出內藏銀絹三十萬賑貸河北」；明道二年（1033案），「以京東饑，出內藏庫絹二十萬下三司代本路上供之數」；景祐元年（1034年），「以淮南歲饑，出內藏絹二十萬，下三司代其歲輸」[36]。皇帝讓內藏庫兼顧皇宮內外支用的基本原因如此，似還有自己的目的。據汪聖鐸先生研究，這有：一，強制性儲存財賦。因為建庫動機含有皇帝對理財官吏不放心的因素，恐怠於儲積，遇事無以應對。另外，如前所述，太祖、太宗亦有以此收復幽燕之意。二，直接掌握財權。以此制約三司，駕馭群臣。三，掩蓋帝室支出真相。宮中消費乃內藏支出之大宗，皇帝懼怕外人窺知支出詳情，所以予以遮蔽，以減少外界對皇室財用的注意和議論[37]。而這三條都是在宋代專制皇權的新的條件下達到財政專權的措施。而且財政專權的目標通過這些措施也的確達到了。帝室財政極裕又必然造成管理的混亂。宋初，三司對內藏財賦雖無支用之權，卻也大體了解歲入與庫存額。真宗咸平六年（1003年）下令，「詔內藏庫專副以下不得將庫管錢帛數供報及於外傳說，犯者處斬」。約此後，三司不再得知內庫存量，以後這種情況雖有反

36　轉引自汪聖鐸：《兩宋財政史》（中華書局，1995年），頁599-600。
37　轉引自汪聖鐸：《兩宋財政史》（中華書局，1995年），頁602。

覆,但混亂局面似乎一直沒有多少改善。因為即使三司了解歲入與庫
存數額,卻不能插手庫內的管理,仍由內臣控制,所以英宗繼任之
際,司馬光等上書言,「今內庫專以內臣掌之,不領於三司,其出納
之多少,積蓄之虛實,簿書之是非,有司莫得而知也」[38]。由於財貨
出入全無關防,神宗對輔臣說,內藏庫賬,文具而已。徽宗時,財權
更加集中,財務收支全以「御筆」行事,唯皇帝意志是從。致使管理
更加混亂,浪費加劇,貪漏之事頻發。在南宋,帝室財政不再接濟國
家財政,恰恰相反,皇帝不斷從左藏庫調撥財物入內藏庫,以供宮中
揮霍。渡江之初,只有內藏、激賞二庫,激賞庫本隸屬都省,卻被不
斷調撥內藏庫,致使「內帑山積」。後來激賞庫改為御前激賞庫,所
儲遂變為內帑。乾道六年(1170年)許,左藏西庫歲輸內藏庫金三百
兩、銀五萬兩、錢一十五萬貫。淳熙後,歲輸會子四十五萬貫。光宗
之後,臨時徵調財賦入內藏庫的情況又有增加。與此同時,皇帝又嚴
禁內庫財賦派做他用,並加強了錢物的催徵。有宋一代,內藏庫與左
藏庫、三司、戶部等機構的關係不斷變化,內藏財物調出、庫外財物
調入亦頻頻發生,都與皇帝意志密切相關,都是財政專權具體條件下
出現的必然現象。

耕種圖
——選自北京師範大學《義務教
育課程標準實驗教科書——歷史與社會》
八年級上冊教師教學用書配套圖冊。

38 轉引自汪聖鐸:《兩宋財政史》(中華書局,1995年),頁604。

　　在元代，國家財政初隸太府，後歸戶部。而帝室財政自設立時即隸太府，雖然收支各有劈劃，卻也常常相互調撥，如世祖定制，賜賚皆出中書，但武宗即位後，改由太府，而皇慶元年（1312年），仁宗將國庫金銀悉移太府。但總體而言，太府抽調多於戶部。

　　隨著專制制度的加強，明代帝室財政加劇了對國家財政的侵奪。眾所週知，金花銀乃由田賦折算而來，依理，應上繳國家財政，由戶部通管。但金花銀出現後，原負責收儲坑冶稅款的隸屬帝室財政的內承運庫便改以主要收儲金花銀。而金花銀，乃為放支武臣俸祿的折糧錢，但俸祿所需僅十餘萬兩，其餘，據唐文基先生推算，約千分之七十八的金花銀，即相當於全國千分之九的稅糧，盡為帝室侵吞，由皇帝個人開支，但皇帝並未以此為滿足。執掌內承運庫的宮內太監還經常憑藉皇權，向太倉索取銀兩。成化十七年（1481年），抽三十萬兩入內承運庫；嘉靖三十七年（1558年），「令歲進內庫銀百萬兩外，加預備欽取銀」；隆慶間，內承運庫主管太監公然「以白禮所部帑十萬」；另外在弘治、正德、嘉靖、隆慶年間，內承運庫太監多以財用不充，抽取太倉銀，而戶部不能阻。但在國家財政匱乏時，皇帝卻不肯支用帝室存銀。萬曆四十三年（1615年），「九邊缺餉，太倉如洗，會議諸臣多以借用金花銀為請」，戶科給事中官應震甚至疾呼，「若金花銀則請照舊以太倉故物還之太倉」，神宗卻硬是不答應。明末，一方面朝廷「三餉」加派急如星火，一方面內庫充實毫無隱憂，銀積三千餘萬兩，金存一百五十萬兩。但皇帝就是不肯動用[39]。

　　在清代，帝室財政與國家財政的相互調配的現象更加嚴重。清初，帝室支用以皇莊收入為主要來源，但一遇供求失衡，便取諸戶部。乾隆間，皇帝欽定歲支六十萬兩，但後來，移用日增，而皇帝卻

---

39 唐文基：《明代賦役制度史》（中國社會科學出版社，1991年），頁139-140。

不以為然，與此同時，也有發內府錢物以支國用的例子，如道光間，因軍供、河工、賑災之需，曾發廣儲銀數百萬兩。清末的中國，雖已處在近代歷史的臨界點上，但皇帝的理念或意識似乎還停留在中古深處，潛意識裏仍視天下財富為皇室私有。特別典型的例子當為光緒年間重修頤和園。當時的中國，已經陷入深重的民族危機，西方列強特別是東方日本，正伺機鯨吞中國領土，已經成為最大的禍患。由於中日隔海相望，對方須藉重海軍實施入侵，而中國也須相應以海軍予以抵禦。在這種形勢下，中國海軍的國防地位便陡然突出，而建設並加強海軍便具有頭等重要的意義。也正是在這種形勢下，慈禧太后開始了她規模浩大的頤和園重修工程，而這一工程所需經費，又恰恰支自海軍軍費。如果冷靜地解讀這一事件，僅只縱情山水、修建園林本身，便可定慈禧為中華民族的千古罪人！更何況還是抽取海軍軍費，因而事實上已是侵略者十惡不赦的幫兇！那麼，慈禧怎敢冒天下之大不韙，將取之於民且已經支撥為海軍軍費的賦稅用於她的頤和園修建呢？答案很簡單，在她的思想深處，天下財富乃至整個國家都屬於愛新覺羅氏！如此，修建頤和園的經費便是從哪裏徵得也都絕對天經地義。由於花費特別巨大，時人將清政府海軍處稱為頤和園工程收支處。而由於這一工程之於海軍建設猶如釜底抽薪，海軍部門購買軍火自光緒十四年（1888年）起即停了下來，十七年（1891年）又停止增加艦船，致使幾代人苦心經營的清朝海軍元氣大傷，一蹶不振。所以有人說，甲午戰爭的失敗乃是海軍的失敗，而海軍的失敗是由於海軍軍費的嚴重不足。關於軍費抽取之確數，正史無載，有人估計「至十之八九」[40]，當基本符合歷史實際。

　　總之，帝室財政與國家財政分理是中國財政管理的基本制度安排。

---

40 胡鈞：《中國財政史》（商務印書館，1921年），頁335。

但在具體實踐中，這種制度卻常常被置
於不顧，於是便有了上文所考察的兩者
相互調配以及國家財政調配遠超於帝室
財政的現象。但在我們看來，比較兩者
調出的大小沒有多少理論意義，重要的
則是如何看待皇帝對賦稅的認識。而
且，我們還發現這樣一種現象：由國家
財政調配帝室財政往往激起人們（包括
時人和今人）的憤慨；而以帝室財政接
濟國家財政卻常常引起人們的讚佩，不
由得認為皇帝是好皇帝。其實，無論是
王室財政接濟國家財政，還是國家財政
調配帝室財政，性質都一樣，都反映皇

農民交租
——選自北京師範大學：《義務
教育課程標準實驗教科書——歷
史與社會》八年級上冊教師教學
用書配套圖冊。

帝的同一心態，這就是由「溥天之下，莫非王土，率土之濱，莫非王
臣」的古老理論衍生而來的天下財富都歸皇帝或皇家所有的觀念，儘
管文獻典籍對這種觀念或情節的表述很不直白。這樣，所謂分理，便
僅僅為了帝室花費的便利，而分理的體制也就在相當程度上流於形
式。由此再論及兩者的相互調配，便都可視為皇帝財政專權的表現。

第三節　賦稅徵收

一　特點

　　基於「家國一體」的建構模式，中國中古財政收入具有突出的強
制性質，我們稱之為強權收入。所謂強權收入，是指政府主要通過國
家強權和高壓政策取得收入，它具有兩個顯著特點：一是隨意性。即

可以在沒有傳統依據或慣例的情況下任意設置名目強制徵收；二是專斷性。主要指納稅人無權參加制稅活動，對於徵稅決定只能無條件服從，徵多徵少，一概由中央決斷。

中國中古財政收入項目很多，除了賦稅外，還有禁榷，土貢以及名目繁多的雜項收入。在這些收入中，賦稅、禁榷、土貢所佔比例最高。禁榷是指政府對某些商品特別是生活必需品的專賣，通過禁榷所獲得的收入無疑包含了商人從事同類商品買賣所繳納的賦稅，當然這宗收入要較商人所納稅額大或大得多，否則，實施禁榷便沒有意義，我們所關注的是它相當於稅額的部分。這樣，我們就可以將其作賦稅觀了。在上述收入中，賦稅的比重一般來說占絕對壓倒優勢，這是無可置疑的。禁榷在明清以前的歷朝收入中亦居比較突出的地位。例如，唐代大曆年間僅食鹽一項即達六百萬緡，占全部財政收入的一半[41]。宋代紹興末年，鹽茶榷貨為二千四百萬貫，占全部財政收入的百分之四十九[42]。而至淳熙、紹熙年間，茶、鹽酒等坑冶榷貨更高達三千六百九十多萬貫，占全部財政收入的百分之五十六點五[43]。由於歷朝得自地方貢納的土特產品大多沒有折算為錢，有關土貢的有價值的材料比較少見，今只舉漢代的例子予以說明。漢初各地的獻納不是實物，而是據此折算的貨幣。據馬大英先生估計，這種獻納每年高達三十一億五千萬錢，占全國算賦總數一半以上[44]。另據歷朝列舉的品類推知，政府接受捐納的數額是十分巨大的[45]。還應指出，禁榷、土貢的實施

---

41 〈食貨志〉，《新唐書》卷五四。

42 葉適：〈實謀〉，《水心先生文集》卷四。

43 漆俠：《宋代經濟史》上冊（上海人民出版社，1987年），頁443。

44 馬大英：《漢代財政史》（中國財政經濟出版社，1983年），頁152-153。

45 傅築夫：《中國經濟史論叢》下冊（三聯書店，1985年），頁650-652；蔡次薛：《隋唐五代財政史》（中國財政經濟出版社，1990年），頁98-99；張澤咸：《唐五代賦役史草》（中華書局，1986年），頁239-241。

主要在宋元以前，明清之際，這些收入基本上以賦稅的形式徵收。由上述可見，中國中古財政收入主要來自賦稅、禁榷和土貢等項目。

二　賦稅

賦稅徵收就一般過程而言，首先是由皇帝會同中央有關部門和官員共同制定徵稅計劃。在制稅過程中，皇帝擁有最高權力或最後決定權，而參與制稅的官員又都非納稅人。這樣，整個制稅過程從人員遴選、討論到決議形成便都處在皇帝個人控制之下，所形成的決議也就難以代表民意。皇帝的最後決定權和對制稅過程的控制當然不排除皇帝可在一定範圍內或一定程度上聽取制稅人員的意見，制稅人員由朝廷命官而非納稅人代表構成，亦不排除相反意見的提出，但這並不能改變制稅的強制性質，因此整個制稅過程完全無視納稅人權力，毫無民主精神。在徵稅方面納稅人完全處於被動地位，徵多少，何時徵，怎樣徵，任中央下達命令，納稅人如不加抵制，便只有照辦執行。西方則不同，國稅的徵收一般由徵納雙方協商解決，而且納稅人代表多處主動地位，政府於獲准徵收的同時，須按徵收量大小給予納稅人以一定補償。兩相比較，中國賦稅徵收的強制性特點十分突出。

三　禁榷

禁榷是憑藉皇帝的權威強制推行的，這可由漢初著名的鹽鐵會議得到說明。由於鹽鐵是生活必需品，涉及每個人利益，禁榷之始，便遇到了強烈反對。《史記・平準書》中「其沮事之議，不可勝聽」反映了當時的實際情況。而當昭帝六年（前80年）丞相車千秋、御史大夫桑弘羊召集賢良文學商議國是、問民疾苦之時，圍繞鹽鐵專賣展開

了更為激烈、影響深遠的大論戰。弘羊雖秉皇帝之意，居高臨下，卻難以辨倒賢良文學。結果，官府憑藉皇帝權威，鏟平反對勢力，強行實施了壟斷專賣。「鹽鐵之論」是中國歷史上圍繞專賣官民雙方展開辯難的一個典型例子，其所謂典型，概在於代表民間的勢力參加了辯論，其勢亦不可謂不大。但即使如此，仍沒有逃脫失敗的結局。官府的勝利為中國後世禁榷政策的貫徹實施開闢了道路。

西漢鹽鐵會之後，中國不再有如此規模和類似性質的論辯，官府開始倚重嚴刑峻法推行它的禁榷政策，其強制性質似一代勝過一代。西漢初行禁榷，僅令「致私鑄鐵器煮鹽者，鈦左趾，沒入其器物」[46]。西晉亦僅令「凡民不得私煮鹽，犯者四歲刑，主吏二歲刑」[47]。此後量刑加重。東晉規定：「凡私帶鹽，十斤以上，即處死，刮鹼煎鹽者，不論斤兩，皆死。」[48]後周規定：「諸色犯鹽曲五斤以上，並重杖處死。」「煎煉私鹽，所犯一斤以上，斷死。」[49]後唐時，私曲五斤以上者皆死，孔循曾以曲法殺一家於洛陽[50]。至宋代，處罰更是變本加厲，宋太祖建隆二年（961年）詔：「犯私曲十五斤，以私酒入城至三斗者，始處極刑……」[51]開寶定令：「私犯河東及幽州礬一兩以上，私煮礬三斤，及盜官礬至十斤者，棄市。」[52]中國中古社會的刑律主要反映和代表皇帝意志和統治階級利益，以這樣的刑律來保證禁榷政策的實施無疑進一步反映了這種政策的強制性質。

46 〈平準書〉，《史記》卷三〇。
47 〈鹽〉，〈飲食部〉二三，《太平御覽》卷八六五。
48 〈五代鹽曲之禁〉，《廿二史札記》卷二二。
49 〈鹽鐵〉，〈征榷考〉二，《文獻通考》卷一五。
50 〈五代鹽曲之禁〉，《廿二史札記》卷二二。
51 〈食貨志下〉七，《宋史》卷一八五。
52 《續資治通鑒長編》卷一一。

四　土貢

　　土貢是賦稅的一種變相形式。依其名言，源出古代的「任土作貢」，意指凡統治範圍內所產物品，無論農、工、礦、林、漁，只要統治者需要，都須上貢，即所謂「制其貢，各以其所有」[53]。不僅土貢之名顯露著突出的強制性，產品貢納也在政府強權的高壓下進行。由於貢品眾多，價值巨大，獻納經常，在政府財政中居於不可替代的地位，貢納很早便形成了定制。漢高祖十一年（前196年），皇帝詔令各諸侯國：「常以十月朝獻，及郡各以其數率，人歲六十三錢，以給獻費。」[54]唐前期戶部對各州府的土貢品種與數量曾作明確規定：「按令文，諸郡貢獻，皆取當土所出，準絹為價，不得過五十匹，並以官物充市。所貢致薄，其物易供，聖朝常制，於斯在矣。」[55]土貢一旦形成制度，貢納物品也就變成了一種實物租稅，或經折算成貨幣租稅，其繳納也就具備了賦稅的強制特徵[56]。在西漢，如果諸侯不能完納酎金或所納成色不合標準，要受處罰。例如酎金律規定：「金少不如斤兩、色惡、王削、縣侯免國。」所以元鼎五年（前112年）九月「列侯坐獻黃金酎祭宗廟，不如法，奪爵者百六十人，丞相趙周下獄死」[57]。由此可見，土貢的強制性質是十分突出的。

　　強權徵稅的同時，皇帝還在一定條件下採取一些諸如「薄賦」、「恩讕」之類的「善舉」，如西漢的三十稅一、隋唐的輕繇薄賦、清代的盡免三餉。這與我們的結論是否矛盾呢？回答是否定的。在我們

53　《周禮‧職方氏》。

54　〈高帝紀〉，《漢書》卷一。

55　〈賦稅下〉，《通典》卷六。

56　陳明光：《唐代財政史新編》，頁133。

57　〈武帝紀〉，《漢書》卷六。

看來，二者只是在形式上存在差別，本質上是一致的。強權徵收使徵
稅工作帶有「急政」、「苛政」的特徵，而「薄斂」、「恩澤」則可產生
一種「緩衝」效應。一味強徵容易使問題走向反面，而「薄賦」、「恩
澤」則可對業已激化的矛盾產生化解作用。從這一點上講，後者是前
者的必要補充。另一方面，隨意性是強權徵收的一大特徵，而正是這
種隨意帶來了「薄賦」、「恩澤」的結果，所以二者又是一致的。

　　強權徵收貫穿整個中古社會，而且隨著專制制度的強化而逐步加
劇。例如，中古王朝大多有賦稅加徵，但是中古社會初期量次較少，
以後逐漸增加，至明代終於演成了罪惡昭彰的「三餉加派」。其實，
明代的加派並非僅此三餉，正德時，為建乾清宮，已「加天下賦一百
萬兩。」嘉靖中，以東南倭寇進犯為名，亦曾加征徭銀[58]。這些都是
以前各朝不曾出現的情況。隨著專制制度的發展，徵稅權力愈益集中
於皇帝之手，而中央又缺乏有力的機構予以牽制，所以，強權逐朝升
級並於明清走向極端也就勢所必然了。

第四節　賦稅支用

一　特點

　　在財政運行過程中，取得收入僅僅是手段，而如何將這些收入用
得其所，才是真正的目的。從這種意義上講，財稅使用較之徵收更受
統治者關注。中國皇帝正是這樣，他重視財政收入，更關注財政支
出，作為「中華大家庭」的家長，他希望財政上的每宗進項都能按自
己的意志予以支配，而由於「家國一體」的建構模式，財政支出形成

58　唐文基：《明代賦役制度史》，頁346。

了與財政收入一脈相通的原則，即也具有隨意性和專斷性特點，我們稱之為強權支出。

二　預算內支出

　　中國中古稅款支出可劃分為預算內支出與預算外支出兩部分。預算內支出是指一定時期內支出數額相對穩定的開支項目，如官俸、軍費，行政開支等。預算外支出則指一些臨時立項又一般無定額的開支，如恩蠲、賑災等。

　　預算內支出是由皇帝決定的，這首先表現為皇帝決定國家總預算。中國歷代預算一般由上而下編製表冊，根據年度支出估算財政收入。在預算過程中，各級財政部門當然要根據各自實際進行一定論證，但預算方案能否得到實施並不取決於論證是否合理，而是取決於皇帝「朱批」。這就意味著皇帝決定稅款支出的大部分，因為預算制度確立以後，預算內支出總是占國家財政總支出的大半。

　　在決定國家總預算的基礎上，皇帝進一步干預或決定各項專門開支。我們以財政支出中最大的兩項官俸與軍費中的養兵費用為例作些說明。官俸開支的大小取決於兩種因素。一是吏員人數，一是薪俸標準。一個皇帝即位特別是一個王朝開基，朝廷的首要任務是封官定爵，然後確定薪俸標準。封官定爵當然由大臣們參照先帝或先朝官制具體承辦，但皇帝在其中無疑起決定性作用。一個王朝的大部分官職當然在先帝或前朝時業已設立，當朝皇帝所做的多半是沿襲舊制，但這並不能淡化皇帝的強權作用，因為他可以決定採用這些官職，也可以廢除這些官職，而如追溯得遠些，必定發現這些官職的始作俑者在它們的設置中同樣起了決定性作用。薪俸確定也大體經歷了類似過程。這樣通過官位設置和薪俸確定，形成了一個俸祿開支總額，這個

總額便構成了一定時期官俸開支的基本部分，而皇帝的強權在其形成中的決定性作用是顯而易見的。

皇帝對官俸開支的強權作用還表現在另外兩個方面。一是承平年代的增官設位。每個王朝在其承平年代都有新的官位設置。這種設置雖事由有關部門或大臣，但必須經過皇帝允准。唐朝皇帝的書面旨諭有七種名目，其中「發敕」的作用之一，即是「增官減員……除免官爵……」[59]武周皇帝「濫以祿位收天下人心」，長壽元年，她引見舉人，「無問賢愚，悉加擢用」；神功元年，又置員外官數千人[60]。中宗神龍二年（706年），「大置員外官，自京司至諸州凡三千餘人，宦官超過七品以上員外官者又將千人」[61]。玄宗開元、天寶之際，「品官黃衣以上三千人，朱衣紫者千餘人」[62]。另一方面是承平年代的增加薪俸。統治階級根據財政盈虧增加官員薪俸在中國歷朝是極為普通的事情。在很多情況下，這種增加是局部的，影響很小，即使如此，也須經皇帝允准，通過頒佈詔令實施。唐朝皇帝「發敕」涉及錢物的數量標準定得很低，「用庫物五百段、錢二百千、倉糧五百石、奴婢二十人、馬五十匹、牛五十頭、羊五百口以上，則用之」[63]，而官員薪俸的增長則有一定的面，即使幅度不大，也很容易超過以上標準，因而須經皇帝「制敕」實施。貞觀二年（628年）二月詔：「官人得上考，給一季祿」。十二月詔：「外官新任，多有匱乏，準品計日給糧。」[64]開元十六年（728年）十一月敕：「文武百官俸料錢所給物，

59 〈中書省〉，《唐會要》卷五四。

60 《資治通鑒》卷二〇五、二〇六。

61 《資治通鑒》卷二〇八。

62 〈宦官志〉，《舊唐書》卷一八四。

63 〈中書省〉，《唐會要》卷五四。

64 〈內外官祿〉，《唐會要》卷九〇。

宜依時價給。」⁶⁵大曆十二年（777年）增加州縣官月俸定額，同時聲
明：「其舊準《令》、月俸、雜料、紙筆、執衣、白直但納資課等色，
並在此數內。」⁶⁶天寶十四年（755年）八月詔：「西京文武九品以上
正員官……自今後，每月給俸食、雜用、防閣、庶僕等，宜十分率加
二分。其同正員官加一分，仍為常式。」⁶⁷以上所舉唐例，具有一定
代表性，大體可以說明中國皇帝的強權在官俸開支中的決定性作用。

　　養兵費用主要取決於官兵員額、津貼標準兩種因素。中國歷朝軍
事制度集中體現著中央集權個人專制原則。皇帝是軍隊的最高統帥，
徵召、調動、指揮等大權集於一身。歷朝兵員數量當然有一個客觀需
要的限度，但皇帝卻可置之不顧，盡舉國之力擴軍。據統計，秦、三
國、隋、唐、宋、元諸朝，軍隊都曾達百萬以上⁶⁸。而這些朝代的人
口數量除宋較高外，其它諸朝都未超過九百萬戶⁶⁹。即以九百萬戶
計，平均不到九戶即須供養一兵⁷⁰。其中唐代比例尤高，長慶間，戶
口凡三百三十五萬，而兵員達九十九萬，通計三戶即資奉一兵⁷¹。唐
後期，許多藩鎮常常是一戶或一戶多奉養一兵。明代兵員人數達到高
峰，永樂時為二百七十多萬⁷²，而洪武間戶口不過一千六百萬⁷³，即

65　〈內外官料錢上〉，《唐會要》卷九一。

66　〈內外官料錢上〉，《唐會要》卷九一。

67　〈俸祿二〉，《冊府元龜》卷五〇六。

68　周伯棣：《中國財政史》，頁76、142、290；蔡次薛：《隋唐五代財政史》，頁164、
　　167。

69　石方：《中國人口遷移史稿》（黑龍江人民出版社，1990年），頁104、165、233、
　　246、275、300；劉展主編：《中國古代軍制史》（軍事科學出版社，1992年），頁
　　183、268、269。

70　《舊唐書》卷一七：〈文宗下〉；劉展主編：《中國古代軍制史》，頁268。

71　蔡次薛：《隋唐五代財政史》，頁168表。

72　劉展主編：《中國古代軍制史》，頁435；周伯棣：《中國財政史》，頁397。

73　石方：《中國人口遷移史稿》，頁。334

大體上六戶即須奉養一兵。歷史上精兵減員，解甲銷鋒的例子也可以見到，漢代文、景二帝、唐代貞觀年間都曾因經濟殘破、百姓疲敝而削減兵員，但這似乎不是中國中古社會的主流，一般情況下，在皇帝個人意志的作用或影響下，國家都維持一支龐大的軍隊而且兵員像滾雪球一樣不斷地擴增。關於津貼標準中官俸的確定，前文已有論及，這裏指敘士兵津貼的配給。由於津貼高低關聯財政收支大局，皇帝往往親自過問甚至直接參與討論。唐代規定，官健按月發放口糧，每人每天米二升或粟三點三升，冬春絹布十二匹[74]。宋代規定，班直月俸三千文，降充剩員後月俸五百文；班直和上禁兵月俸二千文或一千文，降充剩員為三百文。仁宗時規定「軍士征戰至廢折者，給衣糧之半，終其身；不願在軍人給錢三十千，聽自便」[75]。這些規定都是由皇帝會同有關人員直接作出或經過皇帝批准而後通過詔令的形式實施的。

　　中國歷代預算內支出的「強權」作用具有間接隱蔽的特點，因為皇帝不是直接控制或支配錢款，而是通過舉辦一些事業或採取一些行動事先造成財政支出的事實，後由財政部門履行其職責。所謂預算，是指國家對未來一定時期內財政收支的計劃，也是對收支活動的限定。但在中國，這種限定對於皇帝的行為很難產生約束作用，這恰恰體現了皇帝在財政支出中的強權作用。

三　預算外支出

　　與預算內支出相比，預算外支出的強權作用具有直接的、赤裸裸的特點。在這裏，皇帝幾乎完全無視財政部門的權力，隨便而輕易地

74　劉展主編：《中國古代軍制史》，頁264、268。

75　《續資治通鑑長編》卷一二三。

將錢款予以支付，而不問實際是否必要或合理。戰費的相當部分就是通過皇帝強權以預算外形式支出的。戰爭之前、期間，皇帝都往往大量任命提拔軍官，這些得到任命或陞遷的軍官都相應獲得俸祿。戰爭次數和規模也是決定戰費數量的重要因素。戰爭發生的多少和規模的大小當然取決於眾多複雜因素，但在很多情況下，皇帝的意志起著決定性作用。秦皇北築長城役軍四十餘萬，南戍五嶺五十餘萬，驪山阿房之役各七十餘萬[76]。隋煬入侵高麗，舉軍一百一十三萬[77]。這些行動規模都十分浩大，但卻沒有必要，其所以發生，主要出於皇帝好大喜功、窮兵黷武的本性，結果給國家財政帶來難以估量的損失。

戰費之外，我們還可以看到眾多預算外支項，如祭祀、賞賜、賑災、優恤等。這些項目的開支似乎更能體現皇帝的強權作用。以賞賜為例作一說明。隋唐賞賜可謂名目繁多，有勞軍、宴會、典禮、巡幸、節日、懷柔、示恩等等。開皇九年，隋文帝「親御朱雀門勞凱旋師，因行慶賞。自門外，夾道列布帛之積，達於南郭，以次頒給。所費三百餘萬段」[78]。唐貞元八年（792年）正月詔：「在京宗室，每年三節，宜集百官列宴會。若大選集，賜錢一百千。非大選集，錢三分減一。」[79]明太祖在平定中原及南方諸省過程中，曾多次大賞從征將士。賞格的確定皆出其個人一時的主意，既不預先規定、亦未形成制度。永樂初年升賞將士，其輕重等次，亦由成祖臨時裁決，並無成法可依[80]。這種無限制的賞賜是造成歷代財政緊張的原因之一，自然引起一些有責任感、正義感的官員的反對。但皇帝非但不檢討自己的行

---

76 〈兵考〉，《文獻通考》卷一四九。

77 蔡次薛：《隋唐五代財政史》，頁164。

78 〈食貨志〉，《隋書》卷二四。

79 〈節日〉，《唐會要》卷二九。

80 劉展主編：《中國古代軍制史》，頁445。

為，反以為官員的給諫冒犯皇威，予以嚴厲制裁。唐廣明元年，左拾遺侯昌業即以皇帝賞賜無度，上疏極諫而致賜死[81]。

隨著中央集權專制制度的加強，皇帝在財政支出中的強權作用也在加強，至明代，已經達到無以復加的地步，臭名昭著的「三餉加派」即是顯證。「三餉加派」本屬財政收入的內容，但由於它目的明確，一般在徵收前已經確定了用途，不同於普通收入，所以放在支出中討論。對於明統治者來說，「三餉加派」當然有其客觀理由。其時的大明江山已經風雨飄搖，四面楚歌：遼東有後金反叛，貴州有苗族起義，山東有白蓮教舉事。而遼東戰事未已，各地農民起義未熄，更大規模的農民戰爭又已爆發。在這種情勢下，統治者除了擴軍抵禦外別無選擇，所以「三餉加派」絕不是窮兵黷武、無事生非。然而沒有這樣的歷史環境，便不足以充分暴露皇帝在財政支出中的強權本性。皇帝在「三餉加派」中的強權特性表現在兩個方面：第一、無視賦稅徵斂的客觀限度，置人民群眾死活於不顧。百姓對於賦稅負擔當然有一個承受的限度，這一限度在大臣們頻繁的奏疏中已有清楚的說明。例如：崇禎四年（1631）二月，當第四次加派遼餉時，兵科給事中劉懋上書報告了他的家鄉臨潼的情況：「嘗考皇祖（萬曆）中年，臣鄉條編之稅，每畝不過五分，……嗣後歲歲加派，今年加二釐，明年加三釐，因事而派，事已而派不去，日加一日，則日重一日，迄今則每畝八分三釐，連加耗科索，則每畝一錢餘矣。計地一頃，條鞭一十餘兩。夫一頃所出，除人工食用外，豈能辦銀十餘兩乎？是以富者不得不貧，貧者不得不逃。」[82]這一奏疏不僅十分明確地指出了遼餉加派下民不聊生的情景，而且很有分寸地暗示了皇帝在徵稅過程中的隨意

---

81 蔡次薛：《隋唐五代財政史》，頁172。

82 《崇禎長編》卷四三。

性和強制性，可謂用心良苦，然而皇帝充耳不聞，我行我素，照舊頒佈他的加派詔令[83]。沒有比較，還不足以看到皇帝強權的完整面目，下面的例子涉及國家和王室兩方面利益，終於使皇帝的強權暴露無遺。遼東戰役中，統治者曾多次面臨前方將士枵腹待餉，而加派錢糧因百姓窮極而不得聚斂的窘境。儘管如此，皇帝仍嚴守其私藏不容染指。萬曆四十七年（1619年）七月，遼東缺餉告急，恰巧廣東金花銀解到，署戶部廣東司主事鹿繼善未奏皇帝允准，擅自將之發往遼東。戶部尚書李邦華當時即對鹿說：「金花乃主上心頭肉；如何割得？」未出李所料，鹿旋遭罰俸貶官。皇帝不用金花銀充抵遼餉，卻接著下詔在本已無油可榨的百姓身上加征遼餉[84]。第二，無視財官職權，恣意徵支。三餉加派中，因支銷無度，國庫數度空虛。萬曆後期，御史李邦華曾奏：「皇上御極初季，太倉老庫幾有千（萬）之積，僅一平寧夏，再徵倭、三剿播，而已如洗矣。臣見監督主庫交盤冊藏，老庫存銀八萬八千，臣流汗浹背。」[85]天啟六年，戶部尚書畢自嚴說：「今自奴警以來，本（色）折（色）髮若流水，庫藏窘如懸磬，若不予（預）徵新餉接濟，則冬春之交，餉必中斷。」[86]國庫空虛，責任在主管財官，所以他事先不會放任支流，亦不會不向皇帝稟報。但因為皇帝對此向不為意，故至國庫如洗。由此可見，皇帝實際上獨攬了支銷大權。

83　唐文基：《明代賦役制度史》，頁363。
84　唐文基：《明代賦役制度史》，頁348。
85　李邦華：〈條陳太倉銀庫疏〉，《李文忠公文集》卷七。
86　畢自嚴：〈予徵四年加派三分疏〉，《度支奏議》新餉司卷一三。

第十五章
中國皇權與軍隊

　　從以宗法血緣關係為基礎的分封制到以非世襲官僚和科舉制度為基礎的郡縣制，意味著中國傳統政治制度的重大變遷，也意味著最高政治統治者與軍隊關係的重大變化。

　　秦始皇滅六國後不久，就召集群臣討論是實行分封還是屬行郡縣。以丞相王綰為首的一派認為：「諸侯初破，燕、齊、荊地遠，不為置王，毋以填之。請立諸子，唯上幸許。」[1]秦始皇把王綰的意見讓群臣討論，大多數人支持王的觀點。但是李斯表示反對，他認為：「周文武所封子弟同姓甚眾，然後屬疏遠，相攻擊如仇讎，諸侯更相誅伐，周天子弗能禁止。今海內賴陛下神靈一統，皆為郡縣，諸子功臣以公賦稅重賞賜之，甚足易制。天下無異意，則安寧之術也。置諸侯不便。」[2]面對兩種不同的觀點，秦始皇顯然在此之前就已經深思熟慮了，他明確地肯定了李斯的意見。秦始皇指出：「天下共苦戰鬥不休，以有侯王。賴宗廟，天下初定，又復立國，是樹兵也，而求其寧息，豈不難哉！廷尉議是。」[3]於是秦分天下為三十六郡，郡下設縣，郡是地方社會最高的一級行政機構，設有守、尉、監。郡守是一郡的主要行政長官，郡尉主管軍事，監御史負責郡的監察工作。郡下轄的縣主要行政長官稱為「令」或「長」，滿萬戶縣的行政長官稱為「令」，不滿萬戶縣的行政長官稱為「長」。

1　〈秦始皇本紀〉，《史記》卷六。

2　〈秦始皇本紀〉，《史記》卷六。

3　〈秦始皇本紀〉，《史記》卷六。

　　郡縣制完全廢除了以前封國式的地方分權，郡縣的官員由中央政權直接任命，享受國家的俸祿，作為皇帝的代理人行使地方職權，官員的罷免權亦歸中央。自此，郡縣製作為中國傳統社會主流的行政管理體制正式確立。在郡縣制的行政結構下，體現的是中央對地方事權的剝奪和皇權控制社會的理念，郡縣制發展到最後，地方社會喪失了發展的自主權與積極性，造成地方實力空虛。

　　秦以後郡縣制經歷了一些反覆，分封行為常有發生，郡縣制的形式亦有所變化，但是從整體來看，郡縣製作為中國傳統社會皇權加強自身中央集權的手段沒有發生任何的變化。那麼又是什麼機制與力量在支撐著郡縣制運行的呢？這其中自然有官僚制度、賦稅制度、司法制度等方面的保證，更為關鍵的是皇帝對於軍權的掌握與控制，郡縣制和皇權控制軍隊的程度息息相關：只有掌握著強大的軍事力量，皇帝才能有效地支配社會，中央集權的目標才能真正得到實現。不管最後實施的效果如何，歷代中國皇帝孜孜不倦追求的目標總是一致的，即對軍隊的絕對控制權。

第一節　皇帝執掌全國軍事資源

　　在專制統治的政體中，皇帝是最高統治者，國家一切權力皆源於皇帝既而歸於皇帝一人；但是另一方面，中國傳統社會中的皇權又缺乏充分的神聖性和合法性，從某種意義上來理解，「王侯將相，寧有種乎」就是中國皇權上述要素的匱乏在民眾思想中的一種體現。皇帝要想長治久安，以至傳之萬世，勢必就要採用各種超常規的手段與方式，軍隊——這一最直接最有效的暴力工具，對中國皇帝來講，自然就非常必要了。軍隊對於皇權統治的穩定性和長久性有著至關重要的

意義，因此皇帝採取各種各樣的措施來加強自己對軍隊的控制，並防範軍隊落入他人之手，顛覆自己的政權。

一　道路和都城建設的軍事意義

秦始皇統一六國後，為了實現軍隊有效、迅速的調動，鎮壓地方勢力的反叛，他積極加強國防基礎設施的建設。公元前二二〇年，他下令修建馳道，以首都咸陽為起點，一條向東通往齊、燕；一條向南通往吳、楚舊地。漢代人賈山說：「（秦）為馳道於天下，東窮燕、齊，南極吳、楚，江湖之上，瀕海之觀畢至。道廣五十步，三丈而樹，厚築其外，隱以金椎，樹以青松。為馳道之麗至於此，使其後曾不得邪徑而託足焉。」[4] 公元前二一二年，秦始皇又命令修建一條由首都咸陽直向北的「直道」。這條「直道」從咸陽北面的雲陽出發，經過山嶺，穿過平原草地，最後到達秦九原郡治所，全長一千里（相當於今天的1400華里）。秦平定揚粵後，置桂林、南海、象郡，但是這些地區距首都遙遠，不便於中央政權對這些地方的統治，於是秦修築新道（又名越道），此外秦還在西南邊境修建五尺道。這樣在全國範圍內，以「馳道」、「直道」、「越道」和「五尺道」為基礎，再加上其它已有的基礎設施，秦王朝構建了具有戰略意義的軍事交通網絡。這裏值得注意的是修建道路的方向問題，所指向為六國舊地或偏遠地區，這說明當時秦王朝雖然實現了對各國的統治，郡縣制也推行下去了，但是秦始皇對六國舊地的統治是有一定顧忌的。一是六國舊地的舊貴族與臣民有可能起來反叛，二是他也意識到郡縣制雖然已經推行，但是後面還必須有強大的軍事力量作保障，修築四通八達的國

4　〈賈鄒枚路傳〉，《漢書》卷五一。

防交通網有助於實現軍隊的快速調動，有利於中央政權對軍事力量的整合，從而迅速鎮壓地方上的反叛，實現中央集權的目的。

都城是皇帝實行統治和生活的基地，除了偶而外出巡視以外，歷代帝王居住最多的地方就是都城了（這一點與中古西歐的國王區別很大。早期西歐的國王們得巡遊全國各地，到各地國王自己的莊園消費，以維持自己的生活，被稱為「巡行就食」）。都城內聚集了中央龐大的行政機關與數量眾多的官僚人員，這是國家——更確切地說是國王的心臟，因此中國古代都城的選址與建設本身就是一個重大的軍事與政治問題。

劉邦打敗項羽後，統治階級內部在有關都城選址的問題上有過一番爭論。大多數的大臣主張定都洛陽，他們認為：「雒陽東有成皋，西有殽黽，背河鄉雒，其固亦足恃。」[5]而張良則持不同意見，他指出：「雒陽雖有此固，其中小，不過數百里，田地薄，四面受敵，此非用武之國。夫關中左殽、函，右隴、蜀，沃野千里，南有巴、蜀之饒，北有胡苑之利，阻三面而固守，獨以一面東制諸侯。諸侯安定，河、渭漕挽天下，西給京師；諸侯有變，順流而下，足以委輸。此所謂金城千里，天府之國。劉敬說是也。」[6]經過權衡利弊以後，劉邦決定定都關中，在秦咸陽附近的一個鄉村長安的基礎上建立新的都城。

西漢的長安城方圓六十多里，城內有八條主要街道，每條街道均與城門相通，各條大街由三條並列的道路組成，其中貫穿南北的一條大街長五公里多，組成這條大街的三條道路寬度不等，中間一條寬二十米，道外有溝，溝外兩側又有寬十三米的道路。整個街面寬約五十米。中間寬者為皇帝專用馳道[7]。而長安城則是一個堅固的「堡壘」，

5　〈張陳王周傳〉，《漢書》卷四〇。

6　〈張陳王周傳〉，《漢書》卷四〇。

7　林劍鳴：《秦漢史》（上海人民出版社，2003年），頁552。

古代的西安城牆

西安城牆不僅是保存最完整的中國古代城垣建築，也是世界上現存
規模最大、最完整的古代軍事城堡。西安城牆建於明洪武年間，以
西元六世紀時的隋唐皇城牆為基礎擴展而成，周長一千三百九十一
米，牆體高十二米，底寬十八米，頂寬十五米。城牆厚度大於高
度，建築穩重堅固。

　　牆厚、城高，外面還有護城河，當城門緊閉不開時，在中古冷兵器時
代，攻取這樣一座大的城市確實是一件困難的事情。以後經過幾朝的
修繕與加固，長安城更是牢不可破，當現代人漫步於古長安城牆的時
候，這種感覺依舊存在。

　　再如北京城，明朝朱棣修建的北京城主要是在元大都的基礎上加
以改建與擴建的。元大都由宮城、皇城、外城三重方城組成，外城最
大，城牆底部寬，頂部窄，用夯土築成，夯土中加入豎木與橫木，十
分牢固，城牆四周建有角樓，可以瞭望，加上寬闊的護城河，固若金
湯。明朝建立不久，大臣徐達受命修復元大都。燕王朱棣即位後，永
樂四年（1406年）下詔遷都北京，永樂五年（1407年）朱棣開始修建
北京宮殿，八年後開始大規模修建北京城垣，永樂十五年（1417年）

修建工程全面展開，永樂十七年（1419年）新拓北京南城，次年修建
工程全部完工，歷時十四年，徵用數十萬工匠與百萬民工。以後又有
新建的工程，如在嘉靖年間，為了加強京師的防禦能力，在原來都城
的南面加修外城。從全域來看，明代的北京城有四重，即外城、內
城、皇城與宮城（紫禁城）。外城東西七千九百五十米，南北三千一
百米，外城內主要是商業與手工業區。內城東西六千六百五十米，南
北五千三百五十米。再內是皇城，東西二千五百米，南北二千七百五
十米。都城中最核心的紫禁城則是皇帝的皇宮。皇宮南北九百六十
米，東西七百六十米，佔地面積約七十二萬多平方米。紫禁城城牆高
約十米，城垣裏外都是用磚砌，外面有護城河，護城河寬五十多米，
城牆四角修建角樓，同時設立城門六座[8]。真是城中有城，宮中有
宮，防守嚴密，滴水不進！

中國的皇帝不僅僅修建都城，許多朝代還修建陪都，以防不測。
隋定都長安，但隋煬帝楊廣即位之初的第一件大事就是修建東都洛
陽，並且在洛陽附近設置糧倉，儲存糧食。朱元璋取得全國政權定都
南京，同時又在自己的家鄉臨濠（今鳳陽）建立陪都。朱元璋認為，
臨濠地處淮河中下游，離中原較近，南有長江天險，北有淮河為靠，
也是定都的良處。洪武二年（1369年），朱元璋下詔，命令修建陪都
即「中都」，由李善長督工，動用全國人力達四十餘萬人，花費無
數。中都的營建歷時六年，到洪武八年（1375）基本竣工。中都規模
比南京更為宏大，有內、中、外三城。外城周圍達二十五公里；中城
是皇城，周圍有六點五公里；內城是宮城，周圍是三公里。

從表面上來看，歷代帝王所營建的都城與他們所進行的交通建設
都是經濟社會生活的一個方面，都有國計民生的考慮，但是掀開掩蓋

8　南炳文、湯綱：《明史》下冊（上海人民出版社，1991年），頁1500-1501。

在上面的面紗，我們可以看到：其一，那些道路的建設與宮殿的修建不過是帝王體現自己皇權威嚴的重要手段。西漢名臣蕭何曾經指出：「天下方未定，故可因以就宮室。且夫天子以四海為家，非令壯麗亡以重威，且亡令後世有以加也。」[9]其二，大概也是更重要的，即城市和道路建設的重要意義，那一條條馳道是傳達軍事命令或運送軍隊的快速通道，而堅固華麗的都城則是皇帝用以藏身和出擊的軍事堡壘。

二　直接掌握調動權與指揮權

掌控軍權的關鍵在於控制軍隊的調動權與指揮權。軍隊作為一種組織機構必然有相應的管理調動機制。戰國時，軍隊中已經實行憑符、節和印調遣軍隊的制度。秦統一六國後，繼承了這一制度。秦代法律規定：除邊境敵情緊急而外，凡發兵五十人以上，必須經皇帝批准，以皇帝頒發的虎符為憑，虎符由銅鑄成，虎形，背上有銘文，分為兩半，左半邊放在皇帝身邊，右半邊給統兵的將領或地方長官。調動軍隊時，使臣持右半邊虎符與統兵將領的左半邊虎符相拼，經勘驗合符，方可發兵。凡皇帝下達到各地方或軍隊的軍事命令，必須加蓋皇帝玉璽。執行遠端軍事任務的軍隊，須持節為通行憑證。漢初，軍隊的調動、徵集與調發以符、節、羽檄、空書為信憑，沒有皇帝的命令任何人不得調遣軍隊，違者以謀反論處，偽造皇帝詔令調動軍隊的，處以死罪。

西漢末至東漢初，政局不穩，動亂不斷，制度破壞，調兵遣將多為臨時璽書乃至一般詔令。但是頒發調兵璽書、詔令之權始終由皇帝掌握。中央政府專置符節令一人，負責保管符節；下有符空郎中四

9　〈高帝紀〉，《漢書》卷一。

人，主虎符、竹節之半；符節令史一人，掌文字書寫。東漢初年，劉秀常常以璽書、詔令代替符、節發兵，手續簡單，以圖調兵時候方便。大臣杜詩上疏說：「臣聞兵者國之凶器，聖人所慎。舊制發兵，皆以虎符，其餘徵調，竹使而已。符第合會，取為大信，所以明著國命，斂持威重也。間者發兵，但用璽書，或以詔令，如有姦人詐偽，無由知覺。愚以為軍旅尚興，賊虜未殄，徵兵郡國，宜有重慎，可立虎符，以絕奸端。昔魏之公子，威傾鄰國，猶假兵符，以解趙圍，若無如姬之仇，則其功不顯。事有煩而不可省，費而不得已，蓋謂此也。」[10]杜詩指出，軍隊是事關國家安危的大事，以前的帝王對此事都是很重視的，有嚴格的發兵與調兵程序，這樣才使得皇帝的威嚴得以體現。而現在皇帝劉秀您卻對此重視不夠，一會兒用璽書，一會兒以詔令為憑證，這樣很容易被壞人所利用。在此杜詩強調了皇帝必須加強對兵權的絕對控制，重申了實行符節制度的必要性，最後劉秀聽從了杜詩的建議。

唐代法制規定：徵發外族士兵，須用天子信寶；徵集本國士兵，調兵遣將，必須以魚符作為憑證。皇帝通過兵部下達魚符，統兵的將領在勘合兵符後才能發兵。根據當時的法律，調動十名以上士兵的必須魚符與敕書勘同，這時才符合正常的發兵手續。假如遇到十分緊急的情況，來不及上報時，可以特殊處理，但事後必須及時地上報朝廷。

北宋時期，實行「將從中御」的策略，皇帝直接調度戰場上的軍隊，領兵的將領必須按照皇帝賜予的陣圖和方略指揮戰鬥，自己並沒有獨立的軍事指揮權。如有奏疏說：「今委任將帥，而每事欲從中降詔，授以方略，或賜以陣圖，依從則有未宜，專斷則是違上旨，以此制勝，未見其長。」[11]再如真宗年間，遼軍南犯，真宗就交給殿前都

---

10 〈郭杜孔張廉王蘇羊賈陸列傳〉，《後漢書》卷三一。

11 《續資治通鑒長編》卷三〇。

秦虎符

上面印有：甲兵之符，右在皇帝，左在陽陵。

虎符，古代調兵時候所借的憑證。分為兩半，左半邊留在皇帝身邊，右半邊交給統兵的將領。

指揮使高瓊陣圖，遙控軍隊。這類情形在宋代屢有發生，史載神宗時「手劄處畫，號令諸將，丁寧詳密，授以成算，雖千里外，上自節制」[12]。皇帝遙控戰鬥其意在於控制軍隊，體現皇權對於軍權的排他性與專有性，也是由於皇帝擔心兵權旁落，這樣即使統兵的將領遠離皇帝千里萬里，皇帝依然可以控制軍隊。表面上將領手中握有千軍萬馬，實際的指揮權卻在皇帝手裏。

明朝時，形成衛所管兵，五軍都督府領將，兵部主管調遣軍隊的局面，各司其職，只有皇帝才有使用軍隊的所有大權。《明史》載：「（洪武）四年，造用寶金符及調發走馬符牌。用寶符為小金牌二，中

---

12 《續資治通鑒長編》卷三五三。

書省、大都督府各藏其一。有詔發兵,省府以牌入,內府出寶用之。走馬符牌,鐵為之,共四十,金字、銀字者各半,藏之內府。有急務調發,使者佩以行。尋改為金符。凡軍機文書,自都督府、中書省長官外,不許擅奏。有詔調軍,省、府同覆奏,然後納符請寶。」[13]再如高級武官的任命,「五府、錦衣衛堂上各總兵官,皆自陳,取上裁。推舉上二人,都指揮以下上一人」[14]。說明高級武將的任命皆出自皇帝,以皇帝的好惡為取捨標準,這些被任命的武將自然唯皇帝馬首是瞻,成為皇帝統治軍隊的得力工具。

清王朝軍事領導體制的核心內容亦是軍權集中於皇帝的手中。滿族入關之前,滿洲八旗是屬於各個旗主的私人軍隊,旗主與旗人的關係類似於君臣之間的關係,旗主負責本旗內的民事行政與軍事事務。八旗軍事制度具有濃厚的軍事貴族色彩,這自然不利於皇帝集權的要求。皇太極即位後即極力抑制各個旗主的勢力,順治朝設立都統與副都統專掌八旗,而都統與副都統直接效忠於皇帝。雍正朝啟用宗室貴族管理旗務,此舉徹底分離了旗主與旗民的主臣隸屬關係。八旗兵由旗主貴族領有制度轉變為歸中央政權的國家所有,並直接聽命於皇帝,成為中央直轄常備軍,這對於加強中央集權和皇權專制具有重要意義。「皇帝通過議政王大臣會議或軍機處等輔佐決策機構和軍事行政主管機關兵部的運行,對全國軍事實施領導。同時,通過總督、巡撫、提督與駐防八旗將軍、都統,建立雙軌制的地方軍事領導體制,貫徹集權分寄、以滿制漢、以文督武的政策,達到兵權集於中央的目的。」[15]

---

13 〈兵志二〉,《明史》卷九〇。

14 〈職官志一〉,《明史》卷七二。

15 劉昭祥:《中國軍事制度史・軍事組織體制編制卷》(大象出版社,1997年),頁398。

第二節 分割兵權，製造對立，保障皇權的絕對控制

　　軍隊對於皇帝來講是一把雙刃劍。一方面，作為推行自己集權統治最重要的工具，皇權顯然離不開軍隊；歷朝統治者都強調仁義教化，這些自然不可缺少，但是更不能夠缺少的是強權與暴力，後者幾乎構成其政治統治的全部基礎。另一方面，如果軍隊與皇帝離心離德的話，軍隊就會對皇權構成威脅，其中尤其擔心統兵的將領與軍隊發生過於密切的關係，這樣往往容易引起將領的非分之想，這是歷代皇帝心中揮不散抹不去的陰影。在中國這樣的政治格局中，擁有兵權就意味著擁有一切，包括皇帝的寶座。例如趙匡胤，陳橋兵變就是他手下的軍事將領把他擁戴到皇帝寶座上的，當然趙匡胤自己心裏很清楚，與其說是別人擁戴，還不如說是自己的授意。自己的江山是由於自己掌握著強大的軍隊才得到的，這就給別的軍事將領樹立了一個範式，當其它將領自己的武裝強大到一定的程度時，誰能保證他不會有此想法呢？

　　因此為了更有效地對軍隊進行控制，消除軍隊對皇權潛在的威脅，分割兵權，實現統兵權、發兵權、調遣士兵權與指揮作戰權分離；讓文職官員與帶兵的將領相互牽制；讓軍隊的士兵與統兵的將軍分離；讓軍隊的士兵與地方社會的百姓分離，這些都不失為實現皇帝控制軍權的良方。我們可以從各個朝代軍事官職的設立與軍事權責的劃分上，發現這些深層次的政治意圖。

一　兵權分割，以文制武，宦官監軍

　　秦代中央政府中最高軍事長官是太尉，史書稱「太尉，秦官，金

印，掌武事」[16]，但他實際上只是皇帝的軍事顧問，不具有調動軍隊的權力。具體到中央軍隊的領導體制則職責明確，各有分工，且互不統屬。中央直轄軍由皇帝的私人衛隊與京城衛戍部隊組成。皇帝的私人衛隊包括負責禁中的郎中令帶領的部隊與負責宮城周邊警戒任務的衛尉統領的部隊；而京師的衛戍部隊由中尉統帥，郎中令、衛尉、中尉相互牽制，這樣有利於皇帝控制軍隊。

漢承秦制，在中央最高行政機構設立太尉，主掌兵事，但是漢代的太尉性質亦如秦時，僅是皇帝的軍事顧問，無調兵權與統兵權，而且太尉這一顧問性質的官職時置時廢。漢代的中央軍隊分為駐紮在長安城南部的南軍與駐紮在長安城北部的北軍，南軍又有分工，郎中令（光祿勳）「掌宮殿掖門戶」，衛尉「掌宮門衛屯兵」，北軍由中尉（執金吾）統帥，「掌徼循京師」。南軍的兵員多來自地方的郡縣，而北軍的士兵多是長安與三輔地區的人，兩軍的兵源不同，易形成相互牽制的態勢，而不易由將領控制。在地方上，郡守為最高行政長官，下設郡尉，主管地方軍隊的訓練與日常事務，遇到戰事需要調動軍隊的時候，以皇帝的符、節為憑。此時符、節只發給行政長官郡守，這樣就使得地方軍隊的發兵權與領兵權分離，郡守與郡尉相互監督制約。具體到征戰時候，地方郡縣亦無實際的軍事許可權，而由皇帝再設立臨時的軍事指揮系統，設置將軍與輔助人員，調動中央與地方的軍隊「掌徵代背叛」，即奉皇帝之命負責征伐地方的反叛。

唐實行府兵制，統兵權在中央設立的十二衛和東宮六率，它們統領全國各地的府兵；帶兵權屬於各個折衝府設立的長官折衝都尉與副官果毅都尉。府兵在平時進行農業耕種，冬季農閒時候由各個折衝府的折衝都尉負責軍事訓練。遇到戰爭時，調遣府兵的權力在兵部，兵

---

16 〈百官公卿表〉，《漢書》卷一九。

部下發調兵符契，州刺史與折衝都尉檢驗符合後方可實現軍隊的調動，而各衛率的長官無權調遣自己管轄的軍隊。作戰時，軍隊由各地的折衝府府兵中臨時抽調出來，皇帝任命臨時的行軍統帥或者行軍總管指揮軍隊。

宋代兵權的分裂更甚。首先是以三衙三帥為核心的中央禁軍統帥機構的形成。宋初，禁軍由殿前司與侍衛司統帥，不久宋太祖撤銷了殿前司的長官而由其副官升為長官，即原來的次長官都指揮使、副都指揮使、都虞侯為殿前司的正副官，同時侍衛司的長官亦陸續地被廢除，侍衛司分裂為侍衛馬軍和侍衛步軍，獨立成司，與殿前司並列為三司，此三司長官皆稱為都指揮使，這樣禁軍就更為分散，相互獨立，互為制約。在分散禁軍的同時，宋統治者又分割調兵權與統兵權。宋臣李綱言：「在祖宗之時，樞密掌兵籍、虎符，三衙管諸軍，率臣主兵柄，各有分守，所以維持軍政，萬世不易之法……」[17]樞密院主管全國的軍事，但是它的權力範圍主要限於發令調遣，不參與日常統兵；三衙負責日常的統兵任務，但是三帥無權發兵。宋朝統治者還採取措施實現士兵與將領的分離。宋太祖時，頒佈《更戍法》，規定戍邊和駐紮地方的禁軍，每隔三年換防一次，而帶兵的將領不隨之調動，有意識地造成兵不識將、將不識兵，兵無常帥、帥無常師的局面，使得將帥不能專其兵，軍隊不能夠與地方社會發生密切聯繫。

宋代不僅在軍隊內部施行兵權的分割，而且實行「以文制武」的策略，鉗制軍事武裝集團勢力的發展。北宋初年，設有專職武將，但是，自從宋太宗以後，逐漸以文官充任領兵事務，節制統兵武官。公元九九四年，宋太宗為鎮壓王小波、李順的起義，遣文職性質的參知政事趙昌言出任長官，節制當地所有的武職帶兵官員。史載：「癸

---

17 〈職官二〉，《宋史》卷一六二。

卯，以參知政事趙昌言為西川、峽路招安馬步軍都部署，尋詔昌言駐鳳翔，遣內侍押班衛紹欽往行營指揮軍事。」[18]真宗以後，經略使、安撫使、經略安撫使等文官成為統兵官，而總管、都監等武官性質的官員地位逐漸下降，成為文臣的屬下。劉摯說：「祖宗之法，不以武人為大帥，專制一道。必以文臣為經略，以總制之，武人為總管，領兵馬，號將官，受節制，出入戰守，唯所指揮。國家承平百有二十餘年，內外無事，以其制馭邊臣得其道也。」[19]仁宗時，開始在北部和西北部劃分固定的路，設安撫使、經略安撫使為長官，簡稱「帥」。凡兼某個州府的民政長官，同時兼本路馬步軍都總管官銜者，簡稱「帥守」。至此，地方文官兼統兵官成定制，而武將的地位下降，成為閒職與虛職。以文制武，通過貶低武將的地位，防止武官萌生奪權的野心，並使得文官與武將之間產生猜疑，最終使得皇帝能夠控制軍隊。

明代初期，主管軍事的部門是大都督府，負責全國軍隊的選拔、調遣與陞遷諸事。一三六八年，朱元璋制定六部官制，在中書省增設兵部，這樣兵部就分割了大都督府的一部分兵權，兵部開始掌管武官的任免、考覈、後勤給養等軍事行政事務，大都督府成為專事統領軍隊的領導機構。一三八〇年又將大都督府分裂為中、左、右、前、後五軍都督府，至此形成了五軍都督府領兵，兵部負責調兵的格局。遇到戰事的時候，則由皇帝直接任命總兵官掛將軍印統帥衛所的軍隊出征，戰事結束後總兵歸還將印，而軍隊則返回衛所。這樣領兵權、調兵權與率兵權實現了分離。同時，明朝統治者繼續貫徹以文制武的策略，它表現為督撫可以節制總兵，從制度分工上看，巡撫與總兵屬於

---

18 〈太宗二〉，《宋史》卷五。

19 〈任將〉，《歷代名臣奏議》卷二三八。

同一級別，總兵主管軍務，巡撫主管民政。但是在現實政治生活中，巡撫的地位比總兵高，巡撫節制總兵的事情時有發生，這種情況也發生在道級官員與副總兵（副將）的關係中。劉昭祥指出：「從明初三司並立、都司分管一省軍事的地方領導體制，到後來戰時總兵官體制轉變成平時鎮守地方、凌駕都司之上的地方軍事領導體制，再演變成總督、巡撫及兵備道領導體制，不僅反映了明朝地方軍事領導體制的多變性，也體現了明朝以文制武的一貫方針原則。」[20]

清王朝沿襲與繼承了明代的方針和原則。在清朝，駐紮在地方上的軍事力量主要是綠營兵，綠營以一到三省為一個軍區，軍區的最高軍事將領稱提督，提督有水軍提督與陸軍提督的區分，也有水陸兼任的。提督下面為各鎮的總兵，提督對各鎮的總兵有統轄權，但是提督對軍隊沒有徵調權。全國性的軍隊徵調權屬於皇帝，而地方性的軍隊徵調權則是由中央授權給地方上的最高文職官員總督與巡撫。總兵受到提督、總督與巡撫的雙重管轄。

此外，統治者還直接派遣御史或者宦官監督軍隊，特別是宦官監軍，這更是王朝力圖直接控制軍隊的病態表現。

隋朝末期，開始以御史監理軍隊。唐初亦有此種事情發生，但是此時候的御史監軍並非常態，史載李嶠「授監察御史。高宗擊邕、岩二州叛獠，詔監其軍」[21]。到唐武則天時期，已經有明文規定御史監軍了，臺中侍御史、殿中侍御史和監察御史都是可以擔任軍隊的監軍，御史監軍趨於制度化。但是當時御史的官階只有八品左右，這還沒有對軍隊的指揮造成巨大的影響。

唐開元中期以後，皇帝又改派宦官監軍，稱為「監軍使」。在軍隊出兵打仗的時候，由皇帝臨時派出宦官，擔任皇帝的耳目，防止軍

---

20 劉昭祥：《中國軍事制度史・軍事組織體制編制卷》，頁369。

21 〈李嶠傳〉，《新唐書》卷一二三。

隊將領的不忠或反叛，抑制統兵將領權力的膨脹。不久以後，又設立觀軍容使，如魚朝恩曾擔任觀軍容使，監督神策軍。貞元以後，宦官監領神策軍成為定制。玄宗以後，唐統治者在地方遍設節度使，藩鎮勢力成為中央皇權的心腹大患，朝廷為了控制地方藩鎮勢力的擴大，於是在所有的藩鎮駐地都設立了常駐的監軍機構，稱為監軍院或者監軍使院，主管人員為監軍使和監軍副使，並且下轄具體分管事務的人員若干。他們同時還有自己控制的軍隊。如遇小規模戰鬥，在軍隊中設立監陣，如果遇到大規模的會戰，皇帝在任命常規將領統兵作戰後，同時會派出擁有各種封號的監軍宦官。監軍宦官的任職期限不定，通常情況下是三年，遇到特殊的情況可以延長，一切以皇帝的意願為準。監軍宦官被認為是皇帝的化身，權重位高，但是無論宦官本身還是他所執行的使命都是畸形的、變態的，為此皇權在許多時候不得不付出沉重的代價。皇帝為了實現自己對軍隊的直接管轄，手段無所不用，分裂兵權即是其重要手段之一，它強化和鞏固了王朝，同時也為王朝自身的覆滅留下了伏筆。在正常的軍事指揮與作戰機構不能夠實現對軍隊的管理與指揮的情況下，宦官作為一種變態統治的產物大有取代正常軍事將領的趨勢。當宦官在內朝取得宮內控制權，又在外面掌控兵權時，他又成為對王權的威脅，宦官當權，國家更加混亂不堪。

明代宦官監軍更為普遍，宦官不僅僅監督京師的軍隊，還監督地方上的部隊，更監督出征的軍隊。京師的部隊是國家軍事力量的核心，皇帝自然格外地重視，因此宦官監軍這一非常規的手段得以運用。京軍三大營中，五軍營設提督內臣一人；三千營設提督內臣兩人；神機營設提督內臣兩人，並且中軍所轄的四司都有監槍內臣一人，馬隊也有坐營內臣一人。這些內臣的地位要比武將的地位高。景泰時期，皇帝從三大營中選精銳十萬，組成十團營，用太監阮讓與、

陳瑄、盧永與、曹吉祥和劉永誠進行監督。到後來更是發展為宦官總督團營，此情形可見一斑。洪武年間，宦官開始對出征的軍隊進行監軍，名義上是觀察軍隊。洪武十一年（1378年），貴州總兵官楊仲名出征時，朱元璋就曾經先後派宦官監督。此時的太監監軍還是臨時的，到永樂年間即成為慣例了，凡是有較大的軍事行動必有宦官監軍。還是在永樂年間，宦官就對地方軍隊進行監督了。這始於永樂八年（1410年），皇帝派宦官馬靖巡視甘肅，這事實上賦予了宦官的軍事許可權，此後陸續又有許多宦官巡視地方部隊。全國邊鎮等各鎮是總兵官、都御史與鎮守內臣共設，當時的人們稱之為「三堂」。宦官掌握軍權，最突出的例子應該是「三寶太監」鄭和，他曾經為南京守備太監，負責南京的防衛。宦官監軍其實前朝已有，但是發生在嚴令「內臣不得干預政事」的明代確實令人深思。

　　總而言之，皇帝採用分割兵權、以文制武以及宦官監軍等措施的目的是牽制正規軍隊，防止將領篡奪軍權，以保證皇帝對軍隊的絕對控制。李治安指出：「明代中央與地方的軍權分配體現了集權分寄的原則，集權分寄的核心是集權，分寄是為集權服務的。」[22]

二　兵民分裂

　　歷朝統治者在文武之間造成分裂的同時，更是在兵民之間製造分裂，這種做法其實由來已久，向前可以追溯到秦始皇時代。雷海宗先生指出：「春秋時代雖已有平民當兵，但兵的主體仍是士族。所以春秋時代的軍隊仍可說是貴族階級的軍隊。因為是貴族的，所以仍為傳統封建貴族的俠義精神所支配。封建制度所造成的貴族，男子都以當

22　李治安：《唐宋元明清中央與地方關係研究》（南開大學出版社，1996年），頁315。

兵為職務，為榮譽，為樂趣。不能當兵是莫大的羞恥。」[23]到戰國時，形勢已經發生了一些變化，逐漸產生了後代的軍民隔離與社會接替的局面。事實上，軍民的分離與兵民的對立與一些統治政策推行有一定關係。秦代實行謫兵制度，徵發有罪的官吏、拖欠租賦徭役的人、沒有戶籍的流民、社會地位低下的贅婿與贅子、商人、奴隸、有罪的平民等等充任士兵，這使得當兵由一種榮譽性的職務變成一種地位低下的行業。

西漢時繼續實行這一制度，特別是在漢武帝時期，由於長年的戰爭，兵源短缺，漢武帝進行大規模的謫兵。公元前一〇四年，「遣貳師將軍李廣利發天下謫民西征大宛」[24]。徵發的對象亦是些罪民、地方惡少、亡命之徒、商賈與社會流民等當時為人們所輕看的人。這樣，士兵的身份立即就發生了巨大的變化，從事行武職業變得比較低下，平常的百姓除非迫不得已，否則不會主動參軍，而軍隊的士兵由於受到平常人的歧視，又會對社會產生敵對的心理。雷海宗先生一針見血地指出：「由春秋時代到漢代的發展經過，總括一句，先是軍民不分，後來軍民分立，最後軍民對立。」[25]

這種趨勢一直在發展，北宋時達到頂點。北宋實行募兵制度，一旦從軍，終身為兵。北宋統治者為了防止饑民叛亂，一旦發生饑民叛亂的事情，立即把饑民收編為軍隊，使得社會有叛兵而沒有叛民。在軍隊中，士兵都鯨面刺字，而且士兵在軍隊中多從事一些雜役與苦力之事。軍事法律還規定，禁兵只准許穿著深色的衣服，不准衣著鮮豔等等。這種制度下，士兵地位十分低下，與發配充軍的罪犯沒有差別，當兵是社會中一種受到別人歧視的職業。

---

23 雷海宗：《中國文化與中國的兵》（商務印書館，2001年），頁6。

24 〈武帝紀〉，《漢書》卷六。

25 雷海宗：《中國文化與中國的兵》，頁28。

　　明代的政府亦把當兵作為對一般民眾的懲罰手段，軍戶是被人歧
視的，平常的百姓由於害怕受到軍戶的牽連，而不願意於軍戶通婚。
史載朱棣統治時期，湖廣地區的軍戶「民家慮與為婚姻，徭賦將累
己，男女至年四十尚不婚」²⁶。

　　士兵對社會產生一種消極抵抗的情緒，軍隊失去了民眾的基礎，
而一般的民眾也從心理上對士兵產生反感，健全的平民不願意從軍。
兵民分離以及軍隊與民眾之間產生了巨大的鴻溝的結果是皇權從中取
得對雙方的控制。

第三節　國家軍力的戰略分佈

一　重兵屯於京師，震懾地方

　　在中國的中古時代，軍隊的部署絕對不是一個簡單的兵力分佈問
題，有多少軍隊部署在京師及其四周地區，有多少軍隊部署在全國地
方各郡縣，體現的是一種政治格局，一種權力的分佈。在中國，權力
與強權——軍隊的聯繫如此緊密，所以兵力部署既是權力分佈的象
徵，也是實際權力重心的體現。從一定意義上講，首都周圍部署的軍
隊越多，皇帝掌握的軍事力量越強，就會更加體現中央皇權的權威，
對於地方社會的震懾力就會更強，郡縣制的集權模式就會更好地推
行。從整體上看，中國中古社會中，國家軍隊大體分為中央軍隊與地
方軍隊，以中央軍隊為主體，一些王朝甚至完全取消地方軍隊；從軍
隊的分佈上來看，軍隊部署的重點是在京師附近，皇權掌握的中央直
轄常備軍是國家軍隊主要的力量。

26　〈黃宗載傳〉，《明史》卷一五八。

　　秦統一初期，平定南方，攻打百越，發兵五十萬；拓疆北方，三十萬大軍逐伐匈奴，奪取河套，收復陰山，設立九原郡，同時修繕長城。這些軍隊大多是國家的直轄軍隊，正是由於這些軍隊的支撐，秦始皇才勉強地維持著自己的專制統治。

　　西漢時期，形成以南軍與北軍為主的中央直轄軍隊，軍隊部署在首都長安和其周圍地區。漢武帝時期，為了進一步加強中央直轄的軍事力量，開始擴充南北軍。南軍增加期門軍編制，士兵來自於河西地區六郡（隴西、天水、安定、北地、上郡、西河）的良家子弟，人數有一千人左右，不久增加羽林軍與羽林孤兒編制，人數有二千多人。北軍之外，漢武帝增設八校尉統帶的職業兵。他們是：中壘校尉，掌北軍壘門內，外掌西域；屯騎校尉，掌騎士；步兵校尉，掌上林苑門屯兵；越騎校尉，掌越騎；長水校尉，掌長水，宣曲胡騎；胡騎校尉，掌池陽胡騎；射聲校尉，掌待詔射聲士；虎賁校尉，掌輕車。以後，中央軍又陸續有所增添。儘管在學術界有關漢代初期京師兵的構成一直是一個糾纏不清的問題，但是從總體上看，西漢中央常備軍人數多，統兵的武將與士兵的素質較好，軍隊的軍事裝備也比一般地方軍的裝備精良。他們駐紮在首都及其附近，便於皇帝直接控制和調動，是震懾地方社會的主要軍事力量。東漢時期，除了以前首都的駐軍外，皇帝的中央常備軍又增加了幾支，主要是「黎陽營」和「雍營」。《文獻通考》載：「（劉秀）以幽、冀、并州兵定天下，始於黎陽立營，領兵騎常千人，以謁者監之，號『黎陽兵』。其後，又以扶風都尉部在雍縣，以涼州近羌，數犯三輔，將兵衛護園陵，故俗稱『雍營』。」[27]

　　唐代前期軍事力量的分佈，形成「軍府散天下居重馭輕」的局

---

27 〈兵考二〉，《文獻通考》卷一五〇。

面。府兵制是兵民合一的軍事制度。府兵指軍府之兵，就唐代前期的情況而言，部署在京師及附近地區的兵力包括內府（親衛府、勳衛二府、翊衛二府）的五府軍隊與駐紮在關中地區的外府軍隊（折衝府軍隊）。據谷霽光先生的統計，唐代十道折衝府數有六百五十七軍府，其中京師所在地關內道有二百八十八府，占總軍府數的百分之四十三點九；在關內道二百八十八軍府中，京兆府有一百三十一軍府，而與首都相鄰的河東道亦有一百六十四軍府，占全國總府數的百分之二十四點九；河東道與關內道的軍府數相加有四百五十二軍府，共占全國軍府數的百分之六十八點八。相比之下，處於偏遠地區或與京師距離較遠的地方設立的軍府就很少：淮南道有軍府十個，嶺南道有軍府六個，江南道有軍府五個[28]。稍加對比，國家軍力分佈的側重點可見一斑。唐德宗時期的大臣陸贄說：「舉天下不敵關中，則居重馭輕之意明矣。」[29]府兵制度下，唐朝軍隊的部署有力地保障了皇帝的中央集權。唐中後期府兵制度衰落，原來的宿衛與征戍二合一的職能分開，分別由中央直轄軍與地方邊鎮軍隊所代替，後來邊鎮軍隊勢力坐大，終於形成後期的藩鎮割據局面，九鎮軍隊變成節度使自己的私人武裝。在這種情況下，唐統治者不得不致力於中央常備軍的建設，中央禁軍的作用亦發生轉變，再從單純的宿衛轉化為宿衛與征戍並行的「天子之兵」[30]。

　　唐後期的中央禁軍經過五代的發展最終形成宋代的禁軍制度。宋代的禁軍是中央直轄的國家常備軍。宋朝初年，地方社會的軍隊被裁撤，京師的禁軍出戍，擔任地方的防衛任務。宋朝初年，國家大約有禁軍二十二萬，十多萬駐紮在京師，十多萬駐紮於地方，其目的在於

28　谷霽光：《府兵制度考釋》（上海人民出版社，1962年），頁154。

29　《陸宣公奏議》卷一一，〈論關中事宜狀〉，又可參考《資治通鑒》卷二二八。

30　〈兵志〉，《新唐書》卷五〇。

內外相制。宋神宗曾說：「藝祖養兵止二十萬，京師十萬餘，諸道十萬餘。使京師之兵足以制諸道，則無外亂；合諸道之兵足以制京師，則無內變，內外相制，無偏重之患。」[31]

明代實行衛所制度。洪武二十五年（1392年）的統計表明，當時全國有軍隊一百二十萬，不久增加到一百八十萬，這其中的精銳部隊多駐紮於京城附近。朱元璋在南京一帶設有四十八衛，共計軍隊二十萬人。史載「京城內外置大小二場，分教四十八衛卒」[32]。朱棣從即位特別是遷都北京後，更是極力加強中央直轄常備軍的建設。一方面他把京營增加到七十二衛，兵力達到三十至四十萬人；另一方面新組建五軍營、三千營、神機營三個軍事組織。特別是神機營，創建於永樂八年左右，它是明代也是中國歷史上第一支獨立建制的火器部隊。在當時的歷史條件下，相對於其它地方軍隊的裝備，它顯得先進得許多。此外，朱棣還命令中都、大寧、山東、河南等都司所屬衛所軍隊每年分兩班進京操練，以增強中央的軍事力量。

清初，八旗兵是國家賴以統治的基本軍事力量。按照駐防的地位和守衛的職責分為禁旅八旗與駐防八旗兩個部分。「存京師者為禁旅，而分鎮各省者為駐防。」[33]兩者在本質上沒有區別，八旗兵駐防於京師及京師附近的占其主要部分。滿族作為一支外族，吞併中原，勢必要提防漢族的反抗，而八旗兵是精兵但數量並不是很多，假如分散駐防的話，不利於軍隊自身的防禦，因此集中於京城附近，易於調動，既利於鎮壓地方上的漢人反抗，又利於八旗軍自身的安全。在京師內有京師禁旅，包括負責保衛內廷的郎衛與負責保衛紫禁宮闕和京師的兵衛。禁旅八旗兵力約有十二萬，他們武器裝備精良，兵源素質

31 李燾：《續資治通鑒長編》卷三二七。

32 《明史》卷八九，〈兵志一〉。

33 魏源：《聖武記》卷一一。

好，是皇帝倚重的軍事力量。在北京周圍地區駐有畿輔駐防部隊，以便在周邊保衛京師。定宜莊認為，畿輔駐防可以分為兩個層次，最靠近北京城的為第一層次，有順義、昌平、三河、良鄉、寶坻、固安、採育、東安，這與京師禁旅相對應。第二層為霸州、玉田、灤州、雄縣[34]。趙令志在定宜莊研究的基礎上提出了第三層次的看法。他認為：「……除了以上兩個層次外，永平、天津、滄州、保定和長城沿線的張家口、獨石口、千家店、古北口、羅文峪、喜峰口、山海關等處駐防，應該列為畿輔駐防的第三層次。」[35]總體看來，從屯駐的兵力來看，八旗的駐防重心在長江以北地區，江南地區駐防八旗兵力較少，而且湖南、廣西、江西、貴州都沒有駐防地，京畿、東三省的駐防兵力卻占到駐防八旗總數的一半，因此在京師及周圍地區八旗兵的實力可見一斑。

二　罷地方兵，收地方權

與屯重兵於京師相對應的措施是中央政權罷省地方軍隊，收地方兵權。本來一個機制良好運行的社會應該是眾多充滿活力、有自身防禦能力的地方社會與具有駕馭全域能力的中央政府的結合，但是在郡縣制度的整體框架下，為了皇權的集權需要，皇帝對軍隊的態度是安全高於效率。

秦統一後，秦始皇一方面頒佈法令嚴禁民間私藏武器，另一方面開始收繳天下的兵器，集中於咸陽銷毀，鑄成十二尊鐵人，保留在宮廷之中。

---

34 定宜莊：《清代八旗駐防制度研究》（天津古籍出版社，1992年），頁20。
35 趙令志：〈京畿駐防旗地淺探〉，《清史研究》一九九九年三期，頁23。

　　楚漢戰爭中，為了爭取對抗項羽的其它軍事力量，劉邦採用了權宜之策，分封異姓諸侯王國。平定天下後，這些諸侯國擁有各自的封地，並且手中擁有重兵，這成為中央集權的重大障礙。漢高祖劉邦採取了一系列的政治與軍事行動，相繼除掉了所分封的八個異姓王，只有長沙王吳芮由於地小勢單，對中央形不成威脅，才得以延續下來。在消滅異姓諸侯的同時，劉邦又大封同姓諸侯王，希望能夠保障漢王室的安全。雖然諸侯國有異姓同姓之分，但是它們對於中央集權來講，兩者的實質都是一樣的，任何性質相對獨立的軍事武裝集團都是對皇權的威脅，自然為皇帝所不容，因此從景帝至武帝，剝奪包括軍權在內的王國實權的鬥爭一直持續進行。東漢初年，光武帝劉秀直接罷地方軍隊，從公元三〇年到四六年，連續五次撤銷郡國兵，大力削弱地方武裝力量。劉秀首先取消地方上的都尉以及比武選拔將領的都試制度。在王莽統治時候，翟義曾以「都試」起兵反叛，而劉秀自己也是以「都試」起兵，同時都試制度又與都尉有關，因此為了加強中央軍事集權，建武六年（公元30年）劉秀「省諸郡都尉，並職太守」，並且取消了以前的「都試」制度[36]。第二年，又下令讓屬於地方武裝的「輕車、騎士、材官、樓船士及軍假吏」復員回鄉，凡此類措施極大地削弱了地方社會的軍事武裝力量與地方防禦能力，使得皇帝進一步控制了地方社會。

　　北宋初年，鑒於唐中葉以後藩鎮割據勢力造成的社會政局動盪不安，而同時宋太祖趙匡胤自己也是經歷了被士兵擁立為皇帝的過程，因此宋立國不久就著力剝奪地方軍權，收地方精兵。乾德三年（965年），「令天下長吏擇本道兵驍勇者，籍其名送都下，以補禁旅之闕。又選強壯卒定為兵樣，分送諸道，其後以木梃為高下之等，散給諸州

---

36 〈百官志〉，《後漢書》卷二四。

軍，委長吏都監等招募教習，俟其精練即送都下」[37]。於是地方上的精兵都歸於中央，而地方則「毀城隍，撤武備」，留下充任地方守衛的只是一些老弱病殘之流。這樣，宋朝初年，地方社會沒有正規的軍隊，地方防禦由中央禁軍代為行之。

明清兩朝，不論是明代的邊軍，地方上的衛所部隊，還是清代的綠營兵，都不是真正意義上的地方軍隊，而是直屬於中央的軍隊。地方州、府、縣等官員屬於文職性的，並不參與軍隊的管理，因此軍事的結構呈現出中央政權的單極化形式。

地方社會的無兵狀況自然有利於中央皇權專政，有助於減少地方實力集團擁兵自重的可能性，但是這種狀況的弊端也是非常明顯的，它從整體上削弱了國家的軍事力量，特別是面對外敵時，一旦中央政權失靈，地方社會就無抵禦能力。宋代盡收地方兵權，使得地方的州縣日益地衰弱，面臨外敵入侵時，組織不起來有效的抵抗，幾乎完全不能夠替中央政府有所分擔。顧炎武指出：「是以常有盜賊戎翟之禍，至一州則一州破，至一縣則一縣殘。」[38]「靖康之恥」在很大的程度上就是由於地方社會兵力空虛造成的，金軍所到各地州縣無法組織有效的防禦。

明代的事例則更令人深思。有關倭寇入侵，黃仁宇轉述了一個例子：一五五五年，戚繼光調任浙江時，東南沿海經常受到倭寇的侵擾。一小股五十至七十人的倭寇創造了一個奇跡，他們從海灘登陸後深入到中華帝國的腹地，到處殺人越貨，如入無人之境。越過杭州北新關，經由淳安進入安徽，逼近蕪湖，圍繞著南京轉了一個大圈子，然後到達無錫宜興，後到達武進。雖然最後這股倭寇被殲滅，但是被他們殺害的數目據稱有四千人之多，與之形成鮮明對比的是，當時是

---

37 李燾：《續資治通鑒長編》卷六。
38 顧炎武：〈郡縣論〉，《亭林文集》卷一。

陪都的南京駐軍有十二萬人[39]。這其中的緣由在很大程度上恐怕與地方社會武裝力量的空虛有關,中央政權害怕地方的割據,於是剝奪地方的軍事許可權,而造成的後果是地方社會在面對外侵的時候毫無抵禦之力。

　　從我們前面的分析中可以看到,軍隊對於皇權的意義以及皇權如何千方百計地壟斷軍事資源,達到直接控制和支配軍隊的目的。他能夠採取的手段多種多樣:從道路、都城建設、軍隊的調度與指揮、兵權的分割、軍事力量的戰略分佈到士兵與軍隊的精神等等方面。假如沒有軍隊,他就會從皇帝的寶座上跌落下來——事實上他也是利用軍事力量作為後盾,把他的前任從皇帝的位置上驅趕下來的,每一個思維正常的皇帝都是會明白這一點的。暴力的制度必須以更強大的暴力機構來維持它的生存。皇權是彌漫在傳統社會中一股不可抗拒的力量,不管你是處於遙遠鄉村的普通民眾,還是處於廟堂之上的丞相與將軍,在皇權的權威之下,他們都是被壓抑的個體,因此難以出現西歐貴族的尊嚴、光榮和尚武精神。在皇權彌漫的社會中,才會出現太監專權,宦官監軍這樣病態的事件,扭曲的人性得以統治被壓抑的大眾。這種情況自先秦以後成為中國中古社會的主流,正如陶希聖所言:「封建制度破壞而後有官僚。封建制度而後有常備軍。」[40]以上就是中國常備軍及其與皇權關係的基本狀況。可以這麼說,軍隊是專制社會最堅實的基石,也是皇帝制度的最後一道屏障。

---

39 黃仁宇:《萬曆十五年》(三聯書店,1997年),頁172。
40 陶希聖:《中國社會之史的分析》(遼寧教育出版社,1998年),頁62。

重要參考書目

一　古籍類

《史記》

《尚書》

《左傳》

《論語》《孟子》《荀子》《墨子》《韓非子》《管子》

《漢書》

《後漢書》

《文獻通考》

《新唐書》

《舊唐書》

《唐會要》

《貞觀政要》

《資治通鑒》

《續資治通鑒長編》

《太平御覽》

《廿二史劄記》

《通典》

《陸宣公集》

《明夷待訪錄》

《宋史》

《元史》
《明史》

二　中文類（包括譯著）（按作者姓名字母排序）

白鋼主編　《中國政治制度史》　天津人民出版社　1991年

蔡次薛　《隋唐五代財政史》　中國財政經濟出版社　1990年

叢日雲　《西方政治傳統》　大連出版社　1996年

陳明光　《唐代財政史新編》　中央財政經濟出版社　1991年

程薔、董乃斌　《唐帝國的精神文明》　中國社會科學出版社　1996年

定宜莊　《清代八旗駐防制度研究》　天津古籍出版社　1992年

馮天瑜、周積明　《中國古代文化的奧秘》　湖北人民出版社　1987年

傅衣淩　《明清社會經濟變遷論》　人民出版社　1989年

傅築夫　《中國經濟史論叢》下冊　三聯書店　1985年

高樹林　《元代賦役制度研究》　河北大學出版社　1997年

谷霽光　《府兵制度考釋》　上海人民出版社　1962年

顧朝林　《中國城鎮體系》　商務印書館　1996年

侯建新　《現代化第一基石》　天津社會科學院出版社　1991年

侯建新　《社會轉型時期的西歐與中國》　濟南出版社　2001年；高
等教育出版社　2005年第2版

胡　鈞　《中國財政史》　商務印書館　1921年

黃懷信　《尚書注訓》　齊魯書社　2002年

金志霖　《英國行會史》　上海社會科學院出版社　1996年

蔣孟引　《英國史》　中國社會科學出版社　1988年

李春棠　《坊牆倒塌以後——宋代城市生活長卷》　湖南出版社
1996年

李景明　《中國儒學史》秦漢卷　廣東教育出版社　1998年

李猛主編　《韋伯：法律與價值》　上海人民出版社　2001年

李孝聰主編　《唐代地域結構和運作空間》　上海辭書出版社　2003年

李增洪　《13-15世紀倫敦社會各階層分析》　中國社會科學出版社　2005年

李宗桂　《中國文化概論》　中山大學出版社　1990年

厲以寧　《資本主義的起源》　商務印書館　2004年

林劍鳴　《秦漢史》　上海人民出版社　2003年

林耀華　《義序的宗族研究》　三聯書店　2000年

劉景華　《城市轉型與英國的勃興》　中國紡織出版社　1994年

劉景華　《西歐中世紀城市新論》　湖南人民出版社　2000年

劉昭祥　《中國軍事制度史‧軍事組織體制編制卷》　大象出版社　1997年

劉澤華　《中國的王權主義》　上海人民出版社　2000年

劉澤華主編　《士人與社會》　天津人民出版社　1988年

劉展主編　《中國古代軍制史》　軍事科學出版社　1992年

雷海宗　《中國文化與中國的兵》　商務印書館　2001年

羅榮渠　《現代化新論》　北京大學出版社　1993年

《馬克思恩格斯全集》　人民出版社　1972年

《馬克思恩格斯選集》　人民出版社　1972年

恩格斯　《瑪律克》　載《馬克思恩格斯全集》第19卷　人民出版社　1979年

馬克垚　《西歐封建經濟形態研究》　人民出版社　1985年

馬克垚　《英國封建社會研究》　北京大學出版社　1991年第1版；2005年第2版

馬克垚　《英國中古社會研究》　北京大學出版社　1992年

馬克筟　《中西封建社會比較研究》　學林出版社　1997年

馬正林　《中國城市歷史地理》　山東教育出版社　1999年

馬大英　《漢代財政史》　中國財政經濟出版社　1983年

南炳文、湯綱　《明史》　上海人民出版社　1991年

南京大學歷史系明清史研究室編　《明清資本主義萌芽研究論文集》
　　　　上海人民出版社　1981年

漆　俠　《宋代經濟史》上冊　上海人民出版社　1987年

任立達主編　《中國古代縣衙制度史》　青島出版社　2004年

任重、陳儀　《魏晉南北朝城市管理研究》　中國社會科學出版社
　　　　2003年

蘇　輿　《春秋繁露義證》　中華書局　1992年

孫秉瑩　《歐洲近代史學史》　湖南人民出版社　1985年

石　方　《中國人口遷移史稿》　黑龍江人民出版社　1990年

施治生、劉欣如主編　《古代王權與專制主義》　中國社會科學出版
　　　　社　1993年

施治生、徐建新主編　《古代國家的等級制度》　中國社會科學出版
　　　　社　2003年

史鳳儀　《中國古代婚姻與家庭》　湖北人民出版社　1987年

史衛民　《元代社會生活史》　中國社會科學出版社　1996年

史衛民　《都市中的遊牧民──元代城市生活長卷》　湖南出版社
　　　　1996年

陶希聖　《中國社會之史的分析》　遼寧教育出版社　1998年

唐文基　《明代賦役制度史》　中國社會科學出版社　1991年

王覺非主編　《英國政治經濟和社會現代化》　南京大學出版社
　　　　1989年

王　暉　《商周文化比較研究》　人民出版社　2001年

王家範　《中國歷史通論》　華東師範大學出版社　2000年

王鈞林　《中國儒學史·先秦卷》　廣東教育出版社　1998年

王亞南　《中國官僚政治研究》　中國社會科學出版社　1993年

王亞平　《權力之爭——中世紀西歐的君權與教權》　東方出版社
　　　　1995年

汪聖鐸　《兩宋財政史》　中華書局　1995年

吳于廑主編　《十五十六世紀東西方歷史初學集》一編　武漢大學出
　　　　版社　1985年　續編，武漢大學出版社，1990年　三編，湖
　　　　南出版社，1993年

夏繼果　《伊莉莎白一世時期英國外交政策研究》　商務印書館
　　　　1999年

謝重光　《漢唐佛教社會史論》　國際文化事業有限公司　1990年

楊　寬　《戰國史》　上海人民出版社　1983年

楊　寬　《中國古代都城制度史研究》　上海人民出版社　2003年

楊鴻年　《隋唐兩京考》　武漢大學出版社　2000年

張金光　《秦制研究》　上海古籍出版社　2004年

張立文　《朱熹思想研究》　中國社會科學出版社　2001年

張澤咸　《唐代工商業》　中國社會科學出版社　1995年

張澤咸　《唐五代賦役史草》　中華書局　1986年

朱寰主編　《亞歐封建經濟形態比較研究》　東北師範大學出版社
　　　　1996年第1版；2002年第2版

趙世瑜　《腐朽與神奇——清代城市生活長卷》　湖南出版社　1996年

周寶珠　《宋代東京研究》　河南大學出版社　1992年

周伯棣　《中國財政史》　上海人民出版社　1981年

愛德華·詹克斯著，嚴復譯　《社會通詮》　商務印書館　1981年

艾因哈德著，戚國淦譯　《查理大帝傳》　商務印書館　1979年

奧爾森著，吳瑞誠等譯 《基督教神學思想史》 北京大學出版社
　　　2003年

費爾南・布羅代爾著，肖昶等譯 《文明史綱》 廣西師範大學出版
　　　社 2003年

費爾南・布羅代爾著，顧良等譯 《15至18世紀的物質文明、經濟和
　　　資本主義》 三卷 北京三聯書店 1996年

費爾南・布羅代爾著，吳模信譯 《菲力浦二世時代的地中海和地中
　　　海世界》上、下卷 商務印書館 1996年

葛列格里著，壽紀瑜等譯 《法蘭克人史》 商務印書館 1981年

蘇聯司法部全聯盟法學研究所編，中國人民大學國家與法權歷史教研
　　　室譯 《國家與法權通史》第二分冊 中國人民大學 1955年

哈樂德・J・伯爾曼著，賀衛方等譯 《法律與革命》 中國大百科
　　　全書出版社 1993年

哈耶克著，鄧正來譯 《法律、立法與自由》第1卷 中國大百科全
　　　書出版社 2000年

漢斯——維爾納・格茨著，王亞平譯 《歐洲中世紀生活》 東方出
　　　版社 2002年

赫伯爾・格隆德曼著，張載揚等譯 《德意志史》 商務印書館
　　　1999年

黃仁宇 《萬曆十五年》 三聯書店 1997年

亨利・皮雷納著，陳國暉譯 《中世紀的城市》 商務印書館 1985年

亨利・皮朗著，樂文譯 《中世紀歐洲經濟社會史》 上海人民出版
　　　社 1987年

J・M・凱利著，王笑紅譯 《西方法律思想簡史》 法律出版社
　　　2002年

卡洛・M・奇波拉著，徐璿譯 《歐洲經濟史》 商務印書館 1988年

康・格・費多羅夫著，葉長良譯　《外國國家和法律制度史》　中國
　　　人民大學出版社　1985年

科斯塔斯・杜茲納著，郭春發譯　《人權的終結》　江蘇人民出版社
　　　2002年

利普・李・拉爾夫等著，趙豐等譯　《世界文明史》　商務印書館
　　　2001年

里夏德・范迪爾門著，王亞平譯　《歐洲近代生活──村莊與城市》
　　　東方出版社　2004年

雷吉娜・佩爾努著，康新文等譯　《法國資產階級史》上冊　上海譯
　　　文出版社　1991年

B・羅素著，馬元德譯　《西方哲學史》　商務印書館　1997年

M・M・波斯坦等主編，王春法主譯　《劍橋歐洲經濟史》　經濟科
　　　學出版社　2002年

馬克・布洛赫著，余中先等譯　《法國農村史》　商務印書館　1991年

馬克・布洛赫著，張緒山等譯　《封建社會》上、下卷　商務印書館
　　　2004年

馬克斯・韋伯著，林榮遠譯　《經濟與社會》　商務印書館　1998年

麥克爾・曼著，劉北成等譯　《社會權力的來源》　人民出版社
　　　2002年

W・H・麥克尼爾著，倪大昕等譯　《競逐富強：西方軍事的現代化
　　　歷程》　學林出版社　1996年

H・S・梅因著，沈景一譯　《古代法》　商務印書館　1984年

孟德斯鳩著，張雁深譯　《論法的精神》上冊　商務印書館　1987年

P・克拉克和P・斯萊克著，薛國中譯　《過渡期的英國城市》　武
　　　漢大學出版社　1992年

P・布瓦松納著，潘源來譯　《中世紀歐洲生活和勞動》　商務印書
　　　館　1985年

皮埃爾・米蓋爾著，蔡鴻濱譯　《法國史》　商務印書館　1985年

佩里・安德森著，劉北城譯　《絕對主義國家的系譜》　上海人民出
　　　　版社　2001年

齊思和等選譯　《中世紀初期的西歐》　商務印書館　1962年

撒母耳・P・亨廷頓著，王冠華等譯　《變化社會中的政治秩序》
　　　　北京三聯書店　1989年

施堅雅主編，葉光庭等譯　《中華帝國晚期的城市》　中華書局
　　　　2000年

B・B・施托克瑪律著，上海外國語學院編譯室譯　《十六世紀英國
　　　　簡史》　上海人民出版社　1959年

J・W・湯普遜著，耿淡如譯　《中世紀經濟社會史》　商務印書館
　　　　1984年

J・W・湯普遜著，徐家玲等譯　《中世紀晚期歐洲社會經濟史》
　　　　商務印書館　1996年

威利斯頓・沃爾克著，孫善玲等譯　《基督教會史》　中國社會科學
　　　　出版社　1991年

亞德・柳勃林斯卡婭著，北京編譯社譯　《法國史綱》　三聯書店
　　　　1978年

亞・沃爾夫著，周昌忠等譯　《十六、十七世紀科學技術和哲學史》
　　　　商務印書館　1985年

雅各・布克哈特著，何新譯　《義大利文藝復興時期的文化》　商務
　　　　印書館　1983年

亞當・斯密著，嚴復譯　《原富》上、下冊　商務印書館　1981年

雅克・勒高夫著，許明龍譯　《聖路易》　商務印書館　2002年

《聖經》中譯本　中國基督教協會　1982年

三　外文類

Astill, G. ,Annie,G., *The Countryside of Medieval England*, Basil Blackwell Ltd, 1988.

Ayton,A., Davis, V., *Ecclesiastical Wealth England in 1086, in The Churchand Wealth, Studies in Church History*, Oxford 1987.

Barlow, F., *The English Church 1000-1066*, Langman, 1962.

Barlow, F., *The English Church 1066-11154*, London 1979.

Barlow, F., *Edward the Confessor*, London 1970.

Bennett,H., *Life on the English Manor*, Cambridge 1938.

Black, J., *European Warfare 1453-1815*, Macmillan Press, 1999.

Bosl, K., *Die Reichsministrialit tals Element der mittelalterlichen deutschen Staatsverfassung im Zeitalter der Salier und Staufer*, in Th. Mayer, *Adel und Bauern im deutschen Staat des Mittelalters*, Leipzig 1943.

Braudel, F., *L'identi de la France. Espace et Histoire*, Stuttgart 1990.

Brooke,Z.N., *The English Church and Papacy. From the Conquest to the Reignof John*, Cambridge University Press, 1987.

Browm, P.A., *The Normanand Norman Conquest*,The Boydell Press, 1985.

Buchner, R., *Das merowengische Königtum, in Das Königtum,Vorträge und Forschungen*, Konstanz 1956.

Buschmann,A., *Kaiserund Reich*, München 1984.

Carpenter, C., *Locality and Polity, A study of Warwickshire Landed Society 1401-1499*, Cambridge 1992.

Chardwik, H., *Kirche in der antiken Welt*, Berlin New York 1972.

Chambers, D.S., *The Imperial Ages of Venice 1380-1580*, Sames and Harderson Publisher Ltd, 1970.

David Chambers and Brian Pullan, *Venice, A Documentary History 1450-1630*, Blackwell, 1993.

Chaney, W.A., *The Cult of Kingship in Anglo-Saxon England. The Transition from Paganism to Christianity to Anglo-Saxon England*, London 1962.

Chaney, W.A., *The Cult of Kingshipin Anglo-Saxon England*, Manchester University Press, 1970.

Chew, H.N., *The English Ecclesiastical Tenants-in-chief and Knight Service*, Oxford 1932.

Cheney, C., *Pope Innocent III and England*, Stuttgart 1976.

Cipolla, C.M., *Before the Industrial Revolution, European Society and Economy 1000-1800*, New York 1976.

Classen, P., *Studium und Gesellschaft im Mittellater*, Stuttgart 1983.

Clausula de unction Pippini, MGH Scriptores rerum merovingicarum vol.1, Hanover 1885.

Clark, P. and Slack ,P., edited., *Crisisand Orderin English Towns* 1500-1700, *Essays in Urban History*, London 1972.

Crosby, E.U., *Bishop and Chapter in Twelfth Century England*, Oxford University Press ,1994.

Duby, G., *Les trois orders ou l'imaginaire du féodalisme*, Paris 1978.

Duby, G.,etc., *Historie de la France rurale*, Paris 1975.

Douglas, D.C.ed., *English Historical Documents*, vol.4 ,London 1969.

Douglas, D.C., *The Norman Achievement 1050-1100*, London 1969.

Deanesly, M., *The Pre-Conquest Church in England*, London 1961.

Dyer, C., *Lordsand Peasantsina Changing Society: The Estates of the Bishopric of Worcester 680-1540*, Cambridge University Press, 1980.

Elton, G.R., *Studies in Tudor and Stuart Politics and Government*, vol.1, Cambridge 1974.

Finn, R.W., *An Introduction of Domesday Book*, Langsman, 1963.

Fisher, D.J.V., *The Anglo-Saxon Age C. 400-1042*, Langsman, 1973.

Fuhrmann, H., *Das Papsttum und das kirchliche Leben im Frankenreich*, Spoleto 1981.

Ganshof, F.L., *Feudalism*, London: Longman Group Ltd, 1964.

Geary, P.J.ed, *Readingsin Medieval History*, Broadview Press, Peterborough 1995.

Gross, C., *The Gild Merchant*, Oxford University Press, 1927.

Hattenhauer, H., *Europöische Rechtsgeschichte*, Haidelberg 1999.

Haskins, C.H., *Norman Institutions*, New York 1976.

Harriss, G.L., *King, Parliament, and Public Financein Medieval England to 1369*, Oxford 1975.

Hirsch, H., *Die hohe Gerichtsbarkeit im deutschen Mittelalter*, Prag 1922.

Hodgkin, R.H., *A History of the Anglo-Saxon*, Oxford 1952.

Hilton, R.H., *The English Peasantry in the Later Middle Ages*, Oxford: Clarendon Press, 1975.

Homans, G.C., *English Villagers of the Thirteenth Century*, Cambridge, Mass., 1942.

Höfler, O., *Der Sakralcharakter des germanischen Könitums, in Das Königtum, Vorträge und Forschungen*, Konstanz 1956.

Hollister, C.W., *Anglo-Saxon Military Institutions*, Oxford 1962.

Hollister, C.W., *Monarchy, Magnates and Institutions in the Anglo-Norman World*, London 1986.

Hyams, P.R., *King, Lords and Peasants in Medieval England: The Common Law of Villeinage in the Twelfth and Thirteenth Centuries*, Oxford 1980.

Le Goff, J., *Der Mensch des Mittelalters*, Frankfurt 1989.

Kellenbenz, H, *Handbuch der Europaeischen Wirtschafts und Sozialgeschichte*, Stuttgart 1980.

Kölbler, G., *Lexikon der europäischen Rechtsgeschichte*, Munchen 1997.

Kern, F., *Kingship and Law in the Middle Age*, London 1939.

Kern, F., *Gottesgenadentum und Widerstandsrecht Im frhen Mittelalter. Zur Entwicklungsgeschichte der Monarchie*, Leipzig 1914.

Levison, W, *England and the Continent in the Eighth Century*, Oxford 1946.

Lunt, W.E., *Financial Relations of the Papacy with England to 1327*, Cambridge 1939.

Lyon, B, A *Constitutional and Legal History of Medieval England*, New York 1980.

Mcintosh, M.K., *Autonomy and Community: The Royal Manor of Havering 1200-1500*, Cambridge University Press, 1986.

Martin, J. and Romano, D., *Venice Reconsidered, The History and Civilization of An Italian City-State 1297-1797*, John Hopkins University Press, 2000.

Matthew, D., *The Medieval European Community*, New York 1977.

Mayer, H.E., *Geschichteder Kreuzzüge*, Stuttgart 1989.

Mitchell, S.K., *Taxationin Medieval England*, Yale University press, 1971.

Mcilwain, C.H., *The Growth of Political Thought in the West. From the Greeks to the Endof the Middle Ages*, New York 1932.

Miller, H., *Henry VIII and the English Nobility*, Basic Blackwell, 1986.

Mitteis, H., *Lehnrecht und Staatsgewalt*, Köln 1974.

Moorman, J.R.H., *A History of the Church England*, London 1953.

Mundy, J.H., *Europe in the High Middle Ages 1150-1309*, Essex 1983.

Neale, J.E., *Elizabeth* I *and Her Parliaments*, vol.1, London 1953.

Procacci, G, *Geschichte Italiens und der Italiener*, München 1983.

Powell, Ken. and Cook, Chris., *English Historical Facts 1485-1603*, Macmillan Press Ltd, 1977.

Poole, A.L., *From Domesday Book to Magna Carta*, Clarendon press, 1958.

Poos, L.R., A *Rural Society after the Black Death: Essex* 1350-1525, Cambridge University Press, 1991.

Pounds, N.J.G., An *Economic History of Medieval Europe*, second edition, Langman Ltd, 1994.

Pollock, F. and Maitland, W.F., *The History of English Law Before the Time Edward I* , vol.1, London 1926.

Prestwich, M., *A rmiesand War fare in the Middle Age*, Yale University Press, 1996.

Reynolds, S., *Fiefsand Vassals*, Oxford University Press, 1994.

Ramsay, P., *Tudor Economic Problems*, London 1963.

Ramsay, S.J.H., *A History of the Revenues of the Kings of England 1066-1399*, vol.1, Oxford 1925.

Schlesinger, W.,*Über Germanisches Heerkönigtum,* in *Das Königtum, Vorträge und Forschungen*, Koblunz 1956.

Schneider, R., Das *Frankenreich*, München 1990.

Schieder, T., *Handbuch der europ ischen Geschichte*, Stuttgart 1976.

Schwennicke, A., *Ohne Steuer kein Staat. Zur Entwicklung. und politischen Funktion des Steuerrechts in den Territorien des Heiligen .*

Römischen Reichs 1500-1800, Frankfurt 1996.

Sprandel, A, *Verfassung und Gesellschaft im Mittelalter*, Patborn 1975.

Spufford, P., *Origin of English Parliament*, London 1967.

Stenton, F.M., *Anglo-Saxon England*, Oxford 1971.

Stein, W.V.D., *Chlodwigs Übergang zum Christentum*, Damstadt 1963.

Stengel, E.E., *Zur Geschichte des Kaisergedangkens im Mittelalter*, Köln 1965.

Stubbs, W., *The Constitutional History of England in its Origin and Development*, vol.2, Oxford 1896.

Reynolds, S., *An Introduction to the History of the English Medieval Towns*, Oxford 1977.

Tawney, R., *The Agrarian Problem in the Sixteenth Century*, London 1912.

Tallett, F., *War and Society in Early-modern Europe 1495-1715*, Routledge 1992.

Tellenbach, G., *Vom karolingischen Reichsadelzum deutschen Reichs-furstenstand*, in Theodr Mayer (Hg.), *Adel und Bauer in deutschen Staat des Mittelalters*, Leipzig 1943.

Tellenbach, G., *Die Entstehung des deutschen Reiches von der Entwicklung des fränkischen und deutschen Staates im 9. und10. Jahrhundert*, Munchen 1943.

Thirsk, J., ed., *The Agrarian History of England and Wales 1500-1640*, Cambridge 1967.

Tierney B., *The Idea of Natural Rights: Studies On Natural Rights, Natural Lawand Church Law 1150-1625*, Scholars Press, 1997.

Tiger., M.E. and Levy, M.R., *Law and the Rise of Capitalism*, New York: Monthly Review Press, 1977.

Ullmann, W., *Kurze Geschichte des Pappstums im Mittelalter*, Berlin 1972.

Verlag, J.B., *Metzler Stuttgart, Lexikon des Mittelalters*, Weimar 1999.

Wesel, U., *Geschichte des Rechts. Von den Frühformen bis zur Gegenwart*, München 2001.

Zimmermann, H., Das *Papsttum im Mittelalter*, Stuttgart 1981.

重要名詞索引

後記

　　本書是我和同事及我的博士研究生共同承擔的一個課題，是武寅同志主編的多卷本《世界歷史》的分冊之一，大概也是唯一涉及中西歷史比較的專項研究。具體分工是，我設計了全書的整體思路和大綱，撰寫了導言、第一章、第二章，與陳日華合作撰寫了第八章、第十五章，與王玉亮合作撰寫了第五章。王亞平教授撰寫了第三章、第四章。劉景華教授撰寫了第六章、第十三章。顧鑾齋教授撰寫了第七章、第九章、第十四章。楊西雲教授撰寫了第十章。楊效雷教授撰寫了第十一章。王玉亮、孫立田教授撰寫了第十二章。徐華娟、劉芮編輯了重要名詞人名索引參考文獻並校對了全部書稿，天津師大歐洲經濟—社會史研究中心的其它同仁

　　做了大量輔助性工作。謹此說明，並致謝忱。

侯建新

中華文化思想叢書　A0100029

中古政治制度　下冊

作　　　者	侯建新等
責任編輯	蔡雅如
發 行 人	陳滿銘
總 經 理	梁錦興
總 編 輯	陳滿銘
副總編輯	張晏瑞
編 輯 所	萬卷樓圖書股份有限公司
排　　　版	林曉敏
印　　　刷	百通科技股份有限公司
封面設計	斐類設計工作室
出　　　版	昌明文化有限公司

桃園市龜山區中原街 32 號

電話 (02)23216565

發　　　行　萬卷樓圖書股份有限公司

臺北市羅斯福路二段 41 號 6 樓之 3

電話 (02)23216565

傳真 (02)23218698

電郵 SERVICE@WANJUAN.COM.TW

大陸經銷

廈門外圖臺灣書店有限公司

　　電郵 JKB188@188.COM

ISBN 978-986-93170-3-0

2016 年 5 月初版

定價：新臺幣 420 元

如何購買本書：

1. 劃撥購書，請透過以下郵政劃撥帳號：
   帳號：15624015
   戶名：萬卷樓圖書股份有限公司
2. 轉帳購書，請透過以下帳戶
   合作金庫銀行　古亭分行
   戶名：萬卷樓圖書股份有限公司
   帳號：0877717092596
3. 網路購書，請透過萬卷樓網站
   網址　WWW.WANJUAN.COM.TW

大量購書，請直接聯繫我們，將有專人為您
服務。客服：(02)23216565　分機 10

如有缺頁、破損或裝訂錯誤，請寄回更換

國家圖書館出版品預行編目資料

中古政治制度 / 侯建新等著. -- 初版. -- 桃園
市：昌明文化出版；臺北市：萬卷樓發行,
2016.05

　　冊；　公分. -- (中華文化思想叢書)

ISBN 978-986-93170-3-0(下冊 ：平裝)

1.政治制度　2.中古史　3.比較研究

572　　　　　　　　　　　　105007560

本著作物經廈門墨客知識產權代理有限公司代理，由江西人民出版社責任有限公司授
權萬卷樓圖書股份有限公司出版、發行中文繁體字版版權。